NOUVEAU MANUEL
DU JURÉ,

COMPRENANT

L'HISTOIRE DE L'INSTITUTION DU JURY;

TOUT CE QUI A RAPPORT

AUX FONCTIONS DES JURÉS,

A LEURS DROITS, DEVOIRS ET OBLIGATIONS;

LA LÉGISLATION CRIMINELLE et la JURISPRUDENCE COMPLÈTE de la Cour de
cassation et des Cours d'assises, sur toutes les questions qui touchent au Jury;
une Table analytique de la matière, par titres, chapitres et paragraphes.

PAR C.-B. MERGER,

AVOCAT, ATTACHÉ A LA COUR ROYALE DE PARIS,

Auteur du Manuel de l'Électeur et du Code des Gardes Nationales de France.

> « Le Jury, Messieurs, ce n'est pas
> » une de ces institutions vulgaires
> » dont la plume du légiste se joue et
> » qu'elle élève ou abaisse à son gré.
> » Ce n'est pas même une juridiction;
> » c'est une institution politique; c'est
> » comme vous, et au même degré de
> » souveraineté, le pays lui-même. »
> (M. Royer-Collard, Chambre des
> Députés, séance du 16 août 1838.)

Sixième Édition,

REVUE ET CONSIDÉRABLEMENT AUGMENTÉE

PARIS,

F. MALTESTE ET Cᵉ,	DELAMOTTE,
IMPRIMEURS-ÉDITEURS,	LIBRAIRE,
Rue des Deux-Portes-St-Sauveur, nᵒ 18,	Place Dauphine, nᵒ 29,
près le passage du Grand-Cerf.	Près le Pont-Neuf.

1838

NOUVEAU

MANUEL DU JURÉ.

AVERTISSEMENT.

Cette édition n'est pas une simple réimpression du *Nouveau Manuel du Juré*. Des augmentations nombreuses ont été faites par l'auteur, rien n'a été négligé pour rendre le livre aussi complet et aussi utile que possible. La partie historique, plusieurs chapitres importans, des paragraphes entiers, des tableaux destinés à diriger les jurés dans la manière d'exprimer leurs votes, les arrêts des cours souveraines relatifs à la matière et rendus depuis les lois de septembre 1835 et mai 1836, ont été ajoutés, et font de cette troisième édition un ouvrage entièrement nouveau.

NOUVEAU MANUEL

DU JURÉ,

COMPRENANT

L'HISTOIRE DE L'INSTITUTION DU JURY;

TOUT CE QUI A RAPPORT

AUX FONCTIONS DES JURÉS,

A LEURS DROITS, DEVOIRS ET OBLIGATIONS;

La LÉGISLATION CRIMINELLE et la JURISPRUDENCE COMPLÈTE de la Cour de cassation et des Cours d'assises, sur toutes les questions qui touchent au Jury; une Table analytique de la matière, par titres, chapitres, et paragraphes.

PAR C.-B. MERGER,

AVOCAT, AVOUÉ A LA COUR ROYALE DE PARIS,

Auteur du Manuel de l'Électeur et du Code des Gardes Nationales de France.

« Le Jury, Messieurs, ce n'est pas
» une de ces institutions vulgaires
» dont la plume du légiste se joue et
» qu'elle élève ou abaisse à son gré.
» Ce n'est pas même une juridiction,
» c'est une institution politique; c'est
» comme vous, et au même degré de
» souveraineté, le pays lui-même. »
(M. Royer-Collard, Chambre des
Députés, séance du 26 août 1835.)

Troisième Édition,

REVUE ET CONSIDÉRABLEMENT AUGMENTÉE.

PARIS,

F. MALTESTE ET Cⁱᵉ,   DELAMOTTE,

IMPRIMEURS-ÉDITEURS,   LIBRAIRE,

Rue des Deux-Portes-St-Sauveur, n° 18,   Place Dauphine, n° 29,

près le passage du Grand-Cerf.   Près le Pont-Neuf.

1838

HISTOIRE DU JURY.

SOMMAIRE.

TITRE PREMIER.

INSTITUTIONS JUDICIAIRES ANCIENNES COMPARÉES AU JURY.

Le premier besoin des hommes réunis en société a été de se mettre à l'abri de l'injustice.

Les premiers juges furent des vieillards, des hommes sages, investis momentanément, par le choix des membres de la tribu, du droit de juger les différens qui leur étaient soumis, et rentrant, leur sentence prononcée, dans la même condition et dans le même rang que leurs justiciables.

Voilà l'origine première des institutions judiciaires que les progrès de la civilisation, les besoins et l'intérêt des gouvernemens, l'intelligence et la liberté plus ou moins grande des peuples ont modifiées, changées de tant de manières différentes.

Plus que toutes les autres institutions judiciaires, le jury, par sa forme, par les élémens discontinus, variables, démocratiques, dont il est composé, paraît se rattacher aux premiers essais des juridictions; mais, quoi qu'en aient dit plusieurs historiens et publicistes, il a un caractère moderne, spécial, qui le distingue et l'éloigne de tout ce qui l'a précédé, soit dans l'antiquité, chez les Juifs, les Grecs et les Romains, soit à une époque plus moderne, chez les peuples du Nord et ceux du moyen-âge.

Ce caractère distinctif, c'est la séparation établie par la loi actuelle entre le juge du *fait* et le juge du *droit*, c'est l'adjonction de citoyens, représentant les intérêts populaires, et de juges, représentant la royauté; système complétement nouveau, né de l'établissement du gouvernement représentatif, et qui, en France, ne date que de 1789, et, en Angleterre, du règne de Henri III (1115).

Pour justifier ces idées qui peuvent paraître paradoxales, jetons un coup d'œil rapide sur les institutions judiciaires qui ont précédé le jury, et auxquelles il a été si souvent comparé.

––––––

Chez les Juifs, les citoyens appelés à statuer comme juges prononçaient sur le *fait* et appliquaient la *peine*. Dans chaque ville dont la population excédait cent vingt familles, s'il s'agissait d'un procès capital, vingt-deux juges choisis parmi les plus riches et les plus nobles, jugeaient à la majorité de deux voix. — Deux sentences capitales ne pouvaient être rendues le même jour.

A Athènes, tous les citoyens âgés de 30 ans, d'une vie irréprochable et ne *devant rien au trésor*, étaient aptes à être *dicastes* (membres des *dicastères* ou tribunaux). Tous les ans le sort décidait le tribunal où chaque citoyen devait siéger. La Cour souveraine, où se jugeaient les causes criminelles, était composée d'un nombre de dicastes qui, sans pouvoir être au-dessous de cinq cent un, s'élevait quelquefois à six mille. Ces juges prenaient le nom d'*héliastes*. et leur tribunal celui de l'*hélice* (1); ils statuaient sur les causes les plus importantes et principalement celles qui intéressaient l'état. La décision était prononcée à la majorité absolue. L'archonte qui présidait ne faisait que diriger les débats, les dicastes jugeaient le *fait* et fixaient la *peine*.

A Rome, une liste annuelle de trois cents sénateurs, trois cents chevaliers, et cinq cent vingt-cinq plébéiens, en tout onze cent vingt-cinq citoyens, âgés de trente à soixante ans, était dressée par un questeur. Sur cette liste générale le préteur faisait son choix aux calendes de janvier, pour la formation de la liste de ceux qui pourraient être appelés à composer les différens tribunaux pendant l'année. Puis le magistrat qui présidait tirait, au sort, en présence de l'accusé et de l'accusateur, et lors de l'instruction de chaque cause, les juges qui devaient siéger. La récusation limitée était admise. Le nombre des juges variait. Milon fut jugé par cinquante et un citoyens,

(1) Du mot ηλιος (soleil), parce qu'ils jugeaient en plein air.

Appicianus par trente-deux. Le président du tribunal, appelé juge de la question, dirigeait les débats, prononçait les jugemens ; mais il n'avait pas même voix délibérative. Le *fait* et le *droit* étaient décidés par les citoyens juges.—Les crimes capitaux et les appels de certaines causes étaient exclusivement soumis au peuple, convoqué en comices et par centuries, jugeant d'une manière complète et irrévocable. Chaque citoyen votait en déposant individuellement entre les mains des *rogateurs* un des trois billets, sur lesquels était écrit, sur le premier un A. (*absolvo*), sur le deuxième un C. (*condemno*), et sur le troisième N. L. (*non liquet*), il ne m'est pas permis, je ne suis pas instruit.

Cette puissance judiciaire donnée à chaque citoyen cessa avec le gouvernement républicain ; les empereurs, personnification unitaire de tous les pouvoirs aristocratiques et populaires, s'étant emparés du droit de juger, condamner ou absoudre, déléguèrent ce droit à des magistrats qui jugèrent en dernier ressort et sans appel au peuple. Le droit civil composé du code, du digeste, des institutes et des novelles, remplaça d'une manière exclusive le système judiciaire adopté pendant l'époque démocratique de Rome.

———

Pour retrouver quelque liberté et des institutions qui puissent se comparer au jury, nous sommes obligés d'abandonner Rome et son empire, et de nous enfoncer dans les forêts du Nord, chez les Germains, peuples barbares, ennemis de la puissance et de la civilisation romaine, mais nourrissant en eux-mêmes un principe nouveau de civilisation, *l'individualité*, c'est-à-dire la dignité et l'indépendance de soi-même, principe qui, fécondé par la conquête et le temps,

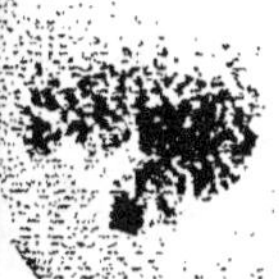

a fini par donner naissance à l'état moral et politique des peuples actuels de l'Europe.

Chez les Germains, nom générique qui embrasse les Saxons, les Francs, les Teutons et autres peuples du Nord, les affaires civiles et criminelles étaient portées devant l'assemblée générale où tous les hommes libres exerçaient le pouvoir judiciaire sous la direction ou simple présidence des chefs électifs. Lorsque, par la conquête, les Francs eurent agrandi leur territoire, il devint impossible de soumettre toutes les affaires à une assemblée unique; on en forma plusieurs; ce qui intéressait la nation entière fut porté devant l'assemblée générale (*grands plaids*). A la tête de chaque division principale du pays était placé un comte (*comes*), présidant les assemblées (*petits plaids*) de ces divisions territoriales; ces assemblées se subdivisaient elles-mêmes. Les plaids des comtés finirent par remplacer ceux de la nation pour plusieurs cas et notamment pour les causes criminelles capitales. A l'époque où fut rédigée la loi salique, la présence de tous les hommes libres d'un comté n'était déjà plus requise pour former les plaids judiciaires ; une disposition de cette loi porte qu'il suffira, pour rendre un jugement, que le comte soit assisté de sept *Rachimbourgs* (hommes libres), qui, juges du *fait* et du *droit*, rendaient la décision que prononçait ensuite le comte chargé de résumer les faits, de poser les questions et de recueillir les voix. — Sous Charlemagne, les assesseurs des comtes appelés alors échevins furent portés à douze et obligés, sous des peines pécuniaires, à venir siéger.

La féodalité, aristocratie militaire née de la conquête, modifia d'abord et finit par détruire tout ce système. Les anciens plaids disparurent; des vassaux, des fidèles, des *Leudes*, remplacèrent les hommes libres. C'est à cette époque qu'il faut reporter les jugemens par les *pairs* ou égaux. La population était à cette époque divisée en classes entièrement distinctes et séparées par leur nature, leurs droits et leurs privilèges; chaque classe avait sa juridiction exclusive. Ainsi les mêmes juges ne pouvaient décider les différends du seigneur et du vassal; le vassal du comte n'était pas jugé par ceux du vicomte; les ducs, vassaux immédiats des rois, ne voulaient pour juges que des vassaux immédiats des rois; les accusés, à moins qu'ils ne fussent serfs, cas auquel ils étaient soumis à l'arbitraire de leur seigneur et n'avaient que lui pour juge, étaient donc soumis à un tribunal composé de leurs *pairs*, c'est-à-dire d'hommes de la même condition, n'ayant ni plus ni moins de droits qu'eux.

Cette organisation judiciaire s'altéra insensiblement; la permanence des tribunaux, l'établissement et la fixité des parlemens, la juridiction du clergé, et surtout l'établissement des communes, finirent par la faire disparaître à peu près complétement.

Qu'il nous soit permis de dire un mot des juridictions municipales du moyen-âge qu'on a aussi, et à tort, comparées au jury.

L'affranchissement des communes opéré par les rois pour détruire la puissance des grands vassaux, n'était en définitive qu'un privilége spécialement accordé à quelques villes à prix d'argent, de se gouverner elles-mêmes, sous la protection royale. Ces villes avaient des vassaux, des fiefs, des armoiries, le droit de haute et basse justice. On voit que ce n'était pas de la liberté comme nous l'entendons, mais du privilége. Les habitans des villes ayant une municipalité étaient *bourgeois*, et pour acquérir cette qualité, il ne suffisait pas d'habiter une ville, il fallait être inscrit sur le livre matricule de la commune et remplir les autres conditions imposées. Les habitans des campagnes n'étaient pas admis aux priviléges des bourgeois. Or, comme les nobles étaient soumis à la juridiction du roi ou de leur suzerain, les ecclésiastiques à celle de l'église, les écoliers à celle de l'université, les bourgeois avaient une juridiction particulière de laquelle ils ressortissaient uniformément. Les bourgeois (*jurati, jurats*) juraient d'observer les statuts de la commune; ils avaient leur tribunal qui connaissait des affaires criminelles, civiles, commerciales et de simple police, et était composé du maire et d'un certain nombre d'échevins ou conseillers municipaux. Ainsi donc les bourgeois étaient jugés par des bourgeois nommés par eux et décidant en toute matière le *fait* et le *droit*.

En 1566, sur la promotion du chancelier l'Hôpital, la connaissance des affaires civiles fut enlevée aux municipalités et donnée à la justice royale; les tribunaux des hôtels-de-ville conservèrent le droit de décider les causes criminelles ou de simple police des bourgeois de la commune.

Cet état de choses se maintint à peu près intact jusqu'à la mort de Louis XIII; sous la régence et plus spécialement sous Louis XIV, la justice royale absorba toutes les juridictions seigneuriales, ecclésiastiques, municipales et

universitaires. Les affaires civiles et criminelles furent jugées en premier ressort par les prévôts royaux, les bail-
lis, les sénéchaux, et en dernier ressort par les parlemens
et les conseils des provinces ; il en fut ainsi jusqu'à la révolution.

En résumé, malgré les points généraux de comparaison
qui peuvent s'établir entre le jury actuel et les institutions
judiciaires que nous venons d'examiner, et tout en respec-
tant l'opinion contraire des publicistes et des jurisconsultes
consciencieux qui ont écrit sur la matière, disons, avec
M. *Rey* de Grenoble (1), et le savant *Meyer* (2) d'Amster-
dam, que le jury est anglais, et que c'est en Angleterre, sur
cette terre classique du gouvernement représentatif. qu'une
telle institution pouvait seulement naître et se développer.

En effet, le jugement par jurés suppose nécessairement
une nation libre et un gouvernement où il existe une division de pouvoir. Le jury est en opposition avec l'essence
du gouvernement despotique, où la volonté et l'intérêt du
prince sont la loi de tous : il serait une anomalie dans une
aristocratie pure, où le peuple ne peut être admis à exercer, sous aucune forme, une partie de l'autorité. Le jury
appartient, par sa nature, à la monarchie constitutionnelle et représentative plus qu'à toute autre forme de gouvernement, puisque, dans un état de cette sorte, le principe
démocratique et le principe monarchique s'équilibrent et se
partagent les pouvoirs, et que, comme nous l'avons dit plus

(1) Des Institutions de l'Angleterre, t. II.
(2) Esprit, origine et progrès des institutions judiciaires, t. II.

haut, le peuple et la royauté ont chacun leur part distincte d'attribution dans la justice; le peuple, en déclarant le fait, la royauté, en dirigeant les débats et en appliquant la peine par l'organe de ses agens (1).

§ II. — Du Jury anglais.

L'acte de naissance du jury anglais est la grande Charte de 1215 qui porte (art. 39) qu'aucun homme libre ne pourra être maltraité en sa personne, ou en sa propriété, à moins que ce ne soit en vertu de *la loi et du jugement légal de ses pairs*. Dès cette époque, entre les vassaux immédiats et les autres hommes libres, il n'y a plus de distinction aux yeux de la loi, et la cour du roi, cessant d'être ambulante, prit le nom d'*assise*. Les membres de ce tribunal ne furent d'abord que de simples témoins, et comme leur témoignage devait être unanime en faveur de la partie qui l'invoquait, le juge qui présidait se vit obligé de s'y conformer en ce qui touchait le fait. — Cette manière de procéder se propagea rapidement, parce

(1) Dans une république, si les juges étaient élus directement par le peuple pour un temps déterminé, le jury pourrait être une superfluité; car les juges, résultat de l'élection, représenteraient le peuple mieux que les jurés eux-mêmes; aussi, dans la seule république où le jury ait été admis, aux États-Unis, les juges ne sont pas élus par le peuple, ils sont nommés par le gouverneur de chaque État et par son conseil; ils restent en place jusqu'à soixante-dix ans, à moins de destitution prononcée par le sénat; on conçoit avec une telle organisation judiciaire l'établissement du jury dans un état républicain.

qu'elle dispensait du combat judiciaire. — Sous Henri III, vers 1225, les membres du jury, de témoins qu'ils étaient, devinrent de véritables *jurés*, décidant eux-mêmes le fait; leur compétence s'étendit et embrassa bientôt presque toutes les causes; et enfin, après bien des efforts, le jury, triomphant de la puissance féodale, des craintes du despotisme royal et des répugnances de l'aristocratie, finit par régner sans partage. Ce fut surtout après la révolution de 1685 que cette institution, issue du principe populaire, se fortifia et prit un rang élevé parmi les constitutions mêmes de l'état.

Examinons l'état actuel du jury anglais.

Le jury statue en matière civile et en matière criminelle, il se divise en jury *ordinaire*, (ce qui comprend le jury de jugement criminel ou le *petit jury*), en *grand jury*, ou jury d'accusation, *jury mi-national*, *jury spécial*, *jury de première instance* et *jury d'appel* ou de *révision*.

1° Pour être membre du jury, il faut être âgé de vingt-un ans au moins, et de soixante-dix ans au plus, être propriétaire d'un franc-fief, d'un revenu de 10 livres sterling ou fermier de terre produisant 20 livres.

Tous les ans, après la session des juges de paix qui se tient à la Saint-Jean, une liste générale de tous les habitans, ayant les conditions requises, est dressée dans chaque commune par le constable (1) ou autre fonctionnaire équivalent.

(1) Fonctionnaire public, ayant des attributions municipales et de police judiciaire, et qu'on peut comparer à un commissaire de police de nos grandes villes. Il est élu par les habitans de chaque paroisse.

L'omission totale de la liste est punie par 500 liv. d'amende,
l'omission individuelle, ou l'insertion d'une personne n'ayant
pas qualité soumet à une amende de 1 livr.—Cette liste générale, affichée vingt jours au moins avant la Saint-Michel,
est remise aux juges de paix qui l'adressent au sheriff (1) du
comté, et celui-ci pour toutes les causes qui doivent être jugées aux mêmes assises, extrait de la liste générale les noms
de quarante-huit au moins et de soixante-douze au plus.
Avant l'audience des assises, les noms de tous les membres
du jury sont écrits sur autant de billets jetés dans une boîte ;
les douze dont les noms sont extraits les premiers par le président des assises, et qui ne sont écartés ni par cause d'absence, de dispense ou de *récusation*, forment le jury.

Les récusations sont générales ou individuelles.

La liste entière des jurés peut être récusée par les parties
si le sheriff qui l'a formée avait un intérêt dans les causes
ou s'il l'a formée d'une manière partiale.

Quant aux récusations individuelles il faut distinguer. Au
civil, elles doivent être motivées. Au criminel, l'accusé seul
a le privilége de pouvoir récuser sans motif jusqu'à trente-

(1) Le Sheriff, premier magistrat d'une province, préside les
cours des comtés, est chargé du maintien de l'ordre et de la tranquillité publique, et comme tel peut arrêter et emprisonner les
délinquans; il fait exécuter la plupart des actes des cours de justice, convoque les jurés, reçoit les cautions, assiste aux audiences des assises pour être toujours prêt à faire exécuter les ordres
de la cour; en outre, il a des attributions administratives nombreuses. Ses fonctions sont annuelles. Il est nommé par le roi,
excepté à Londres et à Middlesex, où il est élu par les habitans de
la cité.

cinq jurés, c'est-à-dire trois jurys complets, moins un juré, dans les causes politiques ou de haute trahison, et vingt seulement dans les autres causes. Les récusations dirigées par les gens du roi ou la partie civile sont au contraire examinées, approuvées ou rejetées par la cour.

Si après les récusations ou les examens, il ne se trouve plus, sur la liste, le nombre suffisant de jurés, il est complété en prenant les premières personnes présentes à l'audience. Ces nouveaux jurés sont soumis aux mêmes récusations que les autres. Les douze jurés définitivement admis prêtent serment, les *yeux dirigés* vers l'accusé sur le sort duquel ils vont prononcer.

Les assises sont tenues par deux juges détachés des cours permanentes, et qui parcourent les comtés en qualité de commissaires du roi (1).

2° Le jury de jugement n'est appelé à statuer sur un procès criminel que quand il y a déjà un premier jury qui a déclaré que l'accusation était fondée; et pour que la question d'accusation soit soumise aux jurés, le juge de paix, faisant fonction de la chambre du conseil des tribunaux de 1re ins-

(1) Deux fois par an les juges de la cour du banc du roi abandonnent leurs fonctions ordinaires pour faire des tournées dans tous les comtés du royaume. C'est dans ces tournées qu'ils tiennent les assises. — Les assises sont divisées en deux sections : l'une civile et l'autre criminelle, et chacune d'elles est ordinairement présidée par un seul juge; quelquefois les deux juges siégent en même temps, s'il n'y a point d'affaire dans l'une des deux sections.

tance en France, a dû rendre une ordonnance de mise en prévention.

Le jury d'accusation, appelé le *grand jury*, est choisi, pour chaque assise, par le sheriff seul sur la liste générale dont nous avons parlé ; il est composé de vingt-trois membres au plus, et de douze au moins. Aucune récusation ne peut être admise contre ces jurés, qui d'ailleurs, quel que soit leur nombre, ne peuvent prononcer une accusation à moins de douze voix. Les attributions de ce jury sont plus étendues que celles du jury de jugement. Il est chargé de surveiller les malfaiteurs, de dénoncer aux assises tous les désordres, toutes les malversations qui sont à sa connaissance, dans le comté. Et si la Cour d'assises ne fait pas droit à ses plaintes, il doit s'adresser, par voie de pétition, à la Cour du parlement.

Le jury d'accusation et celui de jugement siégent en même temps dans deux salles séparées ; leurs opérations marchent de front. Par économie de temps, le jury de jugement reste le même pour toutes les causes du même jour, si les accusés n'en demandent pas d'autre ; pendant que les jurés délibèrent (ce qui n'est pas de rigueur) (1). on commence les débats de la cause suivante avec d'autres jurés, et lorsque ceux qui s'étaient retirés pour délibérer reparaissent, les débats nouveaux sont seulement interrompus pendant le prononcé de la décision des premiers jurés.

L'accusé peut être assisté d'un avocat dès la première comparution devant le magistrat instructeur. Toute l'ins-

(1) Le verdict peut être prononcé à l'audience même, sans quitter la salle, si les jurés sont d'accord.

truction préparatoire, qui comprend l'audition des témoins, est publique, sauf le cas du huis-clos pour certaines causes : dans les débats définitifs, aucune question sur l'existence du délit ne peut être faite à l'accusé quoiqu'il soit assisté de son conseil. Si une telle question lui était adressée, il aurait le droit de se taire sans que son silence lui fît préjudice. Dans aucune cause criminelle on n'entend un témoin par *oui-dire*. Jamais la preuve légale n'est admise en faveur de l'accusation.

Pendant l'audience, les témoins restent dans la salle d'audience et déposent les uns devant les autres, à moins qu'un juré ne demande leur séparation. L'accusé et son conseil peuvent faire un *contre-examen*, c'est-à-dire interroger directement les témoins après que le président l'a fait lui-même; ils ont le droit de discuter les faits, d'en tirer des argumens, de contester les témoignages, sans craindre d'être interrompus.

Dans le résumé, le président peut donner, aux jurés, son opinion sur la qualification du fait et même sur la peine qui peut être prononcée. Les jurés peuvent même s'en rapporter à sa décision sur la nature du délit ou du crime. Souvent les juges adressent des réprimandes aux jurés, leur demandent compte des motifs de leurs discussions, ils vont même quelquefois jusqu'à les engager à changer leur délibération, si elle leur paraît contraire aux témoignages.

Les décisions doivent être rendues à l'unanimité aussi bien au civil qu'au criminel pour l'absolution comme pour la condamnation.

Pendant le délibéré, l'interdiction de toute communication avec des étrangers est, pour les jurés, d'une telle rigueur, qu'à moins d'une permission spéciale du juge, ils doivent, jusqu'à *l'unanimité* acquise, rester sans feu, sans lumière, et sans boire ni manger. On a vu des juges, obligés de quitter, avant la décision du jury, le siége des assises, emmener avec eux les jurés de ville en ville jusqu'à ce qu'ils fussent d'accord.

Les condamnations ne sont pas prononcées après chaque affaire ; elles le sont toutes ensemble à la fin de la session, sauf celles qui s'appliquent aux assassinats.

Lorsque l'accusé est étranger il a droit de demander que la moitié des jurés soient étrangers, à moins qu'il ne s'agisse d'un crime de haute trahison. Le jury, ainsi composé, est appelé jury de *medietate linguæ* ou *mi-national*; par analogie un autre usage s'est établi : si c'est un membre du clergé ou d'une université qui est accusé, six jurés doivent être ecclésiastiques ou universitaires (1).

Nous ne parlerons pas du *jury spécial*, juridiction vicieuse, rétrograde, contraire à l'essence même du jury, composée d'individus salariés, choisis par le pouvoir, et

(1) En 1833, une affaire criminelle, jugée en Angleterre, nous révéla l'existence d'une nouvelle espèce de jury. Une femme condamnée à mort s'étant déclarée enceinte, un jury de matrones fut formé à la diligence du sheriff, à l'instant même, pour vérifier l'état de la condamnée. Ce jury, composé de douze femmes mariées, sages-femmes ou non, mais ayant toutes deux ou trois enfans au moins, prirent place au banc des jurés, prêtèrent serment de bien et fidèlement rendre leur verdict et de déclarer en leur âme et conscience si la femme condamnée était actuellement enceinte. Elles procédèrent ensuite à leur vérification, et, par l'organe de leur *chef*, en vinrent déclarer le résultat à l'audience.

jugeant les affaires les plus importantes, ni du jury de première instance ni du jury de révision, tribunaux particuliers ne s'occupant que de certaines affaires civiles et ne rentrant pas, par leur nature, dans le cercle que nous nous sommes tracé.

Au moyen du jury appliqué aux affaires civiles et criminelles, il n'y a, sauf les juges de paix, pour toute l'Angleterre, que douze juges formant trois des grandes cours siégeant à Westminster (1), et allant chacun à leur tour, dans les *circuits* (2), pour y tenir les grandes assises, tant civiles que criminelles.

Les décisions des jurés ne sont point regardées en Angleterre comme infaillibles, et elles peuvent être attaquées en appel aussi bien que la décision des magistrats. Le président des assises peut en suspendre l'effet, lorsqu'il y a condamnation, l'attaquer même, aussi bien que la partie intéressée, par *un appel comme d'erreur*; dans ce cas, si les *douze* juges de Westminster croient reconnaître quelque méprise dans la déclaration d'un jury, ils ordonnent la convocation expresse d'assises extraordinaires appelées *mistakession*, c'est-à-dire session pour le redressement de l'erreur. Si ce tribunal acquitte, comme il exerce jusqu'à un certain point le droit de grâce, les individus acquittés ne peuvent être

(1) Les quatre Cours supérieures de Westminster sont : la Cour de l'*échiquier*, celle du *banc du roi*, des *plaids communs*, et la haute-cour de l'*amirauté*.

(2) Toute l'Angleterre est divisée en six *circuits* ou arrondissemens séparés pour les tournées d'assises, et le nombre des grands juges étant de douze, il en résulte que chaque circuit est ordinairement visité par deux juges.

mis en liberté que sur un ordre formel du secrétaire d'état chargé de l'administration de la justice (1).

§ III. — Jury américain.

Les Américains des États-Unis ont, comme les Anglais,

(1) Une des plus grandes imperfections du jury anglais, c'est de ne pas être une institution générale, s'appliquant à tous les cas comme à tous les citoyens, car plusieurs tribunaux exceptionnels viennent diminuer son influence et sa juridiction : 1° *La haute cour du Parlement*, composée de deux chambres réunies, juge les pairs, les ministres et autres grands dignitaires accusés d'un crime capital ou de prévarications ; 2° *La cour du grand maître d'Angleterre*, composée de la cour des pairs seulement, se constituant en tribunal criminel pendant les vacances du Parlement : dans ce cas, la cour n'est saisie qu'après qu'un jury spécial d'accusation, composé de francs-tenanciers, a prononcé qu'il y avait lieu à accusation ; 3° *La haute cour d'amirauté*, présidée par le grand amiral, et connaissant de tous les délits, les crimes commis en mer ou sur les côtes ; 4° *La cour du grand maître de la maison du roi*, pour informer contre les actes imputés à un serviteur assermenté du roi ; 5° *La cour du sénéchal de maréchaussée*, pour les crimes commis dans les limites de 200 pas de distance d'un des palais royaux ; 6° *La cour criminelle du grand sénéchal des Universités de Cambrigde et d'Oxford*, jugeant les membres de ces Universités par un jury composé par moitié de francs-tenanciers et de membres de l'Université ; 7° *Les cours ecclésiastiques*, dont les attributions sont fort étendues, puisqu'elles prononcent sur les divorces et sur les testamens ; 8° *Les cours des commissaires d'assises*, pour les délits dont la poursuite ne souffre aucun délai ; 9° *Les tribunaux des juges-de-paix*, pour les affaires de félonie ou de contravention aux lois. Ces institutions judiciaires sont les restes du système féodal qui n'a jamais cessé complétement en Angleterre.

2.

dont ils sont les fils, le jury d'accusation et le jury de jugement ou jury ordinaire. Mais ils ont su faire disparaître tous les tribunaux d'exception, de façon que l'on peut dire que le jury est en Amérique la justice du pays, puisque personne, pas même les plus hauts personnages, ne saurait s'y soustraire. En effet, tous les fonctionnaires, et le président lui-même, peuvent être mis en accusation; il est vrai que dans ce cas il doit être rendu un premier jugement par le sénat; mais les attributions de cette assemblée sont ici toutes politiques, elles se bornent à destituer l'accusé et à le déclarer incapable d'exercer aucun autre emploi; cette dégradation prononcée, c'est aux tribunaux à poursuivre le crime, et à appliquer la peine; sous le niveau de la loi, il n'y a plus de fonctionnaire ni de président, il n'y a que des citoyens.

La constitution des États-Unis a voulu que toutes les affaires criminelles et toutes les affaires civiles dont la valeur en litige excède 20 dollars (500 fr.), fussent soumises au jugement des jurés. Une cour supérieure de quatre juges fait annuellement deux tournées dans les comtés pour la tenue des assises; une cour inférieure, avec le même nombre de juges, tient tour à tour dans chaque comté quatre sessions annuelles pour les jugemens des petites causes. — Comme en Angleterre, le jury d'accusation est choisi par le sheriff parmi les citoyens les plus recommandables, mais contrairement à ce qui se fait en Angleterre, le sheriff est lui-même *choisi* par le peuple. — Les jurés de jugement sont pris exclusivement sur la liste des propriétaires d'immeubles d'une valeur de 50 livres sterling. Les fermiers ne sont point admis, parce que d'abord ils sont très peu nombreux et qu'ensuite ils ont paru offrir moins d'indépendance que les propriétaires. Une valeur de 50 livres en mobilier dans une ville donne aussi le droit d'être juré.

La liste générale des jurés est dressée par une réunion des conseils des principales communes des comtés, conseils qui sont tous le résultat de l'élection, et pour prévenir tout arbitraire, trente-six noms inscrits sur la liste générale sont, quatorze jours avant celui où le jury s'assemble, tirés au sort pour faire le service des assises prochaines. A l'ouverture de la session, les trente-six noms sont réduits à douze par un nouveau tirage. Toutes les récusations du ministère public et de *l'accusé* doivent être motivées, excepté dans les affaires qui emportent la peine de mort ou la prison perpétuelle, dans lesquelles l'accusé peut exercer vingt récusations péremptoires et sans motifs.

Après le serment des jurés, la lecture de l'acte d'accusation est faite par le procureur général sans y joindre aucune réflexion. Les témoins sont interrogés non par le président, mais successivement par le ministère public et l'accusé. Il est alloué, aux États-Unis, aux jurés et aux témoins, à titre d'indemnité, un dollar et 25 *cents* par jour, et cinq *cents* par mille pour frais de voyage.

Toutes les autres formalités de procédure du jury, l'interdiction de communication entre les jurés, les formes de la délibération, le prononcé des condamnations, l'unanimité des douze voix pour la condamnation, etc., sont conformes à ce qui se passe en Angleterre. Seulement, au lieu d'emmener de ville en ville le jury qui ne peut se mettre d'accord, le président des assises peut, dans la même session, soumettre la cause à un autre jury.

TITRE II.

DU JURY EN FRANCE.

—

C'est un honneur éternel pour les Anglais d'avoir su conquérir leurs droits de citoyens alors que tous les autres peuples de l'Europe restaient courbés sous le despotisme religieux ou féodal. Quelle admirable chose, en effet, que cette institution qui appelle les citoyens eux-mêmes à prononcer sur des faits desquels dépendent la propriété, la vie, la liberté, et l'honneur de chacun! Disons-le hardiment; le peuple capable d'exercer dignement un tel ministère devait acquérir de nobles habitudes, agrandir ses sentimens et ses idées, et, comprenant son importance et sa dignité, se placer rapidement au premier rang parmi les autres peuples.

Pendant qu'en Angleterre la liberté des citoyens, le foyer domestique, le secret des papiers étaient inviolables, à moins d'un ordre légal décerné sur une cause reconnue et spécifiant la nature du délit; pendant que nul ne pouvait être jugé deux fois pour le même délit; que le droit de défense était complet, toutes les procédures publiques, et que la presse, cette sentinelle infatigable, chargée de surveiller et de défendre les droits de tous et de chacun devenait libre et puissante, la France, cette rivale en gloire et en civilisation, avait une procédure criminelle barbare et un code pénal atroce.

La loi, comme si elle eût été elle-même criminelle, procédait dans l'ombre. L'instruction était entièrement secrète (1).
L'accusé n'avait aucune communication des attaques dirigées contre lui. Les témoins déposaient hors sa présence
sans qu'il pût les contredire, ni les connaître, ni savoir
de quoi ils le chargeaient. Deux témoins faisaient une
preuve. Un témoin faisait une demi-preuve ; les induc-
tions, les présomptions étaient divisées en parties aliquotes ;
les questions que le juge adressait à l'accusé étaient insi-
dieuses ; presque toujours on lui refusait la faculté de
faire entendre des témoins à décharge. Il n'avait pas le droit
de prendre un conseil ni celui de se défendre : soupçonné,
il était emprisonné ; véhémentement soupçonné, il était
condamné. La question ordinaire et extraordinaire le for-
çait à l'aveu du crime que souvent il n'avait pas commis,
et la douleur lui faisait nommer des complices qu'il n'a-
vait pas. Quelquefois il est arrivé, qu'enseveli dans les ca-
chots, la vieillesse, la mort même l'atteignait avant qu'il eût
pu être jugé. Il n'est pas besoin de dire que c'était aux magistrats, nommés par le pouvoir, qu'était dévolu le droit de
prononcer sur la culpabilité et sur la peine.

Voilà quelle fut la législation criminelle de la France, non
pas seulement dans les temps de barbarie, mais dans le
dix-huitième siècle et jusqu'en 1791.

(1) Ce fut sous François 1er que ce système inique fut légalement imposé. Une ordonnance de 1539 déclara que la procédure
secrète devait être reçue dans tout le royaume. L'auteur de cette
ordonnance inhumaine était le chancelier Poyet, qui en fut lui-
même victime.

§ 1er. — La Constituante.

La révolution de 1789, en renversant le vieil édifice social, détruisit une de ses plus difformes parties, l'ordre judiciaire. Frappée de ce qu'avaient de vicieux et d'inhumain nos lois criminelles, la Constituante, cette assemblée qui ne laissa aucune idée grande et utile sans essayer de la réaliser, voulut établir un système de droit criminel plus approprié aux progrès et aux mœurs de l'époque. Le *jury* lui sembla la seule institution capable d'atteindre le but qu'elle se proposait; ce fut en Angleterre et aux États-Unis qu'elle alla chercher ses modèles. Dès le 17 août 1789, M. Bergasse avait, au nom du comité de constitution, préparé l'établissement d'un jury d'après le système anglais et américain, et après plusieurs projets, après de longues discussions, la constitution du 3 septembre 1791 consacra en principe le jugement par jurés. Toutefois leur compétence fut restreinte aux seuls actes réputés crimes, et emportant les peines afflictives et infamantes.

Les formes de la procédure à suivre furent organisées par la loi du 29 septembre 1791.

Le jury se composa de deux degrés : *jury d'accusation, jury de jugement.* Dans chaque tribunal, un juge était pris à tour de rôle tous les six mois parmi les membres, le président excepté; il s'appelait *directeur du jury.*

Ce magistrat était chargé de l'instruction préparatoire; il visait les pièces, entendait le prévenu *dans les vingt-quatre heures* de son arrestation pour s'assurer s'il s'agissait d'un délit ou d'un crime; s'il pensait que l'accusation

n'était pas justiciable du jury, il soumettait dans les vingt-
quatre heures la question au tribunal, qui prononçait après
avoir entendu le commissaire du roi ; si la compétence du
juré était reconnue, le directeur du jury dressait l'acte d'accusation, seul, s'il n'y avait pas de partie plaignante ; s'il
y en avait une, l'acte d'accusation était dressé de concert ;
en cas de discords, la partie plaignante et le directeur dres-
saient deux actes d'accusations séparés. Le tribunal indiquait
un jour par semaine pour la réunion du *jury d'accusation*.
Le directeur prévenait quatre jours d'avance ceux qui devaient le former et qui étaient tenus de se rendre au lieu de
la réunion sous peine de 30 *fr. d'amende*, et d'être privés
du droit d'*éligibilité* et de *suffrage* pendant deux ans. Au
jour fixé les jurés, avant de s'occuper de l'accusation, prêtaient serment d'examiner avec attention les témoins et les
pièces; ensuite le directeur du jury exposait l'objet de l'accusation, et après la lecture des pièces l'audition des témoins et de la partie poursuivante, il se retirait, et les jurés
délibéraient entre eux sous la présidence du plus ancien
d'âge qui recueillait les voix ; le jury prononçait à la simple
majorité. Si l'accusation était admise, le directeur du jury
rendait une ordonnance de prise de corps ; l'accusé pouvait cependant obtenir sa liberté sous caution, à la charge,
sous peine d'y être contraint par corps, de se présenter
toutes les fois qu'ils en serait requis.

Voici comment se formait le jury d'accusation. Tous les
trois mois le procureur syndic de chaque district dressait
une liste de trente citoyens pris parmi les électeurs (1) du

(1) Pour être électeur, il fallait être 1° citoyen actif;

district, âgés de trente ans. Cette liste envoyée à chacun des inscrits huit jours avant la réunion, le directeur du jury, en présence du commissaire du roi, tirait publiquement au sort les noms de *huit* citoyens destinés à former le jury d'accusation ; au jour indiqué, si, pour cause d'absence, moins de huit jurés se présentaient, le nombre était complété par un tirage au sort des citoyens de la ville pris d'abord dans la liste des trente et au besoin parmi les autres citoyens capables d'être électeurs.

Le jury de jugement ne se formait pas comme celui d'accusation, quoique composé de citoyens devant réunir les mêmes conditions d'éligibilité. Tout citoyen pouvant être électeur, sauf les ecclésiastiques, les septuagénaires, les officiers de police, les magistrats, les procureurs syndics des administrations, *devait se faire inscrire* au plus tard avant le 15 décembre de chaque année, sur le registre du jury de chaque district, *sous peine d'être privé de ses droits d'électeur et d'éligibilité à toutes les nominations qui pourraient avoir lieu l'année suivante.*

Tous les trois mois le procureur-général syndic du département formait une liste de deux cents citoyens inscrits sur le registre de jury des districts ; sur la liste trimestrielle le président du tribunal criminel formait, le 1er de chaque mois, le tableau des jurés de jugement.

2° dans les grandes villes, propriétaire ou usufruitier d'un bien dont le revenu fût égal à la valeur locale de 200 journées de travail, ou locataire d'une habitation d'un revenu de 150 journées. Dans les petites villes et dans les campagnes le revenu était diminué de 80 journées. (Voir, pour plus de détails, le *Manuel complet de l'É-LECTEUR*, par C. B. *Merger*, page 17.)

Le jour de la formation du tableau, l'accusateur public avait la faculté d'exclure, sans donner de motifs, vingt citoyens sur la liste des deux cents. Le surplus était mis dans une boîte, on en tirait au sort douze pour former le jury de jugement, et ensuite trois autres destinés à servir d'adjoints. L'accusé avait le droit de récuser, sans donner de motifs, le premier tableau du jury de jugement. Après la formation d'un nouveau jury, il pouvait encore récuser, sans motifs, péremptoirement huit jurés (vingt en tout). S'il excédait ce nombre, il était tenu de motiver ses autres récusations que le tribunal appréciait.—Lorsqu'il y avait plusieurs accusés, ils pouvaient se concerter entre eux pour exercer leurs récusations; sinon, chacun d'eux avait droit de récuser jusqu'à dix jurés.

Tout juré qui ne se rendait pas, sur la sommation qui lui était faite, au jour indiqué pour la réunion des assises, encourait la peine de 50 francs d'amende, et en outre, il était *privé de tout droit d'éligibilité et de suffrage pendant deux ans.* — En tous cas le juré manquant était remplacé par un citoyen de la ville, pris au sort dans la liste des deux cents, et subsidiairement parmi les autres électeurs.

Le tribunal se composait d'un président, de trois juges, d'un accusateur public, d'un commissaire du roi et d'un greffier. — Le président et l'accusateur public étaient nommés pour six ans par les électeurs du département qui nommaient à vie le greffier. — L'accusateur public avait pour mission spéciale la poursuite des délits sur les actes d'accusation admis par les premiers jurés; le commissaire du roi était chargé surtout de surveiller l'exécution de la loi.

Quand l'accusation avait été admise, l'accusé renvoyé devant le tribunal criminel de son domicile ou devant le tribunal siégeant au même lieu que le jury d'accusation, avait le droit, si la ville où siégeaient ces deux tribunaux n'avait pas au moins 40,000 âmes de population, de se faire juger par le tribunal criminel d'un des deux départemens voisins. — Le 5 de chaque mois les jurés étaient convoqués; ils s'assemblaient le 15. Le jury composé de douze membres, et trois adjoints (ces derniers assistaient aux débats sans prendre part à la délibération, et n'étaient appelés que dans un cas dont nous parlerons tout-à-l'heure). Le serment prêté par les jurés, il était immédiatement procédé aux débats. Tout accusé pouvait faire choix d'un ou de deux amis pour l'aider et lui servir de conseil dans sa défense. — Les questions étaient posées : 1° sur le fait; 2° sur les circonstances ; 3° sur les intentions. — Les jurés délibéraient sous la présidence du plus ancien, en secret, dans leur chambre ; quand ils étaient prêts de donner leur déclaration, le président du tribunal, averti par eux, commettait un juge qui se rendait à la chambre du conseil avec le commissaire du roi et le président du jury. Chaque juré, en commençant par le président du jury, appelé séparément dans cette chambre, donnait son opinion à haute voix sur chaque question, puis il mettait ostensiblement une boule blanche ou noire dans les boîtes disposées à cet effet. — L'opinion de trois jurés suffisait en faveur des accusés, dix étaient nécessaires pour la condamnation; la décision du jury ne pouvait être soumise à l'appel. Néanmoins, si le tribunal était unanimement d'avis que les jurés s'étaient trompés en condamnant, il ordonnait que les trois jurés-adjoints qui avaient assisté aux débats se joignissent aux douze premiers, et alors on procédait à un nouvel examen et il fallait douze voix sur quinze pour que la condamnation fût maintenue. — Le pourvoi en cassation était ouvert au condamné pendant trois jours ; en cas d'absolution, le commissaire du roi n'avait que vingt-quatre heures pour se pourvoir.—Les plaintes en faux, en banqueroute, et autres délits semblables étaient soumises à des jurys spéciaux, à cause des connaissances particulières qu'ils exigent.

§ II. — La Convention.

Ce fut par ces formes tutélaires que l'Assemblée constituante remplaça les procédures ténébreuses de l'ancien régime, et prit les précautions les plus minutieuses pour garantir les droits et la liberté de tous les citoyens. Mais la révolution marchant, le monument de la sage assemblée fut bientôt renversé. Le jury de 1791 n'était pas un instrument assez docile pour la démocratie de 1793. Il fallait un tribunal exceptionnel à la hauteur des passions de l'époque (1) ; l'accusation, le jugement et l'exécution devinrent pour ainsi dire instantanés. Ce terrible tribunal fut organisé le 7 avril 1793 ; le 29 octobre il reçut le nom de *révolutionnaire*. Des *jurés* choisis par la Convention dans la capitale et dans les dépar-

(1) Le tribunal *révolutionnaire* fut constitué pour connaître, sans recours en cassation de tout attentat contre la liberté, l'unité, l'indivisibilité, de la république, la sûreté *intérieure* et *extérieure* de l'État, et de tous les complots tendant à rétablir la royauté ou à établir toute autre autorité attentatoire à la liberté, à l'égalité et à la souveraineté du peuple, soit que les accusés fussent fonctionnaires civils ou militaires, ou simples citoyens.

partemens circonvoisins lui furent attachés ; ces jurés vo-
tèrent à haute voix, à la simple majorité des suffrages, et
aucune récusation péremptoire ne put être exercée contre
eux. Sur une simple dénonciation, le tribunal était saisi, et
il fut enjoint aux juges de clore toute procédure et instruction du moment que les jurés auraient déclaré avoir la conviction acquise (1).

La constitution inexécutée du 24 juin 1793 maintint,
pour les crimes et délits ordinaires, les jurys d'accusation
et de jugement, et enfanta un nouveau tribunal appelé le
grand jury national, institué pour juger les membres du
corps législatif et du conseil exécutif, et chargé de mettre en
accusation tous les prévenus de complot contre la sûreté
générale. Par une loi du 2 nivôse an II, (le 22 décembre 1793), la Convention, pour être conséquente avec le
système d'égalité politique qu'elle avait admis, appela aux

---

(1) L'art. 8 de la loi du 22 prairial an XI porte : « La preuve
nécessaire pour condamner les ennemis du peuple, est toute espèce de document, soit matériel, soit moral, soit verbal, soit écrit,
qui peut naturellement obtenir l'assentiment de tout esprit juste
et raisonnable. La règle des jugemens est la conscience des jurés
éclairés par l'amour de la patrie; leur but, le triomphe de la république et la ruine de ses ennemis; la procédure, les moyens simples que le bon sens indique pour parvenir à la connaissance de la
vérité, dans les formes que la loi détermine. » Ces formes, c'était
1º La suppression des procédures préparatoires, ainsi que de l'audition des témoins, en cas de preuves, soit naturelles, soit morales; 2º Le droit aux patriotes calomniés d'être défendus par des
jurés patriotes; et aux conspirateurs l'interdiction d'un défenseur.

fonctions de jurés tous les citoyens âgés de vingt-cinq ans accomplis sans autre condition. Il n'y eut d'excepté que les représentans, juges, accusateurs publics et officiers de police.

La révolution du 9 thermidor an III fit rentrer dans leurs limites les pouvoirs de l'état ; le tribunal révolutionnaire, après avoir servi à condamner ceux mêmes qui l'avaient organisé, fut supprimé ; le jury reparut avec l'ordre et la liberté. La constitution du 22 août 1795 en proclama le rétablissement.

Le 3 brumaire an IV (25 octobre 1793) la Convention proclama le *code des délits et des peines*, qui renferme une organisation complète du jury. Tout en conservant les principes et les formes principales adoptées par la Constituante, des modifications de détail assez importantes et qui méritent d'être connues furent introduites dans la nouvelle loi.

Une seule liste était dressée tous les trois mois par chaque administration départementale ; elle comprenait tous les citoyens âgés de trente ans accomplis et électeurs; il n'y eut plus obligation de se faire inscrire. La liste départementale se divisait en autant de parties qu'il y avait de directeurs du jury dans le département. Dans chaque arrondissement, un juré était choisi sur quinze cents habitans, et ensuite il en était pris un par mille. Cette liste était envoyée aux directeurs du jury et au président du tribunal criminel dix jours avant le commencement du trimestre pour lequel elle devait servir.

Pour la composition des jurys d'accusation, les formes de la loi de 1791 étaient suivies.

3.

Le jury de jugement était tiré de la liste envoyée au président du tribunal criminel ; l'accusateur public pouvait récuser un juré sur dix sans donner de motifs ; le surplus, mis dans un vase, servait à tirer au sort les douze jurés de jugement et les trois adjoints. L'accusé pouvait en récuser jusqu'à vingt sans motifs ; les récusations ultérieures devaient être motivées et jugées par le tribunal ; s'il y avait plusieurs accusés ils pouvaient se concerter pour leurs récusations, sinon le sort réglait entre eux le rang dans lequel chacun userait successivement du droit de récuser jusqu'à épuisement du nombre légal.

Le jugement rendu contre un juré d'accusation ou de jugement, qui, sans excuse légale, ne se présentait pas, était, pour le premier, *imprimé* et *affiché* à ses frais dans toutes les communes de l'arrondissement ; et pour le second, dans toutes celles du département, rigueur qui n'empêchait pas la privation supplétive des droits d'éligibilité et de suffrage pendant deux ans.—Les jurés ne prêtaient pas serment ; les mots *vous jurez* étaient remplacés par ceux *vous promettez* ; et le juré répondait *je le promets*.

Les débats étaient toujours publics ; le huis clos ne pouvait être ordonné sous aucun prétexte.

Un nouveau mode de voter fut adopté. Après avoir formulé à haute voix leurs déclarations sur l'existence matérielle du fait, sur la culpabilité de l'accusé, sur les circonstances et sur l'intention, les jurés subissaient une deuxième épreuve pour constater d'une manière plus complète la vérité et l'indépendance de leurs déclarations ; des boîtes blanches et des boîtes noires servant à constater, les premières, les opinions favorables, les deuxièmes, les opi-

nions défavorables, étaient placées sur le bureau de la
chambre du conseil ; pour le jugement de chaque affaire il
y avait autant de paires de boîtes que de questions à décider par les jurés, chacune portant inscrit l'affirmative ou la
négative ; un juge présentait à chaque juré deux boules,
l'une blanche et l'autre noire, et celui-ci, après avoir choisi
celle qui exprimait son opinion, la déposait ostensiblement
dans la boîte de la couleur correspondante ; pour éviter
toute méprise les boîtes étaient construites de manière que
la boule noire ne puisse pas entrer dans l'ouverture de la
boule blanche ; la décision du jury se formait sur chaque
question en faveur de l'accusé par le concours de trois
boules et contre lui par le concours de dix (1).

(1) La manière de compter les boules était extrêmement compli-
quée ; voici comment se faisait le calcul : on ouvrait d'abord les
boîtes qui avaient servi à décider l'existence du fait ; si elles con-
tenaient trois boules blanches, l'existence du fait n'était pas admise, la délibération était terminée ; dans le cas contraire, on ouvrait les boîtes sur la question de savoir si l'accusé était auteur du
fait. Les boules blanches trouvées sur cette deuxième question,
dans l'une des boîtes, s'additionnaient avec les boules blanches données sur la première question. Si cette addition donnait trois boules blanches, ou s'il y en avait trois dans la boîte destinée à la
deuxième question, la délibération était terminée et l'accusé acquitté ; dans le cas contraire, on ouvrait les boîtes relatives à la
moralité du fait ; dans ce troisième recensement, les boules blanches
fournies sur les deux premières questions s'additionnaient encore
avec celles qui se trouvaient dans la boîte blanche, et il y avait acquittement s'il s'en trouvait trois ; sinon on ouvrait successivement
les boîtes sur les questions intentionnelles, s'il y en avait plusieurs
de posées, jusqu'à ce que le recensement terminé, soit par l'ou-

Les lois du 19 fructidor an V (5 septembre 1797) et du 8 frimaire an VI (28 novembre 1797), rendues sous le Directoire, opérèrent quelques modifications à la manière de voter et à la majorité jusqu'alors exigée. Aux termes de la première de ces deux lois, les jurés ne pouvaient, dans les vingt-quatre heures de leur réunion, voter pour ou contre l'accusé, qu'à l'unanimité. Pendant ce temps, ils devaient être privés de toute communication extérieure ; et si, après ce délai, ils n'avaient pu s'accorder pour émettre un vote unanime, ils le déclaraient ; une seconde révision avait lieu, et alors la déclaration se faisait à la majorité absolue. La seconde loi, plus favorable à l'accusé, voulait qu'après les vingt-quatre heures données aux jurés pour former leur opinion à l'unanimité, s'il y avait partage, le chef du jury fît une déclaration à la décharge de l'accusé, comme si la majorité des voix lui eût été favorable.

Le 24 ventôse an V, la peine de la privation des droits d'éligibilité et de suffrage portée par les lois de 1791 à 1795 contre le juré défaillant, fut supprimée et remplacée, peu après, par un emprisonnement de vingt jours et une

verture de toutes les boîtes, soit par la réunion de boules blanches, arrêtât et fixât la décision des jurés sur l'une des questions qui leur étaient présentées successivement. Les boules blanches fournies sur chacune des circonstances indépendantes d'un même délit ne s'additionnaient pas entre elles, mais seulement avec les boules blanches fournies sur les questions relatives à l'existence du délit et à la conviction de l'auteur de ce délit ; la délibération terminée, le résultat en était rédigé par écrit en autant d'articles séparés qu'il y avait eu de questions décidées.

amende de 50 fr. (Lois du 24 ventôse an V et 10 germinal an VI).

La loi du 6 germinal an VIII et celle du 7 pluviose an IX compliquèrent le mode de la formation des listes des jurés, sans rien changer aux autres dispositions des lois précédentes.

§ III. — Consulat. — Empire.

Le jury ne peut existerⁱqu'avec la liberté politique dont il est le résultat et dont il forme un des élémens essentiels. Il souffre des attaques portées contre elle, et si elle succombe, il ne lui survit pas; l'histoire de nos révolutions atteste la vérité de cette proposition; l'autorité judiciaire est un levier trop puissant pour être abandonné par celui qui s'est emparé du pouvoir aux mains des citoyens qui pourraient s'en faire une arme pour défendre leur indépendance. Ainsi, dès le jour où la force militaire eut renversé le gouvernement dit républicain, dès que le consulat se fut constitué, le jury, comme institution poltique et libérale, fut menacé dans son existence; deux sénatus-consultes, l'un du 19 pluviose an IX et l'autre du 23 floréal an X, vinrent bientôt l'affaiblir en instituant des cours spéciales de justice criminelle qui, chargées d'abord de prononcer en dernier ressort et sans le concours de jurés, sur quelques crimes spéciaux, eurent bientôt, par extension, le droit exclusif de juger tous les crimes de haute trahison, les attentats contre le premier consul et autres et contre la sureté de l'état. (Sénatus-consulte du 8 ventôse an XII.)

Sous l'empire le même système d'hostilité fut continué.

contre le jury qui ne fut conservé qu'avec des changemens qui lui enlevèrent tout ce qu'il avait d'indépendant et de national.

En 1808, le Code d'instruction criminelle qui constitua un système de procédure criminelle tout-à-fait nouveau.

Le jury d'accusation disparut : à sa place une chambre du conseil prise dans le sein du tribunal de 1re instance fut destinée à déclarer d'abord s'il y avait lieu à mettre en prévention. En cas d'affirmative, (et une seule voix suffit pour la faire prononcer), une chambre d'accusation, composée de cinq conseillers à la Cour royale jugeant sur pièces, et sur dépositions écrites, fut chargée de statuer sur la mise en accusation. Dans certaines cicontances, ce premier degré de juridiction put même être omis. Alors, la Cour royale, chambres réunies, eut le droit d'évoquer à elle-même la première instruction et de statuer ensuite en premier et dernier ressort.

Quinze jours avant l'ouverture des assises, le préfet dressait une liste de soixante personnes *choisies* dans l'une des classes de citoyens déterminée par la loi (1). Ceux qui n'é-

---

(1) Suivant l'article 381, nul ne pouvait exercer les fonctions de juré, s'il n'avait trente ans accomplis, et s'il ne jouissait des droits politiques. L'article 382 désignait les classes parmi lesquelles les jurés devaient être pris : c'était les membres des colléges électoraux, les trois cents plus imposés dans le département, les fonctionnaires administratifs *nommés* par l'empereur, les docteurs et licenciés des quatre facultés, les membres et correspondans de l'institut et des sociétés savantes reconnues par le gouvernement, les notaires, banquiers, agens de change, négocians et marchands payant

taient pas aptes à être jurés pouvaient cependant en remplir les fonctions s'ils en obtenaient l'autorisation. S. M. se réservait le droit de donner au juré qui aurait montré *un zèle louable* un témoignage honorable de sa satisfaction.

Le président de la Cour d'assises réduisait à trente-six la liste des soixante, et c'était parmi ceux-là qu'étaient tirés au sort les douze jurés ; les récusations ne pouvaient plus s'exercer après la formation du tableau ; — l'accusé et le ministère public avaient un égal nombre de récusations à exercer, neuf chacun ; et c'était au fur et à mesure que les noms sortaient de l'urne qu'ils devaient user de ce droit, qui cessait quand il ne restait plus que les douze jurés nécessaires pour former le tableau. Du reste, les récusations n'avaient pas besoin d'être motivées.

Après la session, chaque liste était adressée par le préfet au ministre, pour que l'empereur pût donner aux jurés *les plus zélés des témoignages honorables de sa satisfaction.* — Toute fonction administrative ou judiciaire était fermée à tout citoyen âgé de plus de trente ans qui ne justifiait pas de son exactitude à remplir les fonctions de jurés, ce qui n'excluait pas la condamnation, contre le juré défaillant, à l'amende de 500 fr. pour la première fois, 1,000 pour la deuxième et 1,500 pour la troisième, avec déclaration d'incapacité réelle de remplir désormais ces fonctions.

Le Code d'instruction criminelle fut peu généreux envers l'accusé ; il blessa même dans son essence l'institution du jury en lui enlevant le droit d'être juge souverain du fait de

patente des deux premières classes ; enfin les employés des administrations jouissant d'un traitement de 4,000 francs.

l'accusation. Ainsi il voulut que la déclaration du jury fût formée à la majorité de sept voix contre cinq. A la vérité il exigea que, si l'accusé n'était déclaré coupable sur *le fait principal* qu'à la simple majorité de sept contre cinq, les jurés en fissent mention en tête de leur déclaration, et qu'alors la Cour délibérât sur ce point ; mais cette concession, qui paraît tout d'abord favorable à l'accusé, était en réalité illusoire, car elle consacrait cette étrange doctrine que la minorité de la Cour d'assises (qui était composée de cinq juges), réunie à la majorité simple, et par elle-même impuissante, du jury, suffisait pour déterminer la condamnation ; de telle sorte que l'accusé qui ne pouvait être jugé coupable à la majorité de sept contre cinq devait l'être à celle de neuf contre huit.

§ IV. — 1814. — 1830. — Restauration. — Monarchie constitutionnelle de 1830.

La Charte de 1814 reconnut l'existence du jury et abolit les tribunaux spéciaux qu'avait établis ou conservés l'empire.

La loi du 25 mai 1821 modifia la disposition de l'art. 351 du Code d'instruction criminelle, en ordonnant que, dans le cas où l'accusé serait déclaré coupable à la simple majorité, sur *le fait principal*, l'avis favorable prévaudrait toutes les fois qu'il serait adopté par la majorité des juges.

Vint enfin la loi du 2 mai 1827, qui apporta d'heureux changemens à la composition du jury. L'arbitraire eut moins de part à la formation des listes ; la fixité et la publicité qui leur furent données leur assurent une régularité à laquelle, jusque là, elles n'avaient pu atteindre, et les jurés purent retrouver une partie de l'indépendance dont ils avaient été dépouillés sous l'empire.

La loi du 10 octobre 1830 étendit la compétence de cette juridiction, et lui attribua la connaissance de tous les délits de la presse et de tous les délits politiques ; enfin, en vertu d'une ordonnance royale du 12 novembre 1830, la Corse put jouir, comme le surplus de la France, de l'institution du jury.

Jusqu'en 1831, le nombre de juges qui composaient la Cour d'assises était de cinq ; la loi du 5 mars le réduisit à trois, elle abrogea la disposition du Code d'instruction criminelle qui autorisait la Cour à intervenir quand l'accusé n'était déclaré coupable sur le fait principal qu'à la simple majorité ; et, plus humaine que toutes celles qui l'avaient précédée, elle voulut que l'accusé ne pût être condamné qu'à la majorité de huit voix.

Enfin de notables modifications ont été apportées, par les lois du 9 septembre 1835 et 13 mai 1836, à l'organisation du jury, en ce qui concerne sa compétence, la procédure à suivre, le mode de délibérer et de voter, et la majorité nécessaire pour la condamnation.

En résumé, les pouvoirs politiques qui se sont succédé depuis l'établissement du jury en France lui ont fait subir bien des modifications et bien des changemens ; mais aucun n'a cru pouvoir s'en passer. Cette institution s'enracine de plus en plus dans nos mœurs ; quarante ans d'existence prouvent son indispensable nécessité ; elle est une garantie d'ordre et de liberté ; on ne comprend plus en France de justice criminelle sans jury. Le plus beau droit d'un citoyen, c'est d'être jugé par ses concitoyens. Notre indépendance nationale et notre honneur sont attachés au maintien de ce droit, qui fait partie intégrante de notre constitution, et qui, comme elle, doit être inviolable (1).

(1) Nos colonies sont soumises à un régime particulier: à l'île Bourbon *la Cour d'assises* se compose de trois magistrats de la Cour royale, d'un délégué, d'un suppléant et de quatre assesseurs colons, domiciliés et réunissant les conditions de capacité exigées par la loi. Le tirage des assesseurs se fait à l'avance, en présence des accusés et de leurs conseils, sur la liste de trente colons, qui a été dressée par le gouverneur et approuvée par le gouvernement de la métropole; la loi n'a pas voulu que le gouverneur restât maître de composer un collège d'assesseurs pour chaque affaire, ce qui eût présenté le danger des commissions, chose importante à éviter dans les accusations politiques. Le gouverneur est seulement investi du droit de remplacer provisoirement les assesseurs absens ou empêchés. Le président de la Cour d'assises peut ordonner l'adjonction d'un suppléant à cause de la longueur présumée des débats. Le nombre des récusations se réduit à cinq pour les accusés, et à deux pour le procureur-général.

Alger a un tribunal supérieur qui, constitué en tribunal criminel, juge les appels en matière correctionnelle et toutes les affaires qui, en France, seraient portées devant les Cours d'assises; en outre, il connaît de tous les crimes ou délits commis par des Français, des israélites, des étrangers, par des musulmans indigènes au préjudice de Français, d'israélites ou d'étrangers. Les magistrats doivent siéger au nombre de quatre: trois voix sont requises pour la condamnation. Ils peuvent comme les tribunaux français, et dans les limites de l'article 463 du Code pénal, admettre des circonstances atténuantes. Si le prévenu est un indigène, et si le fait à lui imputé n'est ni prévu ni puni par la loi du pays, ils peuvent modérer indéfiniment la peine et même absoudre. Toutes les fois que le tribunal supérieur d'Alger, constitué en tribunal criminel, est appelé à prononcer sur un musulman, il s'adjoint deux assesseurs qui ont voix délibérative sur la question de culpabilité et voix consultative sur l'application de la peine ; dans le premier cas, les deux tiers des voix sont nécessaires pour reconnaître la culpabilité ; il faut trois voix seulement pour l'application de la peine. Les musulmans indigènes, prévenus de crimes ou délits contre les personnes ou les propriétés, d'autres musulmans, aussi indigènes, sont jugés par les cadis et autres juges du pays, selon la loi et les formes suivies jusqu'à ce jour ; mais aucune exécution ne peut avoir lieu sans le visa du procureur-général. Si le cadi refuse ou néglige de poursuivre, le tribunal supérieur peut d'office, ou sur le réquisitoire du procureur-général, évoquer la poursuite du crime ou du délit : dans ce cas, c'est la loi du pays qui est appliquée, à moins que la loi française ne soit plus douce. Les condamnations à mort ne peuvent être exécutées sans l'autorisation du gouverneur. (Ord. du 10 août 1834.)

FIN DE L'HISTOIRE DU JURY.

NOUVEAU

MANUEL DU JURÉ.

CHAPITRE PREMIER,

Les cours d'assises sont des tribunaux supérieurs, jugeant en dernier ressort, siégeant par intervalles dans chaque département et institués par la loi pour prononcer sur tous les faits qualifiés crimes, quand même par le résultat des débats ils dégénéreraient en simples délits ou contraventions, sur les délits politiques et de la presse (1), et enfin sur la réparation civile, accessoire à l'accusation.

(1) Aux termes de l'art. 13 de la loi du 26 mai 1819, les crimes et délits commis par la voie de la presse ou par tout autre moyen

1.

La juridiction des Cours d'assises, en matière criminelle,
est générale ; il n'y a d'exception à cette règle que pour les
crimes attribués à la Chambre des pairs par les art. 28 de
la Charte et 1 et 2 de la loi du 9 septembre 1835, et ceux
qu'une législation spéciale soumet aux conseils de guerre.

Les affaires ne sont point portées directement devant les
Cours d'assises ; la loi n'a pas voulu que l'accusé fût immédiatement traduit devant un tribunal supérieur, contre
la décision duquel la ressource en cassation est la seule voie
ouverte ; elle a établi une marche plus régulière en donnant
à l'accusé un premier degré de juridiction : nous voulons
parler des chambres d'accusation, instituées pour examiner

de publication, sont de la compétence des cours d'assises ; il n'y a
d'exceptés que les délits de diffamation ou d'injure, prévus par
l'art. 14 de la même loi, lesquels doivent être jugés par les tribunaux correctionnels. La loi du 25 mars 1822, séparant les crimes des délits, avait attribué la connaissance de ces derniers
aux tribunaux de police correctionnelle; mais elle a été rendue aux
cours d'assises par l'art. 1er de la loi du 8 octobre 1830, sauf l'exception portée en l'art. 14 de la loi de 1819, les injures envers
les chambres, l'infidélité et la mauvaise foi dans les comptes rendus de leurs séances, ainsi que dans ceux de l'audience des Cours
et Tribunaux. — Il résulte de ce qui précède que la réimpression,
la vente ou la distribution d'un écrit condamné par un premier arrêt, sont de la compétence et dans les attributions du jury et des
Cours d'assises (C., 13 oct. 1837).

Les injures, renfermées dans un compte rendu, aggravantes du
délit prévu par l'art. 7 de la loi du 25 mars 1822, et le délit d'outrages ou d'injures envers les Tribunaux, prévu par la loi du 17
mai 1819 et celle du 25 mars 1822, ne peuvent être déférés qu'au
jury comme délit de la presse.

s'il existe contre le prévenu des preuves ou des indices d'un fait qualifié crime, assez graves pour motiver son renvoi devant la Cour d'assises (1). Pour que la chambre d'accusation soit en état d'examiner ces preuves, le juge d'instruction et le procureur du roi près le tribunal dans l'arrondissement duquel le crime a été commis sont chargés de recueillir tous les renseignemens qui peuvent aider à découvrir la vérité. Le juge d'instruction rend compte à la chambre du conseil du même tribunal, formé de trois juges au moins, *dont lui-même fait partie*, de la procédure qu'il a dirigée (2). La chambre du conseil décide, à la simple majorité, si le fait imputé à l'individu constitue un crime ou un délit ; et même, si l'un des juges seulement estime que le fait incriminé soit de nature à entraîner des peines afflictives et infamantes et que la prévention est suffisamment établie, les pièces de l'instruction sont transmises immédiatement par le procureur du roi au procureur-général (3). Cinq jours après la réception des pièces,

(1) Aux termes de la loi, le jury n'est appelé à juger que ceux contre lesquels il s'élève charges suffisantes. C'est là une question qui doit être préalablement débattue. On comprend que la solution n'en saurait être légèrement prononcée, car elle peut prolonger une détention préventive et déterminer injustement une comparution devant la Cour d'assises, ce qui est toujours un malheur.

(2) L'interrogatoire de l'accusé est *secret* : il n'est point assisté d'un conseil. Les dépositions des témoins sont aussi secrètes et transcrites par le greffier sous la dictée du juge.

(3) Ainsi, sur trois juges, il n'y en a véritablement que deux qui puissent être impartiaux ; car le troisième, ayant procédé à l'instruction de l'affaire, conserve l'impression qu'il a reçue, et en outre, les deux autres juges, n'entendant ni l'accusé ni les témoins

le procureur-général fait son rapport à la chambre des mises en accusation, qui se compose d'une des sections de la Cour royale, spécialement formée à cet effet. Le prévenu ne peut se défendre que par mémoires. La chambre des mises en accusation décide, soit sur l'ordonnance de mise en prévention rendue par la chambre du conseil de première instance, soit sur la nouvelle procédure instruite à sa réquisition, qu'il y a lieu ou qu'il n'y a pas lieu à accusation. Dans le dernier cas, l'accusé recouvre sa liberté s'il l'a perdue, et est à l'abri de toute poursuite à l'avenir pour le même crime ; dans le premier cas, c'est-à-dire si la Cour reconnaît qu'il y a lieu à accusation, elle renvoie le prévenu devant la Cour d'assises, et le procureur-général est tenu de rédiger l'acte d'accusation dans lequel sont exposés la nature du délit, le fait et toutes ses circonstances (1).

et ne se prononçant que sur l'instruction écrite, seront sous l'influence directe de celui qui a dirigé l'instruction.

Un autre vice de cette manière de procéder, c'est que la minorité l'emporte sur la majorité, ce qui est contre toutes les règles ordinaires, surtout lorsqu'il s'agit de prononcer contre l'inculpé, puisqu'un seul juge peut déterminer le renvoi à la chambre d'accusation, et que ce juge sera souvent le juge d'instruction.

(1) Tout prévenu renvoyé devant la Cour d'assises a le droit de se pourvoir devant la Cour de cassation, en nullité de l'arrêt d'accusation (296, C. inst. crim.). Il a cinq jours pour se pourvoir ; ce délai court du jour de l'interrogatoire fait par le président des assises. — Le pourvoi du prévenu n'est recevable qu'autant qu'il s'est constitué prisonnier (C. cass., 10 sept. 1830). — Lorsque l'accusé n'est pas détenu, quand il s'agit par exemple d'un délit de presse, l'interrogatoire par le président n'ayant pas lieu, le délai du pourvoi

Ce principe des deux degrés de juridiction, tout favorable à l'accusé et qu'approuvent la raison et l'humanité, a souffert deux exceptions : la loi du 9 septembre 1835, sur les *crimes, délits et contraventions de la presse et autres moyens de publication*, porte, article 24, que « le ministère public aura la faculté de faire citer directement à trois jours les prévenus de crimes ou délits énoncés dans cette loi, devant la Cour d'assises, même lorsqu'il y aura eu saisie préalable des écrits, dessins, gravures, lithographies, médailles ou emblèmes ; seulement la citation devra être précédée de la signification du procès-verbal de saisie. » Et la loi sur les Cours d'assises, rendue le même jour, dispose, art. 4, que, « lorsqu'il s'agira de crimes prévus par cette loi, le procureur-général pourra saisir la Cour, en vertu de citations données directement au prévenu en état d'arrestation. » Le législateur a pensé que, dans les circonstances prévues par ces deux lois, la nécessité d'une prompte justice ferait pardonner la violation du principe des deux degrés de juridiction (1).

court à partir de la notification de l'arrêt de renvoi (C. cass., 10 mai 1832).

Le délai de cinq jours dont parle l'art. 296, C. inst. crim., est donné à l'accusé, non seulement pour recourir contre l'arrêt de renvoi, mais encore pour préparer sa défense. Il est dans l'intérêt exclusif de l'accusé ; donc, si celui-ci consent à être jugé à la session prochaine du jury et que cette session s'ouvre avant l'expiration des cinq jours, il y a de la part de l'accusé renonciation au bénéfice de ce délai (C. cass., 8 juillet 1830).

(1) L'art. 28 de la loi du 9 septembre 1830, qui autorise le ministère public à faire citer directement à trois jours devant la

Dans les départemens où siége la Cour royale, la Cour d'assises est composée de trois membres de la Cour (loi du 5 mars 1831) dont l'un est président, du procureur-général ou de l'un de ses substituts, qui exerce les fonctions du ministère public, et du greffier de la Cour ou de l'un des commis-greffiers assermentés (1).

Cour d'assises les prévenus de délits de presse, même après la saisie des écrits, est une exception au droit commun, et doit être restreinte au cas prévu par la loi, c'est-à-dire au cas où il n'y a eu qu'une saisie préalable. Si donc il existe des actes d'instruction postérieurs à la saisie pratiquée; si, par exemple, le juge d'instruction a rendu son ordonnance de *soit communiqué*, on doit suivre le droit commun et la marche ordinaire des affaires criminelles (Cour d'ass. de la Seine. 8 juin 1830).

(1) Le greffier ne peut avoir moins de vingt-sept ans (L. du 20 avril 1810). Suivant l'art. 264, les juges de la Cour royale seront, en cas d'absence ou de tout autre empêchement, remplacés par d'autres membres de la même Cour, et à leur défaut, par des juges de première instance; ceux de première instance le seront par des suppléans. La loi ne parle pas des avocats. L'art. 49 du décret du 30 mars 1808 déclare qu'en cas d'empêchement d'un juge, il sera remplacé par un juge d'une autre chambre qui ne tiendra pas audience dans le même temps, ou par un des juges suppléans, en observant dans tous les cas, et autant que faire se pourra, l'ordre des nominations. A défaut de suppléans, on appellera un avocat attaché au barreau, et à son défaut, un avoué, en suivant l'ordre du tableau. De là il suit qu'un avocat peut être appelé à la composition d'une Cour d'assises, comme à celle de tout autre Tribunal ; mais ce n'est qu'en cas d'empêchement constaté, non seulement des membres de la Cour royale, mais aussi des membres du tribunal de première instance. En tous cas, l'avocat doit être pris de son rang d'ancienneté dans l'ordre du tableau (C. cass., 24 avril 1834).

Dans les autres départemens, elle se compose d'un conseiller à la Cour royale délégué à cet effet, président; de deux juges pris soit parmi les conseillers de la Cour royale lorsque celle-ci jugera convenable de les déléguer à cet effet, soit parmi les présidens ou juges du tribunal de première instance du lieu de la tenue des assises; du greffier du tribunal ou de l'un de ses commis assermenté (250). Les présidens des Cours d'assises et leurs assesseurs sont choisis par le garde-des-sceaux, et à son défaut par le premier président de la Cour, parmi les conseillers et conseillers-auditeurs (1).

Une observation utile à faire, c'est que les membres de la

Le président du tribunal du lieu où siége la Cour d'assises est appelé de plein droit, en cas d'absence du magistrat désigné pour présider; il doit donc procéder à l'interrogatoire de l'accusé après son arrivée dans la maison de justice, et présider ensuite les assises (art. 91 du décret du 6 juillet 1810. — C. 9 sept. 1837). — Il en est de même du vice-président en cas d'absence du président du tribunal (C. 26 fév. 1836).

(1) Le droit de nommer, pour chaque trimestre, les présidens d'assises, ne peut être exercé par le ministère de la justice que pendant la durée de l'assise du trimestre précédent; s'il laisse passer ce délai sans faire la nomination, le premier président a le droit de le faire dans la huitaine de la clôture de l'assise (art. 79, décret du 7 juillet 1810), et l'ordonnance rendue par le premier président, dans les termes de cet article, n'est que l'exercice d'un pouvoir dont il est légalement investi; elle doit avoir la force de toutes les ordonnances de justice compétemment et régulièrement rendues; elle est exécutoire du moment qu'elle existe, et ne saurait être invalidée ou paralysée par une nomination postérieure émanée du garde-des sceaux (Cass. 11 janvier 1838).

Cour royale qui auront voté sur la mise en accusation ne pourront, dans la même affaire, ni présider les assises, ni assister le président, à peine de nullité (257 Inst. crim. Cass. 4 mars 1826). Il en sera de même à l'égard du juge d'instruction. Toutefois cette prohibition n'est point un obstacle à ce que ces magistrats participent au jugement des difficultés élevées sur la formation de la liste du jury, cette opération étant relative à toutes les affaires qui doivent être jugées dans le cours de la session, et ne se rattache à aucune en particulier (Cass., 17 octobre 1833).

Tous les trois mois, et plus souvent s'il est besoin, il est tenu, dans chaque département, des assises dont l'ouverture est fixée par le premier président de la Cour royale (décret de 1810), et qui ne sont closes qu'après que toutes les affaires criminelles qui étaient en état, lors de l'ouverture des assises sont jugées ; mais le nombre des affaires est distribué de manière que la durée des affaires ne dépasse guère quinze jours (art. 259-260). Elles peuvent se diviser en deux sections ou chambres, qui siégent en même temps. Le ministre de la justice, aux termes de l'article 2 de la loi sur les Cours d'assises, du 9 septembre 1835, peut même ordonner qu'il soit formé autant de sections de Cours d'assises que le besoin du service l'exigera, pour procéder simultanément au jugement des prévenus des crimes prévus par cette loi.

Des assises extraordinaires peuvent avoir lieu si l'urgence et le nombre des affaires l'exigent. C'est ce qui arrive à Paris, où les assises sont depuis long-temps permanentes. Les assises ordinaires tiennent les premiers quinze jours de chaque trimestre, et les assises extraordinaires, à partir de l'expiration des quinze premiers jours, se succèdent, de quinzaine en quinzaine, jusqu'au trimestre suivant. Il y a un tirage de jurés pour chaque quinzaine. Quant aux juges, il est nommé deux présidens et quatre assesseurs, qui se partagent pour former, pendant le trimestre, la Cour d'assises de chaque quinzaine (1).

Dans les cas prévus par la loi du 9 septembre 1835 sur les crimes, délits, contraventions de la presse, etc. (art. 27), « si, au moment où le ministère public exerce son action, la session de la Cour d'assises est terminée, et s'il ne doit pas s'en ouvrir d'autre à une époque rapprochée, il sera formé une Cour d'assises extraordinaire, par ordonnance motivée du premier président. Cette ordonnance prescrira le tirage au sort des jurés, conformément à l'art. 388 du Code d'in-

(1) Voici, au reste, comment, par un réglement spécial, la Cour d'assises est organisée à Paris. Chaque trimestre la Cour d'assises est divisée en deux sections et a deux sessions par mois. La première de ces six sessions est ordinaire, les cinq autres sont extraordinaires. Le président de la première section préside pendant la première quinzaine de chaque mois, le président de la deuxième session préside pendant la deuxième quinzaine. Les assesseurs font à tour de rôle le service à l'une ou à l'autre section indistinctement. La Cour siége tous les jours, à dix heures, les jours fériés même lorsque la continuation d'une affaire le nécessite. — Le même ordre de service a lieu par chaque trimestre avec de nouveaux présidens et assesseurs. Lorsque la multiplicité ou la nature des affaires exige qu'il soit tenu pendant un trimestre plus de cinq sessions extraordinaires, il est créé une ou deux sections de plus, et les régles ci-dessus expliquées sont suivies pour les présidens et les assesseurs désignés.

struction criminelle, et elle désignera le conseiller qui doit présider dans le chef-lieu des départemens où ne siégent pas les Cours royales. Le président du tribunal de première instance sera de droit président de la Cour d'assises, si le ministre de la justice ou le premier président n'en a pas désigné un autre. »

Ce qui par-dessus tout distingue la Cour d'assises quant à son organisation et à son mode de procéder, c'est l'adjonction à des magistrats nommés par le roi, de douze citoyens formant partie intégrante et indispensable de la Cour.

Les crimes soumis à la juridiction des Cours d'assises entraînent l'application de peines afflictives et infamantes.

Les peines afflictives et infamantes sont :

1° La mort;

2° Les travaux forcés à perpétuité ;

3° La déportation (ces trois peines entraînent avec elles la mort civile) ;

4° Les travaux forcés à temps;

5° La réclusion ;

6° La détention;

L'exposition doit accompagner la peine des travaux forcés à perpétuité; la Cour peut en dispenser le condamné aux travaux forcés à temps et à la réclusion, s'il n'est pas en état de récidive;

Les peines infamantes sont :

1° Le bannissement et la déportation;

2° La dégradation civique.

Ces peines ne sont point appliquées par les Cours d'assises, si par suite des débats le crime dégénère en un délit,

Dans ce cas ce sont les peines correctionnelles qui sont appliquées. C'est aussi ce qui arrive lorsqu'il s'agit d'un simple délit de la presse.

De cet aperçu il résulte que l'appréciation des faits les plus gravement incriminés par la loi sont soumis à la décision des jurés. — Dès lors tous ceux qui peuvent être appelés à devenir jurés comprendront facilement de quelle importance il est pour eux de remplir dignement des fonctions qui leur donnent un droit de vie et de mort sur leurs concitoyens.

Si, sauf les cas où la Chambre des pairs est érigée en cour de justice, il ne peut y avoir en France de cour criminelle sans jurés, ceux-ci ne peuvent rien sans les magistrats composant la partie exécutive du tribunal complexe qui nous occupe, et appelée, indépendamment des jurés, Cour d'assises. L'action du jury et celle de la Cour, distinctes quant à leur objet et à leurs limites, se touchent et se soutiennent mutuellement. C'est pourquoi, en expliquant les lois relatives à tout ce qui concerne le jury, à ses prérogatives, à ses devoirs, à ses obligations, nous devons, pour être complet, parler de la Cour d'assises, de ses attributions, de celles de son président, si influent par son pouvoir discrétionnaire, des devoirs de l'accusation et des droits sacrés de la défense.

CHAPITRE II.

I. Des Jurés. — Quelle magistrature ils remplissent. — II. Qualités exigées par la loi pour être juré. — Age. — Jouissance des droits politiques et civils.—Étranger. — Naturalisation. — Condamné, etc. — Failli, etc. — III. Inscription sur la liste du Jury. — Citoyens parmi lesquels sont pris les jurés.—Militaires.—Professeurs de collége. — Avocats stagiaires. — Avoués non licenciés.—Notaires ayant changé de départemens; — IV, *Incapacités naturelles*. — Juré sourd. — Aveugle. — Ignorant la langue française. — Affaire de Strasbourg. — V, *Incompatibilités permanentes*. — La qualité de pair de France et de député, celle de suppléans des juges de paix et des tribunaux, de greffier des cours et tribunaux n'est pas incompatible avec les fonctions de juré. — Conseillers-maîtres.— Référendaires. — Greffier de la Cour des comptes. — Ministre des cultes. — Commissaire de police. — Officier de paix. — Agens forestiers. — Jurés parens entre eux, avec les juges de la cour d'assises, l'accusé ou un témoin. — VI. *Incompatibilités accidentelles*. Maire. — Adjoint. — Officier de police. — Juge d'instruction. — — Conseiller référendaire. — Greffier de tribunal de première instance et de cour royale. — Médecin-vérificateur. — Avocat. — Avoué. — VII. *Dispenses*. Pairs.— Députés. — Conseillers d'état. Juges suppléans. — Militaires. — Membre d'un conseil général.—Membre du jury de révision.—Membre du jury d'expropriation. —Juré inscrit l'année précédente sur la liste.—Dispenses à accorder dans certains cas. — Caractère des incapacités et des incompatibilités. — Conduite de certains jurés.

I. Les *Jurés* sont les citoyens qui, sans être magistrats, et ayant seulement un caractère temporaire de juges, relatif à l'affaire pour laquelle ils sont convoqués, sont appelés devant un tribunal pour examiner le fait imputé à un prévenu, et déclarer, d'après les preuves qui leur sont soumises et leur propre conviction, s'il y a crime ou délit et si le prévenu est le coupable. Le tribunal prononce ensuite conformément à la disposition de la loi qui s'applique au fait tel qu'il a été déclaré.

La réunion des jurés appelés pour délibérer et faire leur déclaration sur des faits compose le *jury*.

La dénomination de *juré* et de *jury* dérive du serment qui est exigé en justice des jurés, et par lequel ils promettent de faire leur déclaration en leur âme et conscience.

II. Tous les citoyens n'ont pas indistinctement le droit de remplir les fonctions de *juré*, la loi exige des qualités particulières, et établit des exclusions.

1° Nul ne peut remplir les fonctions de juré s'il n'a trente ans accomplis et s'il ne jouit des droits politiques et civils (Code d'Inst. criminelle, 381).

Age. — Il n'est pas nécessaire que le juré ait trente ans accomplis au moment de son inscription sur la liste dressée par le préfet; mais il faut indispensablement qu'il ait atteint cet âge, non-seulement au moment de la délibération, mais au moment même de la formation du tableau; c'est alors en effet qu'ont commencé ses fonctions de juré (Cass. 3 octobre 1822). L'individu qui, ayant moins de trente ans, ferait partie du tableau, ne pourrait être considéré réellement comme juré; le jury se trouverait par ce fait réduit au nombre insuffisant de onze membres, et la déclaration qu'il rendrait serait entachée d'un nullité telle, que le silence de l'accusé ne le rendrait pas inadmissible à s'en prévaloir en casssation (Cass. 27 juin 1833) (1).

(1) L'accusé qui demanderait la cassation d'un arrêt, par le mo-

Il y a plus, si par suite d'excuses, de dispenses, etc., la liste qui se compose de trente-six jurés titulaires, et de quatre supplémentaires, n'en contenait plus que trente, nombre indispensable d'après la loi, et au-dessous duquel la liste ne peut être réduite (395), et si sur cette liste il se trouvait inscrit un individu âgé de moins de trente ans, il n'existerait plus en réalité que vingt-neuf membres; et, si la liste, ainsi incomplète, avait servi à fournir les douze jurés, la déclaration du jury serait nulle, quand même le juré incapable n'en aurait pas fait partie (Cass. 19 et 20 juillet 1832). Il en serait autrement si plus de trente noms étaient restés sur la liste primitive, et si elle n'avait pas tout entière servi à la formation du tableau définitif, pourvu toutefois que le juré incapable n'ait pas fait partie des douze (Cass. 12 juin 1812) (1).

2° *Jouissances des droits politiques et civils.* — Ne pourront faire partie du jury : 1° Les individus qui ont perdu leur qualité de Français, dans les cas prévus par les art. 17 et 21 du C. civ. (2); — 2° L'étranger *non naturalisé* Fran-

---

tif que l'un des jurés n'avait pas trente ans, devrait faire preuve de ce fait, par la production de l'acte de naissance de ce juré ou toute autre pièce authentique émanant directement de ce dernier et établissant son âge.

(1) Le ministère public ne peut, en cas d'acquittement de l'accusé, invoquer le défaut d'âge de l'un des jurés (Dall. —4—278— Carnot, sur l'art. 381).

(2) Art. 17. La qualité de Français se perdra 1° par la naturalisation acquise en pays étranger; 2° par une acceptation non autorisée par le roi de fonctions publiques conférées par un gouvernement étranger; 3° enfin par tout établissement fait en pays étran-

çals (Cass, 9 avril 1821) (1); — 3° Les condamnés à une peine afflictive et infamante, à moins qu'il n'y ait eu réhabilitation (633 Inst. criminelle) (2); — 4° Ceux à qui les tri-

ger, sans esprit de retour.—Les établissemens de commerce ne pourront jamais être considérés comme ayant été faits sans esprit de retour.

Art. 21. Le Français qui, sans autorisation du roi, prendrait du service militaire chez l'étranger, ou s'allierait à une corporation étrangère, perdra sa qualité de Français. Il ne pourra rentrer en France qu'avec la permission du roi, et recouvrer la qualité de Français qu'en remplissant les conditions imposées à l'étranger pour devenir citoyen ; le tout sans préjudice des peines prononcées par la loi criminelle contre les Français qui ont porté ou porteront les armes contre leur patrie.

(1) L'enfant né d'un Belge qui antérieurement était devenu Français par la réunion de la Belgique à la France, n'est pas citoyen français, et par conséquent n'a le droit d'être juré qu'autant qu'il a lui-même obtenu soit des lettres de déclaration de naturalité, soit des lettres de naturalisation, conformément à la loi du 14 octobre 1814. Les lettres de naturalisation que le père aurait personnellement obtenues ne peuvent avoir l'effet de changer l'état du fils qui antérieurement était parvenu à sa majorité (C. d'ass. de la Seine, 2 février 1835). — L'étranger non naturalisé inscrit et porté, sur sa demande et sans aucune réclamation, sur la liste du jury, ne peut être admis à être juré (C. d'ass. de la Seine, 22 décembre 1832).

(2) L'individu qui, avant les modifications apportées en 1832 au Code d'instruction criminelle, avait été condamné à une peine afflictive et infamante, et qui n'a pas subi cette peine parce qu'il en a obtenu la commutation en un simple emprisonnement avec surveillance de la police, peut prétendre aujourd'hui à l'exercice des droits politiques et doit être inscrit sur la liste du jury (C. roy. d'Amiens, 0 septembre 1836). En effet, l'ancien Code pénal (art. 23)

bunaux correctionnels ont interdit ce droit (C. P., 42) ; — 5° Ceux qui sont en état de contumace ou d'accusation (Paris, 3 mai 1831) ; mais l'individu soumis à un mandat d'arrêt et en liberté sous caution peut être juré (Cass. 12 mess. an 6) ; — 6° Le failli, s'il n'est réhabilité, ou ses héritiers immédiats, détenteurs, à titre gratuit, de sa succession partielle ou totale ; 7° L'interdit, l'individu soumis à un conseil judiciaire (C. 23 juillet 1825) et les domestiques à gages (art. 5 de l'acte const. du 22 frim. an 8). Si la liste du jury, réduite à trente noms, avait compris celui d'un étranger non naturalisé, d'un condamné non réhabilité, etc., et surtout si cet individu avait fait partie du jury de jugement, il y aurait nullité de l'arrêt de la Cour d'assises (Cass. 29 janv. 1825).

III. Il ne suffit pas pour être juré d'avoir trente ans accomplis et de jouir des droits politiques et civils ; il faut être encore inscrit sur la liste dressée pour le service du jury le 1er août de chaque année par le préfet de chaque département (L. 2 mai 1827; C. d'inst. criminelle, 382). Cette liste doit contenir trois cents noms pour les départemens, et quinze cents pour Paris. Pour la former le préfet choisit dans les classes de citoyens désignés par la loi.

Font partie de ces classes : 1° Les électeurs du départe-

né faisait courir la durée des peines temporaires que du jour de l'exposition. La loi du 28 avril 1832 a changé ce système ; elle veut que la peine commence du jour où la condamnation est devenue irrévocable; aussi l'art. 619 nouveau du C. d'inst. crim. exige-t-il, à la différence de l'ancien, qu'en cas de commutation et même de grâce, il y ait réhabilitation si le condamné veut rentrer dans l'exercice de ses droits civils et politiques.

ment, et ceux qui, ayant leur domicile réel dans le département, exerceraient leurs droits politiques dans un autre. — Quel que soit le département dans lequel on exerce ses droits politiques, c'est dans celui où l'on a son domicile réel que doivent s'exercer les fonctions de juré (C. d'assises de la Seine, 6 avril 1830).

2° Les fonctionnaires publics nommés par le roi et exerçant des fonctions gratuites. Les administrateurs des hospices ne doivent pas être rangés dans cette classe.

3° Les officiers des armées de terre et de mer, en retraite, jouissant d'une pension de 1,200 francs au moins et domiciliés depuis cinq ans dans le département (1).

4° Les docteurs et licenciés de l'une ou de plusieurs des facultés de droit, des sciences et des lettres (2). Les docteurs en médecine, les membres correspondans de l'Institut, les membres des sociétés savantes reconnues par le roi ; mais les licenciés de l'une des facultés de droit, des sciences et des lettres, qui ne seraient pas inscrits sur le tableau des avocats ou des avoués des cours et tribunaux, ou qui ne seraient pas chargés de l'enseignement de l'une des matières appartenant à la faculté où ils auront pris leur licence, ne seront portés

(1) Les militaires en activité de service doivent, pour être jurés, avoir la qualité d'électeurs (C. cass. 23 avril 1816).

(2) La qualité de professeur dans un collége royal ou même au collége de France, ne donne pas le droit d'être inscrit sur la liste du jury , si l'on est ni docteur, ni licencié dans une des facultés du royaume. Dans ce cas , la radiation peut être faite d'office, car si un tel citoyen faisait partie du jury, il pourrait occasionner la nullité des débats (C. d'ass. de la Seine des 16 avril 1836 et 8 novembre 1837).

sur la liste générale qu'après qu'il aura été justifié qu'ils ont, depuis dix ans, un domicile réel dans le département (1).

5° Les notaires après trois ans d'exercice de leurs fonctions. — La loi ne fait aucune distinction entre les diverses classes de notaires, et elle n'exige pas que les trois années d'exercice aient été accomplies dans le même département (Cass. 17 septembre 1829) (2).

IV. *Incapacités naturelles.* — C'est à l'audience que le

(1) L'inscription au tableau des avocats donne seule le droit d'être porté sur la liste du jury; dès-lors, ce droit n'appartient pas au licencié en droit qui est inscrit comme avocat stagiaire à la suite du tableau de l'ordre. Mais les dix ans exigés par l'art. 382, § 8, C. inst. crim, pour qu'un licencié ait acquis le droit d'être porté sur la liste du jury, peuvent être antérieurs à l'obtention de sa licence (C. roy. de Bastia, 21 novembre 1830).

(2) Il est difficile de se rendre compte de l'exclusion non méritée des avoués non licenciés. Dans les Tribunaux d'arrondissement, un grand nombre de ces fonctionnaires n'a obtenu que le certificat de capacité; cependant, à cause du défaut presque total d'avocats, ils sont obligés de se livrer à la plaidoirie et à une connaissance approfondie des affaires qui leur sont confiées. On n'exige pas que les notaires soient licenciés, pourquoi l'exiger des avoués qui doivent avoir, pour plaider toutes espèces d'affaires, des connaissances en droit civil, criminel et administratif, qui restent presque toujours étrangères aux notaires ? Enfin, si, après dix ans d'exercice, l'avoué non licencié peut être admis aux fonctions de juge et du ministère public (L. du 22 vent. an XII), n'est-il pas juste de l'admettre comme juré ? Ces observations, qui intéressent de si près une classe nombreuse d'officiers ministériels, nous semblent mériter l'attention du législateur.

juré doit puiser tout ce qui peut établir son opinion ; c'est par la déposition des témoins, les déclarations de l'accusé, les débats, les plaidoiries, qu'il doit former sa conviction. Si donc un individu est affecté d'une surdité telle qu'il ne puisse entendre les discussions, il est incapable d'être juré (C. d'assises de la Seine, 16 juin 1831) ; s'il a été admis, la déclaration du jury doit être annulée comme si elle n'était rendue que par onze jurés (Cass. 27 frim. an VII). Le citoyen aveugle ne peut non plus faire partie d'un jury, car il ne pourrait étudier les pièces des procès et lire les actes qui dans les affaires de faux, par exemple, pourraient lui être soumis (C. d'assises de la Seine, 7 juin et 15 août 1836) ; — il y a nécessité de connaître la langue française pour bien remplir les fonctions de juré : la nomination d'un interprète ne remplirait pas le but de la loi, il faut que le juré puisse apprécier par lui-même les preuves à charge ou à décharge : sa conviction ne saurait être subordonnée à l'opinion d'un tiers, incapable lui-même de transmettre tout ce que diraient les témoins, le ministère public, l'accusé, les avocats et le président. Il y a plus : dans la salle des délibérations, en présence de ses onze collègues délibérant dans une langue qu'il ne comprendrait pas, sans interprète, puisque la loi s'oppose à ce que toute autre personne qu'un juré puisse entrer dans la salle des délibérations, comment pourrait-il s'éclairer par la discussion, examiner les pièces, apprécier les différentes questions et voter ? Comment comprendrait-il la valeur légale des mots : circonstances atténuantes, provocation, excuse, légitime défense ? Au reste, ce n'est qu'en faveur des accusés et des témoins que la loi admet un interprète et elle n'accorde à celui-ci de caractère judiciaire qu'autant que l'incapacité des accusés et des témoins rend son ministère obligé, et rien dans les dispositions législatives de l'art. 332 ne s'applique aux jurés (Cass. 23 vendém. an VIII. — 30 oct. 1813. — 12 juillet 1818) (1).

V. *Incompatibilités permanentes.*—Il y a incompatibilité entre les fonctions de juré et celles de ministre, préfet, sous-préfet, conseiller à la Cour royale en exercice ou honoraire (Cass. de la Seine, 17 mars 1334) du juge, procureur-général, avocat-général (2), procureur du roi et substitut (383, 384, Inst. criminelle).

La qualité de pair de France ou de député n'est point incompatible (Cass. 16 juin 1833; — 15 août 1836).

Les juges de paix sont compris sous la dénomination de juges ainsi que les juges des tribunaux de commerce (Cass. 24 septembre 1825). — Les suppléans des juges de paix et les juges suppléans près les tribunaux civils ou de commerce, qui ne remplissent pas habituellement les fonctions judiciaires et ne sont revêtus qu'accidentellement du caractère de magistrat, doivent, comme tous les autres citoyens, faire partie du jury (Cass. 30 mai 1829, 23 août 1833.—C. d'as-

(1) La Cour d'assises du Bas-Rhin, par arrêt de janvier 1837 (affaire Louis-Napoléon), a admis au nombre des jurés de jugement, et en leur donnant un interprète, des citoyens qui ne connaissaient pas la langue française. Il paraît qu'en Alsace il y a, sur ce point, une tolérance ou plutôt un usage que le temps a consacré, et cet usage est nécessité par l'impossibilité où l'on serait d'obtenir, pour la formation des listes annuelles, un assez grand nombre de citoyens connaissant la langue française.

(2) Carnot, sur l'art. 383, C. instr. crim.

sises de la Seine, 16 mars 1837 (1). Il en est de même des prud'hommes, qui n'ont qu'une juridiction extrêmement restreinte (Cass, 24 septembre 1825).

Les magistrats de l'ordre administratif qui ne rendent pas la justice au nom du roi ne peuvent être considérés comme juges; ainsi, entre les fonctions de conseiller d'état, conseiller de préfecture, de maire et d'adjoint, et celles de juré, il n'y a pas d'incompatibilité (Cas. 24 septembre 1825). — En ce qui concerne les membres de la Cour des comptes, il y a une distinction à faire. Les magistrats de cette Cour se divisent en deux classes. Les conseillers référendaires et les conseillers maîtres. La Cour de cassation avait décidé d'abord par un arrêt du 18 mars 1825, et d'une manière générale, que les membres de la Cour des comptes devaient être inscrits sur la liste du jury, ce qui comprenait tous les conseillers. Plus tard par un arrêt du 10 février 1831, elle a modifié son système et reconnaît le caractère de juges aux conseillers maîtres et présidens de la Cour des comptes, et elle l'a refusé aux conseillers référendaires, et décidé que ces derniers devaient être appelés comme jurés; la Cour d'assises de la Seine a jugé dans le même sens, par arrêts du 1er juin 1833. — 1er oct. et 17 sept. 1834. Par un arrêt plus récent (4 août 1836), la même cour a jugé que les fonctions de greffier de la Cour des comptes ne pouvaient empêcher de faire partie du jury.

(1) Les fonctions de greffier près les cours et tribunaux ne sont pas incompatibles avec celles de juré. L'art. 383 indique d'une manière limitative quelles sont les incompatibilités; elles ne peuvent être étendues.

L'incompatibilité existe à l'égard d'un ministre d'un culte quelconque, qu'il exerce ou non les fonctions sacerdotales (C. d'assises de la Seine, 16 juin 1830) (1). La simple qualité de ministre d'un culte et la mission toute de paix et d'indulgence qu'il est chargé de remplir doivent suffire pour l'éloigner de fonctions si peu en harmonie avec son caractère.

Les commissaires de police (2), ainsi que les agens forestiers, gardes-généraux ou inspecteurs des forêts peuvent être jurés (Cass. 2 mai 1816).

Les prohibitions établies à l'égard des magistrats dans le cas de parenté entre eux ne peuvent s'étendre aux jurés, ces derniers n'ayant pas le caractère public de juges. Il n'y a pas de raison d'analogie pour leur appliquer les règles faites pour ceux-ci ; d'ailleurs aucune loi ne s'oppose à ce que des citoyens, parens ou alliés à quelque degré que ce soit, fassent dans le même temps partie du même jury, et à ce que la voix de chacun d'eux soit comptée séparément (Cass. 10 mars 1827).

La parenté ou l'alliance existant entre un juré et un juge de la Cour d'assises, l'accusé ou l'un des témoins entendus aux débats, ne peut être un obstacle pour ce juré à l'exercice

______

(1) Deserres, 1-110 ; Carnot, sur l'art. 384 ; mais Legraverend, lég. crim., t. II, p. 68, et Dalloz, 1-280, pensent que cette prohibition ne s'étend qu'aux ministres du culte exerçant leurs fonctions.

(2) Les officiers de paix attachés à la préfecture de police n'ont pas des fonctions incompatibles, seulement la continuité de leurs fonctions doit les faire dispenser ou excuser (C. d'ass. de la Seine, août 1830).

de ses fonctions (Cass. 15 juin 1820 ; — 19 avril 1821 ; — 3 août 1827).

VI. *Incompatibilités accidentelles.*— « Nul ne peut être » juré dans la même affaire où il aura été officier de police » judiciaire, témoin, interprète, expert ou partie (383, » Inst. criminelle). » Ainsi un maire, un adjoint, un commissaire de police, qui auraient rempli, dans une affaire, les fonctions de police judiciaire, ne pourraient, dans cette même affaire, avoir le caractère de jurés (Cass. 7 novembre 1822). — Celui qui aurait été juge d'instruction, même accidentellement, membre de la chambre des mises en accusation, ou qui, ayant changé de domicile, aurait voté comme juré, dans un premier arrêt annulé, ne pourrait pas faire partie du jury dans la même affaire. Il en est de même de celui qui aurait été témoin dans l'instruction, ou assigné seulement à comparaître devant la Cour d'assises (1) (Cass. 14 mai 1825, 29 mai 1834), ou de celui qui aurait rempli les fonctions de médecin-vérificateur, et quand même l'accusé y consentirait (Cass. 22 mai 1819, 13 octobre 1826). — L'avocat désigné comme conseil de l'accusé, et qui aurait accepté cette fonction, ne pourrait non plus figurer parmi les jurés (Cass. 26 avril 1832) (2).

(1) La formation d'un jury de jugement, à laquelle a concouru un juré frappé d'une incapacité relative, comme ayant été témoin dans l'information, est valable si ce juré, dont le nom est sorti, a été récusé par la défense, et si le droit de récusation qui appartenait à l'accusé n'avait pas été épuisé par lui (Cass. 30 septembre 1836). Un témoin entendu dans l'instruction ne peut être juré dans la même affaire (Cass. 11 janvier 1838).

(2) Le conseiller référendaire qui a fait un rapport sur les opé-

Cependant l'avocat ou l'avoué qui aurait été chargé, dans un procès civil contre l'accusé, pourrait être juré ; seulement l'accusé, usant de son droit, pourrait le récuser (Cass. 2 avril 1829). Mais l'avoué qui a signé, avec son client, une plainte, ne peut comme juré statuer sur l'accusation, résultat de cette plainte. Il doit être considéré comme partie plaignante, et il n'y a pas ouverture à cassation, par le motif que la Cour d'assises aurait éliminé l'avoué comme excusé et non comme incapable. Il suffit que l'élimination ait eu lieu pour que le vœu de l'art. 392 C. inst. crim. ait été rempli (Cass. 30 novembre 1837).

VII. *Dispenses.* — Peuvent et doivent être dispensés, s'ils le requièrent, les pairs de France et les députés pendant la durée de la session (C. d'assises de la Seine, 15 août rations d'un comptable poursuivi comme faussaire à raison de ces mêmes opérations, le greffier du tribunal dans le ressort duquel a été commis le crime à juger, le greffier en chef de la Cour royale et le commis-greffier assermenté près la chambre d'accusation, devraient être dispensés de remplir les fonctions de juré dans les affaires à l'instruction desquelles ils ont coopéré ; ils arriveraient à l'audience avec une opinion toute faite, ce que la loi repousse de toutes ses forces ; on peut même dire qu'à leur égard il y a incapacité relative.

Le juge suppléant qui a signé l'ordonnance de prise de corps décernée par son tribunal contre l'accusé, ne peut être juré dans cette affaire, quoique aucune récusation ne soit exercée par l'accusé, ni par le ministère public (C. inst. crim. 383, 392.—Cour d'ass. du Haut-Rhin, 31 juillet 1838).

Le conseil d'une partie civile ne peut devenir juré dans l'affaire dans laquelle cette partie civile est intéressée (Cour d'assises d'Ille-e'-Vilaine, 23 mai 1836).

1836) (1); les conseillers d'état chargés d'une partie d'administration lorsqu'il y a nécessité par eux de remplir leurs fonctions (Avis du 12 juillet 1811) (2); les commissaires du roi près des administrations ou régies; les septuagénaires (885, Inst. criminelle); les juges-suppléans, lorsque leur présence est indispensable pour le service des tribunaux auxquels ils sont attachés (3); les militaires en activité de service (4), les intendans ou sous-intendans militaires.

(1) L'électeur appelé à un collége de département pour y exercer ses droits politiques, ou celui qui est retenu par les élections au lieu même du siége des assises, doivent être dispensés pour la session ou excusés pour quelques jours au moins (C. d'ass. de la Seine, 16 juin 1830; 8 novembre 1837).

(2) Un maire d'une commune peut être dispensé temporairement pendant une partie de la session, à raison d'un service public relatif à ses fonctions municipales (C. d'ass. de la Seine, 10 sept. 1834).

(3) Les suppléans près les tribunaux de commerce ne sont pas dispensés d'être jurés; mais l'importance de leurs fonctions, à Paris surtout, où le service régulier et fréquent qu'ils font peut être assimilé à un service public, doivent les faire dispenser, ou au moins excuser temporairement (C. d'ass. de la Seine, 16 février 1838; 16 juillet 1836; 16 juin 1837).

Les fonctions de greffier de justice de paix ne peuvent dispenser de remplir celles de juré (C. d'ass. de la Seine, 2 novembre 1837.)

(4) Les militaires en activité de service ne sont excusables et dispensés qu'autant que l'activité même de leur service les met dans l'impossibilité de remplir leurs fonctions de jurés. Car il n'y a, comme nous l'avons déjà dit, aucune incompatibilité entre l'activité de service et les fonctions de juré. Il faut, pour qu'il y ait dispense, que le service les éloigne pendant le temps de la session (C. d'ass. de la Seine, 8 mars 1831; 18 octobre 1837). La qualité d'aide-de-

lorsqu'ils ne résident pas dans le chef-lieu où s'assemble la Cour d'assises, ou bien que leur service les réclame (1) (Circul. du 2 sep. 1811); les gardes du génie chargés d'une surveillance active (Circul. du 18 janvier 1820); les membres des conseils-généraux des départemens lors de leur réunion (Circul. du 18 nov. 1816) (2).

Le juré porté sur la liste de l'année précédente (3), et non excusé, qu'il soit ou non tombé au sort pour faire partie du jury, doit être dispensé, à moins cependant qu'il ne s'agisse d'assises extraordinaires (art. 8, L. du 2 mai 1827) ; toutefois cette dispense ne peut s'appliquer au juré supplémentaire ou complémentaire (art. 12 même L.) (4).

camp du roi ou d'un prince royal n'est pas un service d'une nécessité politique : c'est un service d'honneur qui admet des congés possibles, et qui ne peut dispenser d'être juré (C. d'ass. de la Seine , 2 juin 1834. *Contrà*, C. d'ass. du Jura, du 17 septembre 1834). L'officier qui justifie par une lettre du ministère qu'il est obligé de partir pour un service public doit être dispensé (C. d'ass. de la Seine).

(1) La qualité de directeur des hôpitaux militaires ne dispense pas d'être juré (C. d'ass. de la Seine, 2 novembre 1837).

(2) La qualité de membre du conseil général de la Seine n'est pas un motif pour être dispensé d'être juré, quand même le conseil général tiendrait ses séances (C. d'ass. de la Seine, 20 juin 1830; 18 octobre 1837. *Contrà*, *id.*, 10 août 1836).

(3) On ne peut demander à être dispensé ou excusé, sur le motif qu'on a fait partie, dans l'année précédente, du jury chargé de fixer les indemnités en matière d'expropriation pour cause d'utilité publique (C. d'ass. de la Seine, 1er décembre 1836), ou que l'on est membre du jury de révision de la garde nationale (C. d'ass. de la Seine, 21 mai 1837).

(4) Comme les jurés ordinaires, ils ne doivent pas être portés

Les causes de dispenses ne doivent point être suppléées ni augmentées ; une exemption illégale pour une cause non admise par la loi pourrait entraîner la nullité de l'arrêt (Cass. 1ᵉʳ juin 1821). Sans doute la Cour d'assises a le droit d'apprécier, dans bien des cas, les dispenses présentées, mais elle ne saurait être trop sévère sur leur admission, et les jurés eux-mêmes, dans l'intérêt général, ne doivent y avoir recours qu'alors qu'il y a nécessité absolue. Si des circonstances graves se présentent, et si d'ailleurs le cours de la justice n'en souffre pas, des dispenses peuvent être accordées sans inconvéniens, et sans qu'il y ait nullité : par exemple, lorsque pendant le cours d'une session un juré tombe malade ou qu'il apprend que sa femme, sa mère ou son enfant sont en danger de mort (Cass. 15 avril et 26 août 1830) (1) ; — ou bien encore lorsqu'au moment du tirage la Cour s'aperçoit que sur la liste il existe le nom d'un incapable (Cass. 17 février 1826 ; — 9 nov. 1832) ; dans ces cas il est non-seulement permis, mais même utile d'accorder des dispenses ; cependant il ne suffirait pas qu'un individu fût illettré, qu'il ne sût ni lire ni écrire, si du reste il est porté sur la liste

deux années de suite sur la liste du préfet ; mais ils pourront, plusieurs fois dans la même année, être désignés par le sort pour faire partie du jury de jugement. La raison de cette différence vient de ce que leurs fonctions sont accidentelles et forcées, puisqu'ils ne sont appelés que dans le cas où le nombre des jurés serait inférieur à trente, et que c'est parmi eux exclusivement que ce nombre peut être complété (C. d'ass. de la Seine, 10 septembre 1831).

(1) La cour peut dispenser un juré et lui permettre de s'absenter par le motif que sa mère, dangereusement malade, est loin de Paris (C. d'ass. de la Seine, 12 juin 1837).

comme électeur, pour obtenir d'être dispensé (Cass., 4 janv. 1830) (1).

Dans le mode de formation du jury, rien n'est comminatoire, tout est exigé à peine de nullité; la loi est sévère parce que le sujet est de la plus haute gravité. Si personne n'a le droit de se soustraire aux fonctions de jurés, personne non plus ne peut les usurper.

Les incapacités, comme les incompatibilités, sont de droit étroit et ne peuvent être étendues (Cass. 26 mai; — 23 juin

(1) La fonction du juré est un devoir rigoureux imposé par la loi; tous ceux qu'elle désigne sont tenus de l'accomplir, et il ne peut y avoir d'autres motifs d'excuse que ceux écrits dans la loi. Or, ni le Code d'instruction criminelle, ni les lois qui ont modifié cette matière n'accordent le bénéfice d'excuse au juré illettré. A la vérité, il existe des cas où il paraît nécessaire que le juré sache lire. Lorsque retiré dans la salle des délibérations il veut prendre connaissance des procès-verbaux, des interrogatoires et des pièces arguées de faux, citoyen illettré il a besoin du secours d'un autre juré, et son opinion n'a plus cette indépendance, cette individualité qui lui donne tant d'importance. Cet inconvénient, extrêmement grave, est sans remède; toutefois, il arrive bien rarement. Il appartient, dit l'arrêt précité, au préfet, en exécution de l'art. 2 de la loi du 2 mars 1800, d'apprécier le degré d'instruction et de connaissance des électeurs qu'il comprend dans la liste sur laquelle s'opère le tirage des jurés; les récusations pouvant être exercées par l'accusé et par le ministère public, les intérêts de la société et ceux de l'accusé lui-même sont garantis; d'ailleurs les impressions les plus fortes se puisent dans les débats de l'audience. Généralement les pièces de la procédure sont l'accessoire, et si le juré illettré est désigné par le sort pour être chef du jury, et par cela tenu de lire les réponses, il pourra se faire remplacer par un autre sachant lire.

1820). Ce n'est que dans la loi sainement entendue que les magistrats doivent trouver des causes qui les autorisent, soit à exclure, soit à exempter des fonctions de juré. Le cercle est rigoureusement marqué, et on ne peut en sortir sous peine de nullité. — D'une autre part, si un citoyen incapable ou occupant des fonctions incompatibles avec celles de juré avait fait partie d'un jury sans s'être fait excuser, ou sans avoir été requis de s'abstenir, l'arrêt qui interviendrait serait frappé de nullité radicale : s'il a pris part à la délibération, le jury est censé n'avoir été composé que de onze membres ; si la liste primitive avait été réduite à trente noms, et que le sien se soit trouvé dans ce nombre indispensable pour former le tableau des douze, la liste sera censée n'avoir été que de vingt-neuf.

Ainsi dans le premier, comme dans le second cas, il y aurait nullité dans la formation du tableau, nullité dans la déclaration du jury et nullité de l'arrêt rendu par la Cour d'assises.

Si c'est donc un devoir pour tous les citoyens de remplir une obligation que la loi leur impose, c'en est un aussi grand que de ne point accepter des fonctions dont elle les écarte.

Il n'y a pas de difficulté lorsqu'il s'agit d'incompatibilités, parce qu'elles sont notoires et attachées à des fonctions connues, que rien n'empêché d'avouer ; mais s'il s'agit d'incapacités et surtout d'incapacités légales, il n'en est pas de même, elles peuvent être ignorées. L'amour-propre engage souvent à les cacher et à accepter les fonctions de juré ; pour avoir voulu s'épargner une fausse honte, celui qui se trouve dans ce cas courrait risque d'être déclaré, par jugement, usurpateur de fonctions publiques dont l'exercice lui est interdit; ou bien pour avoir, sans qualité, fait partie d'un jury, il occasionerait la nullité de la procédure. Nous insistons sur ce point, parce qu'il arrive souvent qu'un préfet porte sur la liste générale comme docteurs, avoués licenciés, électeurs, des individus, qui ne sont qu'officiers de santé, qui n'ont pas le titre de licenciés, ou qui ont cessé d'être électeurs; et ces noms restent, et servent à former le tableau du jury. On n'aime pas à faire l'aveu d'une incapacité, qui cependant n'a rien qui puisse humilier, et, pour avoir voulu la cacher, on s'expose à la voir publier, et à compromettre, par son fait, ses propres intérêts et ceux de la cause qu'on a voulu juger.

CHAPITRE III.

Formation des listes. — I. *Listes annuelles.* — Réclamation. — Inscription des jurés. — Pièces à produire. — Droit des préfets. — Réflexions à cet égard. — Circulaire de 1827. — II. *Listes semestrielles.* — III. Effet et autorité des *listes.* — Jurisprudence de la cour de cassation. IV. Durée des *listes* trimestrielles.

I. *Listes annuelles* (1). — Le 1er août de chaque année, le préfet de chaque département dresse (2) une liste géné-

(1) *V.* pour tout ce qui touche aux listes électorales, à leur composition, à leur révision, au mode d'après lequel les réclamations pour l'inscription ou la radiation doivent être formées, à la procédure devant le conseil de préfecture, aux recours devant les cours royales et devant la Cour de Cassation, etc. : le Manuel complet de l'ÉLECTEUR, par C. B. Merger, titre III, p. 203 et suiv.

(2) Les listes du jury doivent être dressées d'*office* par l'autorité, indépendamment de toutes pièces et sans les attendre ; autrement ce serait confondre un droit dont on est libre d'user ou de ne pas user, avec un devoir qui est prescrit par les lois, et dont on ne peut se dispenser. Si le droit électoral est facultatif, les fonctions de juré sont obligatoires, et il ne peut être permis à un préfet de dispenser un citoyen de les remplir. Les charges publiques doivent être supportées également, et une exemption personnelle devient nécessairement une aggravation de charge pour les autres.

rale des citoyens réunissant les conditions exigées pour l'exercice des fonctions de jurés. Cette liste est divisée en deux parties. La première comprend tous les citoyens qui peuvent faire partie des colléges de départemens, et la deuxième les diverses autres classes d'individus que la loi considère comme aptes à être jurés. — Ces listes sont affichées au chef-lieu de chaque commune au plus tard le 15 août, et sont arrêtées et closes le 30 septembre. Un exemplaire en est déposé au secrétariat des mairies, sous-préfectures et préfectures, pour être communiqué à celui qui le requiert (Loi du 2 mai 1827). — Tous les citoyens électeurs ou ceux qui sont appelés à remplir les fonctions de jurés peuvent poursuivre de leur propre mouvement leur inscription sur la liste générale; si des erreurs ou des omissions s'y sont glissées, ils peuvent réclamer.

Les réclamations contre la rédaction des listes sont formées par simples mémoires et sans frais, et jugées dans la forme prescrite pour les droits électoraux.

Elles doivent être rédigées sur papier libre, les pièces à l'appui y seront mentionnées et jointes, et elles devront être portées au secrétariat de la préfecture, où un bulletin de dépôt sera remis en échange des pièces. Le préfet statuera en conseil de préfecture. La partie réclamante a, contre la décision du préfet, le recours de l'appel en Cour royale (art. 33, loi d'avril 1831). L'appel en Cour royale est suspensif (1).

____

(1) L'individu rayé de la liste des électeurs et qui est en état de réclamation contre cette radiation, ne perd pas la qualité de juré: l'opposition qu'il a formée a rendu l'effet de la radiation suspensif,

Celui qui a droit d'être juré, parce qu'il est électeur, enverra au préfet les extraits des rôles de ses contributions signées par le percepteur et par le maire, (la signature du maire sera légalisée par le préfet ou le sous-préfet), ses quittances de contributions, son acte de naissance et toutes les pièces qui constatent son droit (1). — Si son droit dérive de son inscription dans la seconde partie de la liste, il réunira tous les documens officiels justifiant de sa qualité et les remettra également au préfet, sans oublier son acte de naissance (2). — Celui qui serait inscrit et aurait cessé d'être électeur ou apte à être juré devra prévenir l'autorité administrative qu'il n'a pas ou qu'il a perdu les qualités requises pour être juré : un tiers porté sur la liste pourrait même poursuivre sa radiation. — Pour cesser de faire partie des listes, il faut une décision motivée ou un jugement contre lesquels le recours ou l'appel ont un effet suspensif (L. du 2 mai 1827) (3).

jusqu'à la décision définitive (C. d'ass. de la Seine, 17 septembre 1832).

(1) Le cadre de cet ouvrage ne nous permet pas d'expliquer les nombreuses espèces de contributions qui concourent à la formation du cens électoral; pour tout ce qui touche à cette matière, aux difficultés qu'elle soulève et aux solutions qui doivent leur être appliquées, *V.* le *Manuel complet de l'Électeur,* titre 1er, chap. 1er et chap. II, pag. 78 et suiv.

(2) Le citoyen appelé aux fonctions de juré et d'électeur peut charger un tiers de déposer ses titres pour lui ; et, dans ce cas, il n'est pas nécessaire que le pouvoir soit authentique ou sous seing-privé, il peut être verbal (C. royale de Rouen, 20 décembre 1829. *Manuel complet de l'Électeur,* page 232).

(3) Il importe aux citoyens qui ont droit aux fonctions de jurés,

Après le 30 septembre, les *préfets extraient* (1), sous leur responsabilité, des listes générales, une liste pour le

d'abord comme électeurs et ensuite en vertu d'un titre personnel, de se faire inscrire sur la première partie de la liste électorale ; autrement ils seraient privés de voter comme électeurs, tout en étant obligés d'être jurés.

(8) Sous le Code d'instruction criminelle on ne publiait point la liste générale des éligibles aux fonctions de jurés : le préfet formait une liste de soixante citoyens, parmi lesquels devaient être pris les jurés (art. 387 ci-dessus, page 54). La volonté du préfet était donc le seul arbitre de ce choix, et cette liste, déjà bien triée, était réduite par le président de la Cour d'assises à trente-six personnes : on conçoit combien l'indépendance du jury devait souffrir d'un pareil système. Aujourd'hui la liste continue à la vérité à être composée par le préfet seul ; mais comme elle doit contenir un grand nombre de noms et qu'elle sert toute l'année, l'influence de l'autorité est de beaucoup affaiblie et doit inspirer peu de crainte ; et la loi, défendant qu'aucun citoyen ne puisse être porté deux années de suite sur la liste du jury, ôte aux préfets le pouvoir de concentrer l'exercice du jury dans un nombre limité de citoyens choisis. Le changement annuel des jurés est une garantie d'indépendance. Au reste, la loi n'impose pas aux préfets l'obligation de publier les listes des sessions ; cependant si un citoyen, inscrit sur la liste générale, désirait connaître la liste particulière et qu'il en demandât communication, le préfet ne devrait pas la refuser, cette communication ne pouvant entraîner aucun inconvénient.

Une circulaire ministérielle du 50 juin 1837, adressée aux préfets, défend de comprendre sur les listes, dans l'intérêt de la justice, les individus détenus pour dettes, ou qui seraient en état de déconfiture ; ceux qui ont été condamnés à des peines correctionnelles qui, sans les priver de leurs droits civils, nuisent à

service du jury de l'année suivante. Cette dernière liste est composée du quart de la liste générale sans pouvoir excéder le nombre de trois cents membres, si ce n'est dans le département de la Seine, où elle est composée de quinze cents. — Elle est transmise immédiatement par le préfet au ministre de la justice, au premier président de la Cour royale et au procureur-général (art. 7, loi du 2 mai 1827).

II. *Listes trimestrielles.* — Dix jours au moins avant l'ouverture des assises, le premier président de la Cour royale tire au sort, sur la liste annuelle transmise par le préfet, trente-six noms, qui forment la liste des jurés pour toute la durée de la session; il tire en outre quatre jurés supplémentaires, pris parmi les citoyens résidant dans la ville où se tiennent les assises, portés sur la liste annuelle, et subsidiairement parmi les autres habitans de cette ville, qui sont compris dans la liste générale du jury. Le tirage se fait à l'audience publique de la première chambre de la Cour royale ou de la chambre des vacations (art. 9, loi du 2 mai 1817) (1) : à cet effet deux urnes sont placées près du premier président; la première contient indistinctement

leur considération ; les gens d'une inconduite notoire ; les hommes illettrés ou connus par leur incapacité; ceux atteints d'une infirmité habituelle ; les personnes dans un état de gêne et qui ne pourraient supporter les frais onéreux d'un séjour prolongé dans le chef-lieu du département ; les individus exerçant des professions dont ils ne pourraient interrompre l'exercice sans un grand préjudice pour eux et pour autrui.

(1) La liste des jurés devenant ainsi publique dix jours avant l'ouverture des assises, l'accusé pourra la connaître et aura le temps de se fixer sur les récusations à faire.

tous les noms portés sur la liste annuelle, l'autre ne contient que les noms des individus de cette liste résidans dans la ville où se tiennent les assises. De la première sont tirés les noms des trente-six jurés *titulaires*, et de la seconde ceux des quatre jurés *supplémentaires*, ce qui porte la liste à quarante noms. Le procès-verbal de la Cour d'assises doit constater que le tirage a été fait régulièrement.

Séance tenante la Cour procède au remplacement des jurés décédés ou devenus incapables depuis la formation de la liste dressée pour le service annuel. Ce remplacement a lieu dans la forme du tirage au sort des jurés pour la session (article 10, loi du 2 mai 1827). Toutefois, il n'y aurait pas nullité de ce qu'un juré décédé ou devenu légalement incapable n'aurait pas été remplacé lors du tirage, s'il y avait eu ignorance de la part de la Cour (Cass. 7 fév. 1834.)

A chaque affaire, les quatre jurés qui sont qualifiés de supplémentaires sont tenus de se transporter à l'audience de la Cour d'assises, pour assister à la composition du tableau du jury; et, dans le cas où la Cour royale ordonnerait la translation des assises dans un autre endroit que leur siège ordinaire, ils seraient obligés, comme les jurés titulaires, de se transporter dans le lieu désigné.

III. *Effet et autorité des listes.* — Le préfet n'a dû placer sur les listes que des personnes prises dans les classes désignées par la loi; pour les citoyens inscrits, il y a donc présomption de capacité suffisante (Cass. 7 mars 1828). Mais cette inscription ne saurait en réalité donner une qualité qui n'existerait pas, le juré ne tient son droit que de la loi. Sur un point aussi important, l'autorité judiciaire doit garantie à l'accusé ; la présomption de capacité résultant de l'inscription sur la liste doit donc tomber aussitôt que la preuve contraire apparaît. Au moment du tirage trimestriel, la Cour royale n'est point juge de la validité de la liste dressée par le préfet, et, quelque irrégularité qu'elle contienne, elle doit la considérer comme bonne. Tout ce que la loi lui permet de faire, c'est de rayer de la liste le juré qui a cessé d'être électeur, l'interdit, le condamné à une peine qui prive des droits politiques, ou celui qui a accepté des fonctions incompatibles avec celles de juré, sur le vu de l'arrêté du préfet, de la décision du jugement ou de l'acte officiel de nomination. Mais, lors du tirage du jury, des réclamations et des difficultés peuvent s'élever sur la capacité de tel ou tel autre individu : c'est à la Cour d'assises alors de prononcer le maintien ou le rejet du juré, et ceci est d'autant plus important, que le défaut de capacité d'un juré, quelle qu'en soit l'origine, peut occasionner une nullité.

Il s'est élevé de graves et nombreuses discussions sur la question de savoir si toutes les qualités déterminées par la loi pour être juré étaient exigées à peine de nullité ; la Cour de cassation elle-même a varié dans ses décisions. D'abord, elle n'a admis comme indispensables que l'âge et la jouissance des droits civils et politiques, et l'absence des autres qualités, pourvu que l'on fût inscrit sur la liste du préfet, n'était point par elle jugée comme entraînant la nullité. Elle considérait qu'il n'entrait point dans les attributions judiciaires d'apprécier la qualité de ceux que l'autorité administrative avait portés sur la liste générale ; et elle décidait que l'inscription était par elle-même une présomption légale de capacité. Cette jurisprudence a été vivement critiquée : on a soutenu que celui qui n'était pas ou qui avait cessé d'être électeur, notaire, etc., ne devait pas plus rester sur la liste, quoique inscrit, que celui qui n'a pas l'âge, qui n'est pas Français, etc. ; autrement il pourrait en résulter que des citoyens rempliraient les fonctions de jurés sans en avoir le caractère légal et que les accusés n'auraient aucun moyen de s'en plaindre. — Aussi la Cour de cassation a-t-elle modifié sa jurisprudence, et elle a cassé, le 4 nov. 1830, la formation d'un tableau des douze jurés et tout ce qui l'avait suivi, parce que, parmi ceux inscrits sur la liste du préfet, il s'en trouvait un qui avait cessé d'avoir la qualité d'électeur, qui seule lui donnait le droit d'y figurer, et, le 23 septembre 1831, elle a jugé que la Cour d'assises pouvait, sur la déclaration d'un individu qu'il n'était plus notaire, quoique ses fonctions eussent cessé seulement depuis son inscription sur la liste, ordonner sa radiation de cette liste attendu son incapacité à en faire partie.

Nous devons ajouter cependant que, depuis ces deux arrêts, la Cour de cassation a décidé que ni l'autorité judiciaire, ni même l'individu inscrit sur la liste du préfet, ne pouvaient refuser la qualité de juré lorsqu'elle avait été donnée dans les formes de la loi et sans aucune contestation (Cassation, 2 août 1833).

D'après les mêmes principes, il a été aussi jugé que l'individu porté sur la liste générale comme électeur, et qui avait perdu cette qualité avant la formation du tableau, n'annulait point, par sa participation, la déclaration du jury, lorsque ni le premier président, ni la Cour d'assises, n'avaient eu connaissance officielle du défaut de qualité de ce juré (Cass. 13 janvier 1831).

Dans deux décisions plus récentes, la Cour de cassation, persistant dans sa jurisprudence, s'appuie principalement sur la formation des listes électorales, qui, une fois arrêtées, sont valables pour un an, c'est-à-dire qu'elles confèrent à tous ceux qui sont inscrits, quoi qu'il puisse arriver, le droit et la qualité d'électeur, ainsi que le droit de faire partie du jury pendant toute l'année, pour laquelle lesdites listes ont été dressées; les radiations prononcées par le préfet lors de la révision n'ont d'effet qu'à partir du 20 octobre de l'année où elles sont faites. Ce n'est qu'à cette date que la nouvelle liste est définitivement adoptée; jusque là l'ancienne subsiste en entier et la production d'une décision motivée ou d'un jugement sont indispensables pour faire prononcer la radiation d'une clôture de la liste du jury (Cass. 5 octobre 1833, et 25 avril 1834).

De cette jurisprudence nouvelle, il résulte donc maintenant, que non seulement la Cour d'assises est impuissante pour radier un électeur qui a perdu sa qualité depuis son inscription sur la liste générale, si la preuve authentique de ce fait n'est pas produite; mais aussi que la décision du jury n'est point viciée par la part qu'y aurait prise un individu après avoir perdu sa capacité électorale, qui seule lui donnait le droit d'être juré (1).

(1) L'électeur qui a cessé de payer le cens requis et dont le nom a été rayé de la liste électorale pour l'année suivante, est apte à faire partie du jury jusqu'à l'expiration de l'année pour laquelle il a été inscrit, nonobstant son changement de domicile (Cass, 6 octobre 1836).

Si le juré qui a été radié de la liste comme n'étant plus électeur

En admettant ces principes comme vrais, ils ne pourraient s'appliquer qu'à la capacité électorale, et l'individu qui ne devrait sa qualité de juré qu'à l'attribution d'un titre

ne se présente pas, il peut être pourvu à son remplacement par la Cour d'assises (Cass. 6 octobre 1836).

Si un juré, au moment de siéger, déclare lui-même qu'il a cessé d'être électeur et si les défenseurs des accusés prennent des conclusions formelles pour obtenir le renvoi à une autre session, la cour peut et doit déclarer le jury de jugement incomplet, et renvoyer à une autre session (C. d'ass. de la Seine, 6 septembre 1837; *Gazette des Tribunaux*, 11 septembre 1817). Il en doit être ainsi lors même que l'incapacité du juré ne serait survenue que postérieurement à la formation de la liste du jury. (*id.*) — Si un juré prétend que par la vente de sa propriété il a cessé d'être électeur, il faut qu'il rapporte l'acte de vente pour être rayé de la liste (C. d'ass. de la Seine, 10 juin 1830).

Le citoyen appelé à faire partie d'un jury d'un département où il n'a pas son domicile réel, peut demander sa radiation s'il justifie qu'il est porté sur la liste du jury d'un autre département. Pour faire cette justification, il suffit d'un extrait de cette liste (Cour d'ass. de la Seine, 10 janvier 1836).

Le juré qui justifie devant la Cour d'assises qu'il ne paie plus le cens électoral doit être rayé définitivement par la cour (C. d'ass. de la Seine, 6 février 1837).

Un juré électeur, excusé temporairement, mais renvoyé par arrêt de la cour à faire partie de la liste de service de l'année suivante, peut valablement accepter les fonctions de juré alors qu'il a cessé de faire partie du collége électoral postérieurement à l'arrêt, mais antérieurement au renouvellement des listes générales (Cass. 28 avril 1834).

L'électeur qui accepte des fonctions amovibles hors de son département ne cesse de pouvoir y être appelé comme juré qu'autant

ou d'une capacité personnelle, indépendans du cens électoral, ne pourra certainement pas faire partie du jury, s'il n'a pas réellement ce titre ou cette capacité.

En tous cas, les personnes appelées pour faire partie du jury doivent examiner avec soin si elles ont bien toutes les qualités prescrites par la loi, et s'abstenir, ou faire à l'autorité une déclaration de leur position, si le moindre doute s'élève dans leur esprit.

IV. *Durée des listes trimestrielles.* — Les listes ne peuvent servir que pour le trimestre ou la session pour lesquels elles ont été faites, et le jury serait illégalement composé si le tirage avait été fait sur la liste dressée pour le trimestre précédent (Code d'inst. crimin., 391). Aussi, hors le cas d'assises extraordinaires, les jurés qui ont satisfait aux réquisitions à eux notifiées par le préfet pour le jury, ne peuvent être placés plus d'une fois dans la même année, pour le service annuel, ni plus de deux fois en cas d'assises extraordinaires. Ceux qui ont fait admettre des excuses

qu'il justifie qu'il a transféré légalement son domicile à l'endroit où il exerce ses fonctions (C. d'ass. de la Seine, 2 mai 1834).

Le juré qui demande à être rayé de la liste du jury d'un département, sur le motif qu'il a transféré son domicile réel dans une commune d'un autre département, doit rapporter un certificat de la préfecture de son nouveau département, constatant qu'il y a rempli les fonctions de juré ou qu'il y est porté sur la liste du jury pour l'année présente (C. d'ass. de la Seine, 10 mai 1836).

Pour être rayé de la liste du jury il ne suffit pas d'établir qu'on habite un autre arrondissement, il faut justifier qu'on est inscrit sur la liste du jury de cet arrondissement (C. d'ass. de la Seine, 1er avril 1837).

temporaires ne sont pas considérés comme ayant satisfait à ses réquisitions. Leurs noms et ceux des jurés condamnés à l'amende pour la première ou deuxième fois, seront, immédiatement après la session, adressés au premier président de la Cour royale, qui les reportera sur la liste annuelle pour le service du jury, et s'il ne reste plus de tirage pour la même année, ils seront ajoutés à la liste de l'année suivante (art. 11, loi du 2 mai 1827). Ces dispositions peuvent s'appliquer aussi bien aux jurés titulaires qu'aux jurés supplémentaires, mais jamais aux jurés complémentaires, appelés en vertu de l'art. 12 de la même loi et dont il sera parlé tout à l'heure (Cass. 17 janvier 1833; Dalloz, 33, 1, 349).

Mais de ce que nous venons de dire, il ne résulte pour le juré qu'une cause de dispense et non pas une incapacité; en siégeant une seconde fois dans la même année, il ne vicierait donc pas le jury (Cass. 27 avril 1817; Dall. 27, 1, 485).

CHAPITRE IV.

Notification de la liste. I. Aux jurés.—Comment et par qui elle doit être faite. — Pourquoi elle est faite. II. Aux accusés. — Motif de cette notification. — Sa nécessité.— Comment constatée.—Que doit-elle contenir.— Où doit-elle être signifiée. — Dans quel délai. — Erreur dans les noms, prénoms, age, domicile, profession, omission, double emploi des jurés. — Vices de forme. — Il n'est pas nécessaire que les noms des jurés remplaçans soient notifiés à l'accusé. — Cas où il s'agit de crimes politiques. — Le prévenu est en liberté ou en prison.—Loi du 9 septembre 1835.

La liste doit être notifiée aux jurés et aux accusés.

I. *Aux jurés.* — Huit jours au moins avant celui où s'ouvriront les débats, extrait de la liste constatant que son nom y est porté sera notifié à chaque juré titulaire ou supplémentaire. Cette notification doit être faite par des gendarmes aux termes de l'art. 133 de la loi du 28 germinal an VI. Cependant l'art. 71 du décret du 18 juin 1811, sur les frais criminels, comprend cet acte au nombre de ceux appartenant au ministère des huissiers; mais ce sont les gendarmes qui en sont le plus ordinairement chargés. Avec l'indication du jour des débats, la notification doit contenir, à peine de nullité, sommation de se trouver au jour indiqué, sous les peines portées par la loi; elle doit être faite à personne; et, si le juré est absent, à son domicile ainsi qu'à celui du maire ou de l'adjoint du lieu, lesquels sont tenus de lui en donner connaissance (Code d'inst. crim., 389).

Le préfet a le droit exclusif de faire cette notification, dont le but est d'avertir les jurés de leur obligation de se présenter aux assises, à l'époque déterminée, et de les mettre en demeure de manière à faire appliquer aux défaillans les peines prononcées par la loi.

II. *Aux accusés.* — 1° La notification que l'art. 394 du Code d'instruction criminelle ordonne de faire à l'accusé n'est plus un acte administratif, c'est un acte judiciaire spécialement dévolu au ministère public, et entièrement étranger à l'administration. - – Donner à l'accusé les moyens de connaître ses juges et de récuser ceux qu'il croirait dangereux pour sa cause, tel est le but de cette formalité, indispensable pour sa défense, et tellement substantielle que son omission ou son irrégularité entraîne la nullité de toute la procédure (1) (Cass. 11 oct. 1832). Le silence de l'accusé, son consentement même exprès qu'il agrée les jurés qui vont le juger, ne couvriraient pas cette nullité. La loi veille au maintien des formes prescrites pour la défense, au défaut même des accusés (Cass. 20 juin 1823).

La notification est constatée par un procès-verbal.

2° La liste qui doit être notifiée, sous *peine de nullité,*

---

(1) Si l'accusé parlait un langage étranger, la notification devrait-elle être accompagnée d'une traduction? la loi garde le silence à cet égard. A défaut de cette traduction, la liste ne serait pas nulle; mais dans une formalité qui tient si essentiellement au droit de défense, il est convenable de réparer le silence de la loi et d'accompagner la notification d'une traduction (Dall., R. alph., 4-501, n° 8).

à l'accusé, est celle des trente-six jurés titulaires et des quatre supplémentaires (388 Code d'inst. crim.).

Elle doit être complète et exacte : si le nom d'un juré a été omis sur la liste, et que ce dernier ait été appelé à concourir à la formation du tableau du jury, il y a nullité, sans qu'elle puisse être couverte par le consentement de l'accusé (*Cass.* 19 avril 1819; — 10 juillet 1823) (1).

Il peut arriver qu'au jour des débats, par suite d'excuses, de dispenses, etc., la liste, qui primitivement était des trente-six jurés et des quatre supplémentaires, et qui avait été notifiée, soit réduite à moins de trente, et que, pour former le nombre nécessaire, des jurés complémentaires soient immédiatement appelés : alors la notification qui a été faite régulièrement suffit. Non-seulement il n'est pas besoin que la liste de quarante indique quels sont les jurés excusés ou dispensés; mais encore aucune disposition de la loi n'exige que les noms des jurés appelés pour remplacer les absens soient notifiés (Cass. 5 avril; — 10 avril 1832;— 27 juin 1833; — 6 février 1834). Par suite de cette jurisprudence, ces derniers restent inconnus, non-seulement à l'accusé, qui est jugé le jour de la formation du tableau, mais à celui même qui n'est soumis aux débats que plusieurs jours après. On conçoit qu'il serait souvent impossible dans le premier cas de notifier la liste aux accusés; mais, quelle

(1) Si le nom d'un des jurés qui ont concouru au jugement se trouve omis dans la liste notifiée, il y a nullité des débats et de la condamnation, et si cette omission se trouve dans l'original de la notification dont la copie n'est pas représentée, il y a présomption que la copie est entachée de la même nullité (Cass. 10 février 1832).

8

difficulté y aurait-il à le faire dans le second ? N'est-ce pas
induire l'accusé en erreur, diminuer ses moyens de défense, paralyser, en grande partie, et l'effet de la notification, et son droit de récusation ? Au reste, si la loi n'exige
pas la notification des remplaçans, elle ne la défend pas
non plus, car elle est une garantie de plus pour l'accusé.—
Ainsi il a été jugé que si à la liste des quarante jurés on
joignait non-seulement les noms de ceux que la Cour d'assises avait précédemment excusés pour une affaire antérieure, mais encore les noms des jurés régulièrement désignés par la voie du sort, et en audience publique, pour
compléter le nombre de trente, on ne se serait point mis
en opposition avec les dispositions des art. 388 et 394
Code d'inst. crim. (Cass. 9 sept. et 26 décembre 1833).

3° La notification de la liste épurée, complétée ensuite
par l'adjonction des jurés supplémentaires, et contenant
trente noms seulement suffit; l'accusé n'a pas intérêt à repousser cette notification puisqu'elle lui indique de la manière la plus positive les noms des jurés qui devront former
le tableau des douze (Cass. 19 mai 1826).

Mais il est indispensable que cette liste contienne le nom
de tous les jurés devant siéger. Si un juré porté sur la liste
primitive des trente-six avait été omis sur la liste des trente
pour quelque motif que ce soit, il ne pourrait faire partie
du jury, son nom n'ayant pas été notifié à l'accusé. Le nom
de son remplaçant doit rester, et s'il se faisait réintégrer
sur la liste, et concourait à la formation du tableau des
douze jurés, sans qu'une notification expresse soit faite, il y
aurait nullité (Cass. 24 oct. 1823; — 16 janvier 1823).

4° Un point bien important, c'est que cette liste contienne

rigoureusement les trente noms dont elle doit être composée au moment de sa notification ; elle seule doit fournir les noms qui composeront le tableau des douze. Si donc, dans la notification, un nom avait été omis, ou s'il avait été répété deux fois, comme étant celui de deux individus différens, ou bien encore si l'un des douze jurés ne s'y trouve pas porté, si une inscription a été faite d'une manière différente sur la liste et sur le tableau, si un des jurés était incapable ; dans tous ces cas la liste, ne contenant en réalité que vingt-neuf noms, il y aurait nullité sans que rien pût la couvrir (Cass. 19 sept. 1823 ; — 25 juin 1824 ; — 19 octobre 1829 ; — 24 sept. 1834).

5° La notification dont il s'agit doit être faite à toutes personnes traduites devant la cour d'assises, quelle que soit la nature du fait imputé (Cass. 4 novem. 1813 ; — 21 octobre 1832).

6° Elle doit être faite divisément à chacun des accusés, s'il y en a plusieurs ; une seule copie pour tous entraînerait la nullité de la notification à l'égard des accusés qui n'en auraient pas reçu (Cass. 29 juillet 1825).

7° C'est à la personne même de l'accusé que doit être notifiée la liste, s'il est en prison (Cass. 13 nov. 1818).

Si ce prévenu était laissé en liberté, ou mis en liberté sous caution, la notification pourrait être faite à personne ou à domicile, mais jamais au greffe de la Cour d'assises (Cass. 20 juillet 1832).

La nullité résultant de l'absence de cette formalité peut être opposée, même après la formation du tableau du jury de jugement, encore bien que le prévenu ait laissé procéder à cette opération sans faire aucune observation ni réserve (Cass. 29 juillet 1832).

8° La notification de la liste des jurés à l'accusé en prison doit être faite la veille du jour fixé pour la formation du tableau, c'est-à-dire vingt-quatre heures auparavant (1). Elle est nulle si elle est faite ou plus tôt ou plus tard (C. inst. crim. 391), quand même la veille de cette formation serait un dimanche (Cass. 13 août 1814) ; et si la liste des jurés n'avait été notifiée que le jour même de la formation du tableau du jury, le consentement donné par l'accusé ou le silence par lui gardé ne couvrirait pas la nullité (Cass. 11 juillet 1822).

Cette formalité a été établie pour que l'accusé pût préparer ses moyens de récusation ; conséquemment elle fait partie des moyens de défense que la loi lui accorde. Ce n'est pas l'accusé seul qui est intéressé à ce qu'elle soit maintenue, la société elle-même doit veiller à ce que la vie et l'honneur de chaque citoyen soient à l'abri de l'oubli et de l'indifférence. L'accusé ne peut donc valablement renoncer à l'observation de formes prescrites en faveur de la défense, et son acquiescement ne saurait avoir l'effet de le rendre non recevable à faire valoir ce moyen en cassation (Cass. 15 déc. 1826).

9° Le jour fixé pour la formation du tableau peut n'être pas le jour où le tableau soit formé ; des circonstances particulières peuvent empêcher cette opération, et la notification ne serait pas nulle ; d'abord parce que les intérêts de l'accusé ne seraient lésés en aucune façon, ensuite parce qu'il suffit

(1) En Angleterre cette notification est faite à l'accusé plusieurs semaines à l'avance.

que la notification ait lieu la veille du jour fixé par le président, pour que le vœu de la loi soit rempli (Cass. 29 janvier 1813).

L'art. 394 prononce la nullité de la notification si elle a été faite plus tôt ou plus tard que la veille du jour fixé pour la formation du tableau.

La nullité pour cause du retard est en faveur de l'accusé, nous en avons dit le motif. — Celle qui provient de l'anticipation est dans l'intérêt de la vindicte publique; le législateur a voulu que l'accusé ne connût les jurés qu'au moment où il ne lui serait plus possible de faire agir auprès d'eux pour se les rendre favorables.

Ces nullités ne peuvent être opposées que par la partie qui a éprouvé un préjudice. — Si la liste a été signifiée plus tôt que la loi ne l'exigeait, l'accusé ne peut exciper d'une irrégularité qui lui a été favorable (Cass. 11 oct. 1832). — Si au contraire la signification a eu lieu plus tard, le ministère public n'est pas recevable à s'en plaindre (20 juillet 1832) (1).

Si l'accusé n'est pas détenu (comme en matière de presse), la notification de la liste des jurés doit être faite, à son domi-

----

(1) La notification de la liste des jurés doit être faite la veille du jour déterminé pour la conformation du tableau. Cette notification sera nulle si elle est faite plus tôt ou plus tard. Mais si la notification a été faite plus tôt, trois jours avant la formation du tableau, par exemple, le ministère public peut seul se plaindre et l'accusé ne peut invoquer la nullité qu'autant qu'elle résulterait d'une notification tardive. La défense d'une notification prématurée est dans l'intérêt de l'accusation, et celle d'une notification tardive, de l'accusé (Cass., 20 avril 1836.)

8.

cile, à trois jours de délai, outre un jour par trois myriamètres de distance (C. inst. c. 184). — La nullité qui résulterait de l'omission de cette formalité ne se couvrirait pas
par le silence de l'accusé, lors de la formation dudit tableau
(Cass. 19 mai 1832).

10° La copie signifiée doit être datée, sous peine de nullité, et celui qui la recevra tardivement devra faire constater
l'heure à laquelle elle lui est remise; car si cette constatation n'a pas lieu, et que cependant la notification ait été faite
la veille des débats à une heure si avancée qu'elle rende nul
le droit de récusation, l'accusé ne peut soutenir que le délai
de vingt-quatre heures ne lui a pas été donné. Il y a présomption légale que les formalités ont été régulièrement observées
(Cass. 22 oct. 1822; — 19 niv. an VIII). — Tout moyen tiré
de la tardiveté ou de l'irrégularité de la notification doit être
justifié par la représentation de la copie, et cette constatation est d'autant plus importante, que les irrégularités et
les omissions de l'original sont comme n'existant pas, si la
copie est régulière.

11° Non-seulement la liste notifiée doit contenir *tous* les
noms des jurés, mais encore ces noms doivent être exacts ;
toutefois, pour qu'il y ait nullité, il faut que l'erreur, dans
l'indication des noms, soit telle qu'elle ait pu tromper l'accusé sur l'individualité du juré qui lui était désigné (Cass.
25 janv., 3 mai 1832; — 26 déc. 1833) (1).

(1) Lorsque dans la notification de la liste des jurés, l'un d'eux n'y
a été désigné que par son prénom, et que, malgré cette irrégularité,
il a fait partie du jury de jugement, il y a nullité de la signification et
de tout ce qui l'a suivi (Cass. 29 décembre 1857).

Si la liste générale du jury contient deux jurés du même nom ,

Les inexactitudes ou omissions dans les prénoms sont sans importance si elles n'ont pu causer d'erreur. Il en est de même de celles relatives à la profession, à l'âge. Mais si l'accusé a pu être trompé, la nullité de la notification et des débats doit être prononcée (Cass. 18 sept. 1828; — 26 février 1835; — 6 avril 1833; — 1er juillet 1830; — 17 avril 1837) (2).

demeurant dans deux communes différentes, et si, dans la copie notifiée à l'accusé, il y a eu interversion dans l'indication des domiciles, il n'y a pas nullité, surtout si l'accusé n'a pas éprouvé de préjudice par suite de cette erreur (Cass. 1er octobre 1836).

(2) Si l'erreur a été telle que l'accusé ait été ou ait pu être trompé sur l'individualité d'un ou plusieurs jurés, la nullité devra s'ensuivre, alors même que le juré, ou les jurés mal désignés n'auraient pas été appelés par le sort pour faire partie du tableau. L'accusé a été privé en partie du droit de récusation, car il peut n'avoir pas récusé, précisément parce que les renseignemens lui manquaient. Les intérêts de la défense sont sacrés et on doit toujours craindre de les compromettre ou de les affaiblir (Carnot, sur l'art. 394, no 5, et t. 1er, pag. 231; Dalloz, Rec. alph., 312, no 2).

La différence d'orthographe entre le nom du juré porté sur la liste des trente et celui du juré qui a fait partie du jury de jugement, n'entraîne de nullité qu'autant qu'elle a pu tromper l'accusé sur l'identité de ce même juré (Cass. 13 octobre 1835).

Si dans le tableau des douze jurés de jugement figurent deux jurés du même nom, et que dans la liste notifiée à l'accusé il n'y ait qu'un juré de ce nom, quelle que soit la cause de l'erreur, la participation d'un de ces jurés à la déclaration du jury opère la nullité de la déclaration (Cass., 10 août 1837).

Il n'est pas nécessaire que la notification contienne les prénoms de l'accusé, pourvu que les autres désignations constatent suffisamment que la copie lui a été réellement notifiée (C. 16 avril 1818).

La liste de notification des jurés n'est pas nulle parce qu'elle ne

12° Lorsqu'il s'agit de crimes ou délits prévus par la loi du 9 sept. 1835, outre la notification de la liste des jurés, quand le procureur-général voudra saisir la cour d'assises en vertu de citation donnée directement au prévenu en état d'arrestation (art. 4, loi du 9 sept. 1835 sur les Cours d'assises), il devra signifier au prévenu, dix jours au moins avant l'ouverture des débats, par un huissier que le président de la our commettra, le réquisitoire et l'ordonnance contenant l'indication du jour de l'audience. — Copie en sera laissée au prévenu.

Ce délai doit être considéré comme rigoureux, et une irrégularité dans la signification devrait, comme dans le cas des notifications, entraîner la nullité.

Si le prévenu est en liberté, il n'est point nécessaire que la signification du réquisitoire lui soit faite, la citation suffira (art. 24, L. de la presse 1835). Il a d'ailleurs la ressource de laisser prendre un arrêt par défaut, tandis que celui qui est en état d'arrestation ne peut le faire.

contient pas l'âge des jurés. Il y a présomption légale, résultant de leur inscription, qu'ils ont l'âge voulu par la loi (Cass. 7 décembre 1851 ; — 12 avril 1832).

L'omission dans la liste notifiée à l'accusé de l'âge d'un juré qui a pris part au jugement n'est pas une cause de nullité de l'arrêt, si l'accusé n'a pas été induit en erreur sur l'identité du juré, s'il n'a pas réclamé lors du tirage , et enfin s'il ne prouve pas que le juré avait moins de trente ans (Cass. 18 septembre 1828).

CHAPITRE V.

I. Convocation des jurés. — Il faut que le juré ait été régulièrement convoqué — Peines contre les jurés défaillans. — Contre ceux qui abandonnent leur poste. — Juré ivre. — Juré nommé à des fonctions incompatibles. — Opposition peut être formée à l'arrêt par défaut qui condamne le juré — Dans quel délai doit-elle être formée? — Devant quels juges? — II. Excuses. — Comment les excuses et les dispenses doivent être présentées. — Comment elles sont jugées. --- Règles à suivre en cette matière.

I. Aux jour et heure indiqués pour les assises, les jurés doivent se trouver à l'audience où la cour procède à l'appel de leurs noms (399 inst. criminelle). Les jurés n'ont pas la faculté d'accepter ou de refuser les fonctions auxquelles ils sont appelés. Faire partie du jury n'est pas seulement un devoir, c'est une obligation; aussi des peines sont-elles prononcées contre le juré qui veut s'y soustraire. — Mais, pour que la notification puisse faire encourir les peines au juré défaillant, il faut qu'elle soit régulière, c'est-à-dire qu'elle ait été faite dans le temps voulu par la loi; que la sommation ait été adressée à la personne même du juré ou à son domicile légal, et que dans ce dernier cas le maire lui en ait donné connaissance; qu'elle lui ait été donnée par l'agent compétent; que le jour de la convocation ait été exactement indiqué; si toutes ces formalités n'étaient pas remplies, la notification, sans donner à l'accusé un moyen de nullité, aurait pour résultat d'empêcher la condamnation du juré défaillant ou de faire révoquer celle qui aurait été prononcée (Cass. 23 vend. an VIII).

Le juré légalement et régulièrement averti est passible des peines prononcées par la loi, s'il ne se présente pas; il doit se rendre à la ville où siégent les assises, et se mettre en mesure d'assister aux séances, au commencement de chaque affaire, afin de concourir à la formation du jury de jugement.

« Tout juré, dit l'art. 396 (inst. criminelle), qui ne se
» sera pas rendu à son poste, sur la citation qui lui aura été
» notifiée, sera condamné par la cour d'assises à une
» amende, laquelle sera, pour la première fois, de 500 fr.,
» pour 'a deuxième fois de 1,000 fr. et pour la troisième de
» 1,500 fr. — Cette dernière fois il sera de plus déclaré
» incapable d'exercer à l'avenir les fonctions de juré; l'ar-
» rêt sera imprimé et affiché à ses frais. »

La même peine est applicable au juré qui s'est rendu à son poste, mais qui s'est retiré avant l'expiration de ses fonctions, sans une excuse valable jugée par la Cour d'assises (Cass. 8 septembre 1826) (1). — Elles l'est aussi à celui

---

(1) Les jurés de la liste des trente qui n'ont pas été appelés par le sort à concourir au jugement d'aucune des affaires de la journée, peuvent se retirer pour ne revenir que le lendemain; et, s'il arrive qu'en leur absence, et par suite d'une incompatibilité nouvellement reconnue, le tableau du jury formé pour les affaires indiquées se trouve incomplet, les jurés absens en ce moment ne doivent pas être condamnés et la Cour d'assises ne peut, dans le

qui, après s'être rendu à la vocation, s'est mis, par sa faute, dans l'impossibilité de remplir son devoir de juré, en s'enivrant, par exemple ; dans ce cas il y a lieu à la condamnation de l'amende, des frais occasionés par le renvoi de l'affaire à la session suivante, et même à des dommages-intérêts envers l'accusé (Assises de Rouen, 22 novembre 1832) (1). Si un juré absent lors de l'appel, par un motif plausible, et remplacé, arrivait encore à temps pour le tirage au sort des douze jurés, il n'encourrait aucune peine, et il aurait encore le droit de concourir à la composition du tableau à l'exclusion du juré appelé en son remplacement (Cass. 27 août 1820).

La nomination d'un juré, pendant les débats, à des fonctions incompatibles, ne l'autorise pas à quitter la cour d'assises avant le prononcé de l'arrêt (Loi du 13 germ. an v). Seulement il peut se faire excuser par la Cour (Cass. 7 décembre 1821).

Les jurés défaillans peuvent former opposition à l'arrêt par défaut qui les condamne, mais dans quel délai cette opposition peut-elle être formée ? la solution de cette question est subordonnée à celle de savoir si l'amende prononcée contre le juré défaillant est une véritable *peine* ou

même jour, procéder au jugement d cette affaire en complétant, par un nouveau tirage au sort, la liste des trente, et en formant sur cette liste un nouveau tableau du jury. (C. cass., 28 août 1835.)

(1) Le juré qui se présente dans un état d'ivresse peut être condamné à 500 francs d'amende et aux frais de l'affaire du renvoi à une autre session, si ce renvoi est occasionné par son état d'ivresse (Assises de la Seine-Inférieure, 12 mai 1835).

si elle doit être rangée dans la classe des condamnations civiles. — Une condamnation civile, résultat nécessaire d'une contestation civile, est prononcée à la requête et au profit d'une des deux parties en cause. Ici rien de semblable : c'est le ministère public seul qui requiert, conclut et demande la condamnation. L'absence d'un juré est un délit puisque si l'absence se renouvelle trois fois, le coupable, indépendamment de l'amende, perd, pour l'avenir, ses droits à l'exercice des fonctions de juré. Une condamnation civile n'entraîne jamais des conséquences aussi graves ; il s'agit donc bien d'une peine, et l'art. 398, en donnant le nom de *peine* à l'amende prononcée contre les jurés par l'art 396, confirme parfaitement ce système. — La question résolue en ce sens, toute difficulté disparait ; le délai pour former opposition ne pouvant être celui accordé dans les affaires civiles puisqu'il s'agit d'un délit, il faut, et malgré la rigueur apparente de la loi, appliquer les dispositions de l'art. 187 qui, formant la règle générale, n'accordent que cinq jours, à dater de la signification faite au défaillant ou à son domicile, pour former opposition aux jugemens par défaut rendus en matière correctionnelle (1). C'est une peine correctionnelle que la Cour d'assises applique,

(1) Carnot, t. II, p. 174. — L'art. 187 porte : « La condamnation par défaut sera considérée comme non avenue, si, dans les cinq jours de la signification qui en aura été faite au prévenu ou à son domicile, outre un jour par cinq myriamètres de distance, celui-ci forme opposition à l'exécution du jugement et notifie son opposition tant au ministère public qu'à la partie civile. Néanmoins, les frais de l'expédition, de la signification du jugement et de l'opposition, demeureront à la charge du prévenu. »

comme d'ailleurs il lui arrive quelquefois d'en prononcer, notamment en matière de presse ; et dans ce dernier cas, si , au jour fixé par la citation , l'accusé ne se présente pas, il est statué contre lui sans le concours des jurés, et l'opposition à cet arrêt devra être formée dans les cinq jours à partir de la signification.

Au reste les jurés condamnés ont été informés par les journaux, par des notifications particulières, qu'ils sont appelés à faire partie de jury. Le jugement prononcé contre eux acquiert la plus grande publicité, grâce aux journaux judiciaires ; ils ne peuvent donc prétendre cause d'ignorance, et les cinq jours accordés pour former opposition doivent leur suffire. — L'opposition doit être formée devant la Cour d'assises qui a condamné. Mais si cette Cour a terminé sa session avant que l'excuse ait été proposée, ou si, par exemple, le juré n'a été condamné que le dernier jour de la session, c'est aux assises suivantes que l'opposition est portée ; car la Cour d'assises dont la session est finie ne peut pas se réunir pour prononcer sur la réclamation. Toutefois si la session ordinaire des assises pendant laquelle un juré défaillant a été condamné est suivie d'une assise extraordinaire, l'opposition peut être portée devant la Cour qui tient l'assise extraordinaire sans qu'il soit besoin d'attendre les assises ordinaires suivantes (Legraverend, t. II ; Cass. 25 mars 1826 ; Sirey 26 , 1 , 458).

II. *Excuses.* — Sont exceptés des peines portées par l'article 396 ceux qui justifient qu'ils étaient dans l'impossibilité de se rendre au jour fixé (Code d'inst. 397).

La loi n'a point indiqué les causes d'excuses, elle en a laissé l'appréciation à la Cour d'assises qui, d'après l'art. 397,

a le droit illimité de juger de la validité de l'excuse proposée
par un juré, sans qu'il en résulte jamais de moyen de cassation (Cass. 8 janv. 1813) ; mais la loi veut qu'il soit justifié
qu'il y avait *impossibilité* (1) de se rendre au jour indiqué

(1) *L'impossibilité* morale est admise comme excuse, par exemple si, en se montrant, le juré s'exposait à être constitué prisonnier.
Ainsi, l'individu qui justifierait être sous le coup de la contrainte
par corps pourrait être excusé ; il y a pour lui impossibilité morale
de se rendre à la Cour d'assises, puisque le Code n'autorise pas, dans
ce cas, la délivrance d'un sauf-conduit.

Le motif basé sur ce que sa conscience ne lui permit pas d'appliquer les peines de nos Codes, n'est pas pour un juré une excuse
qui puisse le dispenser de remplir les fonctions de juré (C. d'ass.
de la Seine, 16 sept. 1831.)

L'état habituel d'infirmité est une excuse suffisante pour être
rayé de la liste du jury (C. d'ass. de la Seine, 6 juin 1836.)

La qualité de membre d'un conseil municipal n'est pas une excuse admise par la loi pour être dispensé d'être juré, quand même
au moment de la session le conseil municipal serait assemblé et
tiendrait sa séance (C. d'ass. de la Seine, 31 juin 1836).

Les jurés absens de leur domicile ou en voyage, au moment de
la notification, doivent être excusés pour la session. Mais leurs
noms doivent être remis dans l'urne pour être soumis à un nouveau tirage des jurés de l'autre session (C. d'ass. de la Seine,
6 décembre 1837).

Un voyage important à faire n'est pas un motif d'excuse suffisant, attendu que les motifs d'intérêt particulier ne peuvent dispenser d'un service public (C. d'ass. de la Seine, 4 janvier 1830).

Le citoyen dont la propriété est en proie à l'incendie et qui demande à être excusé, peut être refusé et maintenu sur la liste
(C. d'ass. du Cher, 29 août 1835).

La surdité complète est une excuse suffisante non seulement

ou de continuer jusqu'à la fin de la session. L'excuse proposée doit donc être sérieuse et légalement justifiée, une allégation ne suffirait pas.—Le motif sur lequel le juré fonde son excuse doit être constaté d'une manière régulière. Si c'est une maladie qu'on invoque, il faut qu'elle soit prouvée par un certificat de médecin, de chirurgien ou d'officier de santé, et les souscripteurs des certificats doivent affirmer devant le juge de paix et par serment la sincérité et la réalité de la maladie. Le médecin qui aurait donné un faux certificat serait passible de l'emprisonnement de deux à cinq ans, et même du bannissement s'il avait reçu de l'argent (Code pén. 150). Et le juré considéré comme son complice subirait la même peine, indépendamment de la condamnation que son absence entraînerait. — Si le juré avait seulement proposé une excuse reconnue fausse, il serait condamné, outre l'amende, à un emprisonnement de six jours à deux mois (Code pén. 136).

Le juré qui serait tombé dans deux affaires le même jour, et qui aurait été pour la première excusé pour cause de surdité, légalement attestée, devrait, pour la seconde affaire, être excusé d'office; il y a plus, il devrait être considéré comme incapable, et excusé d'office dans toutes les affaires dans lesquelles il pourrait tomber dans le cours de la session (Cass. 16 floréal an 11).

Il ne faut pas confondre les excuses avec les dispenses. La loi n'admet comme excuse que l'*imposibilité* de se pré-

pour être exempté pendant la session mais encore pour être rayé définitivement de la liste (C. d'ass. de la Seine, 16 février 1836). Il en doit être de même du juré aveugle (C. d'ass. de la Seine, 7 juin 1836).

senter au jour indiqué, ou de continuer jusqu'à leur expiration les fonctions de juré. Les causes de dispenses sont plus nombreuses, elles n'ont pas pour effet de dispenser les jurés de se présenter au jour indiqué, elles les déchargent seulement, quand elles sont présentées à la Cour d'assises et admises par elles, de remplir les fonctions de juré. Aussi les jurés qui ont à faire valoir une cause de dispense ne seraient pas moins condamnés aux peines prononcées par la loi, s'ils ne venaient pas faire statuer sur leurs dispenses, sauf le cas d'*impossibilité* qui rentrerait dans la catégorie de l'excuse (Voyez plus haut l'article *dispenses*) (1).

La question de validité d'excuse ou de dispense est examinée en la chambre du conseil avant l'audience, par la Cour d'assises, sur les conclusions du procureur-général, et non par le président seul (Cass. 17 févr. 1831).

L'accusé n'a pas besoin d'être entendu, il s'agit des faits qui ne le touchent en rien — Si l'excuse est admise, la Cour prononce en chambre du conseil; si elle est rejetée, l'arrêt doit être prononcé en séance publique, parce qu'il doit être statué publiquement sur toute condamnation, et que d'ailleurs le juré défaillant sera averti d'une manière plus certaine.

Le juré excusé et remplacé ne peut plus faire partie du

----

(1) Une demande de dispense, adressée au parquet, par une lettre ne portant ni date ni signature, et fondée sur le titre de pair, n'est pas suffisante. Le demandeur doit se présenter lui-même pour soutenir sa demande (C. d'ass. de la Seine, 1er février 1838).

jury de jugement; mais s'il n'a obtenu qu'une dispense pour s'absenter momentanément et qu'il ait été remplacé par un juré supplémentaire, lorsque l'affaire pour laquelle il a obtenu une dispense est terminée, il peut, sans qu'un arrêt de la Cour d'assises l'y autorise, venir reprendre ses fonctions, pourvu, toutefois, que son nom ait été notifié à l'accusé (Cass. 7 janvier 1825).

CHAPITRE VI.

I. Jurés supplémentaires.—Comment ils sont appelés.— II. Jurés complémentaires. — Comment ils sont tirés au sort. — III Remplacemens. — Quand il y a lieu d'y procéder. — La Cour peut-elle dépasser le nombre de trente en procédant aux remplacemens ? — IV. Tirage des douze jurés — Comment et en présence de qui il s'opère.—V. Du droit de récusation.—Son importance.—Comment il s'exerce. — Récusation de l'accusé.—Du ministère public. — Le droit d'accusation est personnel. — Les récusations ne peuvent être motivées. — Droit de l'accusé. — Du ministère public. — Du défenseur. — Cas où il y a plusieurs accusés.—VI. Procès-verbal des opérations. — Sa rédaction. — Formation du jury de jugement.— Chef du jury. — Il peut être remplacé par les jurés. — Constatation de ce remplacement. — Jurés suppléans si l'affaire doit être longue.— Comment s'opère cette adjonction. — Absence d'un juré de jugement dans le cours du procès. — Nouveau tirage qu'elle nécessite.

I. *Jurés supplémentaires.* — La Cour d'assises, après avoir statué sur les excuses et sur les dispenses générales , peut encore ordonner des dispenses d'office dans les cas suivans : par exemple, si, sur la liste des trente-six titulaires et des quatre supplémentaires, se trouvait un juré dont les noms et prénoms auraient été imparfaitement écrits, ou qui prétendît avoir été rayé de la liste par le préfet, ou bien encore si, par erreur, deux noms avaient été portés sur la liste, et qu'ils s'appliquassent au même individu ; dans tous les cas, la Cour peut prononcer des dispenses , soit pour toute la session, soit pour le temps nécessaire au juré, afin qu'il puisse apporter la preuve de sa radiation (Cass. 17 février 1826 et 9 novemb. 1832). Ces opérations préliminaires terminées, s'il y a moins de trente jurés titulaires présens, les jurés supplémentaires servent à compléter ce nombre; ils sont appelés dans l'ordre de l'inscription sur la liste formée par la voie du sort, et ils devront remplir dans toute la session les fonctions de jurés titulaires (Loi du 2 mai 1817, art. 1, 2) (1).

II. *Complémentaires.* — Si la liste des jurés supplémentaires est épuisée sans que le nombre voulu soit atteint, le président des assises désigne en audience publique, par la voie du sort, les jurés qui doivent compléter les trente; ils sont pris parmi les citoyens inscrits sur la liste dressée par le préfet et résidant dans la ville où se tiennent les assises, et subsidiairement parmi les autres habitans de cette ville qui seront compris dans la liste générale (*Id.*).

Le tirage au sort des jurés appelés en remplacement doit être publié et constaté, à peine de nullité, par un procès-verbal (Cass. 13 janvier 1831) (2).

Les citoyens dont nous venons de parler, appelés en vertu du tirage au sort, peuvent être requis plusieurs fois dans la même année de remplir les fonctions de jurés (Cass. 17 janvier 1833).

Il y a plus : si ce tirage au sort avait lieu parmi les éligibles compris dans la liste générale, ceux qui seraient dési-

______

(1) Le tirage des jurés supplémentaires peut avoir lieu postérieurement au tirage des jurés de jugement, et la Cour a pu par cette adjonction, et sans qu'il y ait nullité, restreindre le nombre des récusations acquis à l'accusé, au moment où le tirage a commencé (C. 22 mai 1831.)

(2) Il y aurait nullité s'il avait lieu en la chambre du conseil (Cass., 21 septembre 1837).

gnés ne pourraient se faire dispenser, quand même ils auraient été inscrits sur la liste de l'année précédente.

III. *Remplacemens.* — Ainsi que nous l'avons vu, la liste qui doit fournir le jury appelé à juger chaque affaire doit, à peine de nullité, contenir trente noms; si donc il ne se présente le jour des débats que vingt-neuf noms, le président doit avant tout compléter la liste des trente; la nullité qui résulterait de ce que le tableau aurait été formé sur un nombre inférieur est d'ordre public et ne peut être couverte ni par le consentement de l'accusé, ni par celui du ministère public (Cass. 17 avril 1821).

Le complément de la liste doit être opéré dès qu'il y a absence constatée, quelle qu'en soit la cause, et quand même la Cour aurait ordonné un sursis pour prononcer sur les excuses (Cass. 13 janv. 1827).

La Cour pourrait aussi procéder au remplacement des jurés manquans, avant qu'il ait été statué sur la validité ou la non validité des motifs de la non-comparution (Cass. 25 octobre 1821).

Si, sous le prétexte qu'une absence est momentanée, on portait comme présent un juré qui ne se trouvât pas à l'appel, et pour lequel un autre aurait répondu, l'accusé pourrait, en justifiant de ce fait, faire prononcer nullité.

Il n'est point nécessaire de notifier à l'accusé, nous l'avons déjà dit plus haut, les noms des jurés appelés à remplacer les manquans, lors même que la majeure partie des jurés portés sur la liste qui a été notifiée ne se présenterait pas, et le Code ne limitant pas le nombre des jurés complémentaires que la Cour d'assises doit appeler pour compléter la liste, un condamné ne pourrait se faire un moyen de cassation de ce que, parmi les jurés qui ont prononcé sur son sort, il ne s'en trouverait que deux qui auraient figuré sur la liste primitive (Cass. 10 fév. 1834).

Le jour de l'ouverture de l'audience, il peut se présenter trente jurés, et cependant, légalement parlant, le nombre peut n'être que de vingt-neuf. — Par exemple, parmi les premiers s'il se trouvait un individu qui ait été expert ou témoin, ou qui soit tout-à-fait inapte à être juré, la liste se trouve de droit réduite à vingt-neuf jurés, et, dans ce cas, il y aurait nécessité pour la Cour, à peine de nullité, de compléter le nombre de trente (Cass. 6 février 1834).

Le juré qui, pour ne s'être pas présenté à l'ouverture de la session, a encouru une condamnation, puis en a été relevé par suite des motifs admis par la Cour d'assises, peut être rétabli sur la liste des jurés et concourir au jugement des affaires de la session (Cass. 8 avril 1830).

Lorsqu'au jour indiqué il se présente moins de trente jurés, ce nombre peut-il être dépassé sans que la procédure soit annulée ? La Cour de cassation a varié sur ce point. Par un arrêt du 18 mars 1813, elle avait d'abord décidé que la liste pourrait être complétée au-delà de trente sans néanmoins que le nombre total excédât celui de trente-six (Dall. Rec. alph. 4, 334); postérieurement et par de nombreux arrêts elle a décidé que les citoyens portés sur la liste supplémentaire n'ayant de caractère pour remplir les fonctions de juré qu'autant qu'ils sont nécessaires pour compléter la liste primitive jusqu'à trente, ceux d'entre eux qui ont été appelés au-delà de ce nombre sont sans qualité, et leur participation à la composition et à la déclaration du jury vicie ces actes et les frappe de nullité (Cass.

9 janvier 1824 ; 7 juin 1832 ; Dall. 4, 335). — Enfin, faisant un retour vers son ancienne jurisprudence la Cour de cassation a jugé qu'il n'était pas interdit aux présidens des assises de tirer un nombre de jurés complémentaires supérieur à celui des jurés manquans (Cass. 20 oct. 1835).

Le remplacement, une fois opéré par un juré supplémentaire ou complémentaire, n'a pas besoin d'être renouvelé pour chaque affaire. Tant que le service du juré remplaçant est nécessaire, et que dure l'absence du juré remplacé, il ne doit point en être appelé de nouveau (Cass. 4 février 1830 ; — 5 avril et 21 décembre 1832). Seulement il est indispensable qu'à toutes les époques de la session le nombre de trente soit complet.

Si un juré absent et remplacé se présente, le juré complémentaire cesse ses fonctions ; celui-ci ne peut plus être appelé, et si, dans le cours de la session, une nouvelle absence a lieu, un nouveau tirage au sort sur la liste communale doit s'opérer (Cass. 12 nov. 1829).

Les jurés supplémentaires ne peuvent siéger que dans l'ordre de leur inscription ; l'appel d'un deuxième juré supplémentaire, au lieu du premier, pour compléter la liste des trente, emporte nullité si rien ne constate que le premier juré ait été légitimement empêché (1) (Cass. 25 avril 1833).

IV. *Tirage des douze jurés.* — La liste des trente jurés

---

(1) Si l'huissier avertit les derniers jurés supplémentaires, après s'être assuré que les premiers n'étaient pas à leur domicile, cette inversion de rang n'entraîne pas de nullité (Cass. 20 octobre 1833).

complétée, la Cour procède au tirage de ceux qui doivent former le jury de jugement. Le greffier fait l'appel des jurés non-excusés et non-dispensés, en leur présence, en présence de l'accusé et du procureur-général ; le nom de chaque juré répondant à l'appel est déposé dans une urne par le président, qui agite les noms et procède au tirage par le sort (399).

Il n'est pas exigé que le tirage soit fait en public ; il se fait ordinairement dans la chambre du conseil. Cependant s'il avait lieu en audience publique, il n'y aurait pas de nullité (Cass. 8 oct. 1834).

Il n'est pas non plus indispensable que la Cour d'assises entière y assiste ; il suffit du président qui procède lui-même au tirage (Cass. 12 sept. 1833) ; la présence de l'accusé est indispensable, celle de son défenseur est facultative, et le mode de tirage indiqué par la loi ne peut être changé (1). Ces deux formalités sont substantielles et exigées à peine de nullité (Cass. 24 sept. 1829 ; 11 oct. 1832).

Le président tire l'un après l'autre les noms de l'urne ; l'accusé et le procureur-général peuvent les récuser à mesure qu'ils sortent de l'urne ; les récusations s'arrêteront lorsqu'il ne restera plus que douze jurés, soit que l'accusé ou le ministère public aient épuisé ou non leur droit de récusation.

Si les noms de douze jurés sont sortis de l'urne sans récusation, dès ce moment le jury est complet.

(1) Ce sont les noms même des jurés qui doivent être placés dans l'urne et non des équivalens, des boules, par exemple, portant des numéros correspondant aux noms des jurés.

V. *Du droit de récusation.* — « Le droit de récusation, dit Dalloz, est la plus précieuse garantie que la loi accorde à l'accusé ; c'est par elle qu'il écarte les préventions et les haines, et qu'il empêche la passion de s'asseoir à la place de la justice ; sans elle le jury ne serait plus le jugement de tout citoyen par ses pairs ; il dégénérerait en une véritable commission beaucoup moins rassurante pour l'accusé que ne le serait un tribunal ordinaire. »

La faculté de récuser est considérée comme inhérente à l'institution du jury, de telle sorte que tout obstacle, de quelque nature qu'il soit, apporté à l'exercice de la récusation, vicie radicalement la composition du jury. — Le consentement même de l'accusé, serait-il exprès, devient impuissant pour couvrir une irrégularité de cette nature ; il peut ne pas user de son droit, mais il ne peut s'engager à ne pas en user (Cass. 17 avril 1823) (1).

Ainsi il y a nullité dans la formation du jury si l'accusé, n'entendant pas la langue française, n'a pas été assisté d'un interprète au moment du tirage des noms des jurés, si dans le fait aucun juré n'a été récusé. — La loi n'admet point que la récusation soit motivée (399). Et la Cour ne peut la rejeter sous aucun prétexte (Cass. 6 février 1834).

Le juré récusé devient immédiatement incapable de participer au jugement de l'accusé, et le fait de son maintien sur la liste, résultant de documens suffisans, peut faire

____

(1) L'engagement qu'il aurait pris, avant le tirage des jurés, de ne faire aucune récusation ou de n'en faire qu'un certain nombre, n'est pas valable (Dall. R. alph., 4-380).

casser l'arrêt de la Cour d'assises sans qu'il soit nécessaire de s'inscrire en faux (1).

L'accusé et le procureur-général pourront exercer un nombre égal de récusations, et cependant si les jurés sont en nombre impair, l'accusé pourra exercer une récusation de plus que le procureur-général (401).

Le droit de l'accusé et celui du procureur-général est personnel, et le défaut de l'exercice de ce droit de la part de l'un des deux ne peut profiter à l'autre (Cass. 24 décembre 1813). — Cependant, si, avec le consentement du ministère public, l'accusé avait exercé un plus grand nombre de récusations qu'il ne lui était permis de le faire, en cas de condamnation il ne pourra s'en prévaloir, puisque cette irrégularité aura été commise en sa faveur et, en cas d'acquittement, le ministère public ne pourra l'invoquer contre l'accusé, car alors le pourvoi ne lui est ouvert que dans l'intérêt de la loi (408 et 409).

La loi n'admet pas les récusations motivées (399). Les magistrats ne doivent s'attacher qu'au fait de la récusation : ils ne peuvent la rejeter sous aucun prétexte. Ainsi il suffit qu'un juré ait été récusé pour que la récusation soit admise; le président n'a pas la faculté de la repousser en se fondant sur ce qu'il aurait cru reconnaître un signe d'intelligence entre le conseil de l'accusé et ce juré. Le maintien de ce dernier sur la liste est une violation de la loi, et la Cour de cassation peut, si ce fait paraît suffisamment

---

(1) Le juré qui, après le tirage fait en présence de l'accusé, se récuse ensuite publiquement, oblige par cela même la cour à renvoyer à une autre session (406. C. d'ass. de la Seine, 6 juin 1836).

prouvé, annuler l'arrêt de la Cour d'assises sans qu'il soit besoin d'une inscription de faux (Cass. 6 fév. 1834).

Le législateur, en exigeant la présence du procureur-général au tirage, dans l'intérêt de la société qu'il représente et dont il est l'avocat, n'a pu interdire la présence du défenseur de l'accusé, car la défense aussi bien que l'accusation commence par la voie des récusations, et la justice ne peut favoriser l'une aux dépens de l'autre. Cependant, malgré les nombreuses réclamations des avocats, pendant bien longtemps les accusés furent seuls admis au tirage du jury. La Cour de cassation, par plusieurs arrêts, avait décidé que le concours des avocats, aux récusations, pouvait être refusé ou admis par les présidens de Cours d'assises sans qu'il y ait nullité; de telle sorte que ce point extrêmement important de notre droit criminel était abandonné à l'arbitraire des présidens des assises. Cet état de choses contraire à la bonne justice a enfin cessé; la loi du 1er mai 1832 donne formellement aux accusés la faculté de se faire assister de leurs défenseurs lors du tirage du jury; elle déclare que le droit de récuser s'étend personnellement au défenseur de l'accusé (art. 10 de la loi du 1er mai 1832); et s'il y a plusieurs défenseurs, ils auront la faculté de se concerter pour déléguer ce droit à l'un d'eux (Cass. 10 fév. 1834)(1).

(1) Le droit de récusation appartient à tout individu comparaissant devant une Cour d'assises, n'importe le plus ou le moins de gravité de l'accusation. Ainsi, quoique l'individu comparaissant devant la Cour d'assises ne soit que prévenu, il peut user du même droit que tout accusé, quand même à sa qualité de prévenu

S'il y a plusieurs accusés, ils peuvent se concerter pour exercer leurs récusations. — Ils peuvent les exercer séparément; dans l'un ou l'autre cas ils ne pourront excéder le nombre de récusations déterminé pour un seul accusé (402) (1).

Si les accusés ne se concertent pas pour récuser, le sort réglera entre eux le rang dans lequel ils feront leurs récusations; dans ce cas les jurés récusés par un seul, et dans cet ordre, le seront par tous, jusqu'à ce que le nombre des récusations soit épuisé. — Il n'appartient pas au président de la cour, si les accusés n'ont pu se concerter, de décider qu'un seul accusé exercera le droit de récusation pour les autres. — Il ne peut que régler entre eux, par la voie du sort, le rang qu'ils devront avoir; autrement il y aurait nullité du tirage du jury et de ce qui a suivi, malgré

il joindrait celle de partie civile (C. inst. crim. 402; Cour d'ass. d'Ille-et-Vilaine, 23 mai 1836).

C'est immédiatement après l'appel de chaque nom que doivent avoir lieu les récusations, et le refus fait par un président d'admettre la récusation du premier juré, quand le nom du deuxième est déjà sorti de l'urne, ne vicie pas la composition du jury, quoique l'accusé déclare que son intention avait été de récuser le premier (Cass. 16 janvier 1834).

Le ministère public qui n'a pas récusé un juré au moment où son nom est sorti de l'urne, ne peut le faire après le tirage des jurés achevé (Cass. 1er septembre 1836).

(1) Lorsque les accusés ont déclaré au président que l'un d'eux a été chargé d'exercer les récusations au nom de tous les autres, elles peuvent être faites par l'un des conseils désigné à cet effet par les autres conseils (C. 10 janvier 1834).

le consentement des accusés au mode de récusation (Cass.
2 février 1833).

Les accusés peuvent se concerter pour exercer une partie
des récusations, sauf à exercer le surplus suivant le rang
établi par le sort. Il est d'usage que le président avertisse
les accusés de leur droit de récusation ; toutefois cette formalité n'est point prescrite à peine de nullité (Cass. 3
mai 1834).

VI. *Procès-verbal des opérations.* — Tous les détails
des opérations, du tirage au sort, du complément de la
liste et de la récusation, doivent être constatés, soit par un
procès-verbal particulier, soit par le procès-verbal des
séances, que l'art. 372 charge le greffier de rédiger. Si une
irrégularité grave se trouvait dans le procès-verbal ; par
exemple, si le nom d'un juré inscrit sur la liste notifiée
n'était pas le même que celui inscrit sur le tableau, ou si
l'identité entre les deux noms ne pouvait pas facilement
s'établir ; si des erreurs avaient été commises sur les prénoms, professions et domiciles ; si le nom d'un citoyen qui
n'a pas figuré au tirage se trouvait porté sur le procès-
verbal des débats ; dans tous ces cas il y aurait nullité
(Cass. 27 déc. 1821 et 8 sept. 1831). — Le greffier ou le
commis-greffier assermenté qui le remplace doit personnellement surveiller la rédaction entière et continue de son
procès-verbal et le signer avec le président (372) (1). — Ce-

---

(1) La formation du tableau du jury de jugement, par le tirage
au sort, doit être constatée par procès-verbal, et il n'y a de procès-
verbal régulier que celui qui est signé du magistrat qui préside et
du greffier (C. 11 juin 1838).

pendant si le procès-verbal du tirage au sort des jurés était signé par un commis-greffier, et que la déclaration du jury ait été signée plus tard par le greffier en chef, il n'y aurait pas de nullité, pourvu qu'il résultât clairement du procès-verbal des débats que c'est le greffier en chef qui a tenu la plume pendant tous les débats, et que le commis-greffier avait assisté au tirage au sort des jurés (Cass. 5 janv. 1832). Ces deux procès-verbaux ne sont point en effet indivisibles, car la loi du 28 avril 1832, art. 9, dispose que le greffier dressera le procès-verbal de la séance, qui ne pourra être imprimé à l'avance, et cette défense ne concerne pas le procès-verbal du tirage au sort des jurés, qui peut être imprimé sans qu'il y ait nullité (Cass. 6 juillet 1832). L'amende de 500 fr. contre le greffier ne s'applique d'ailleurs qu'au défaut de procès-verbal de la séance.

Le président a seul le droit de diriger la formation du jury, et de prononcer sur les contestations que peut faire naître cette opération préliminaire. Si le nom d'un juré décédé sort de l'urne, ou bien celui d'un juré qui n'a pas fait partie de la liste des trente, le président peut, sur les conclusions du ministère public, si les faits sont de notoriété, écarter les noms et par là éviter une nullité (Cass. 21 septembre 1832).

Le nombre des jurés doit être de douze ; cette fixation est exigée à peine de nullité ; le procès-verbal de la formation du tableau doit contenir la preuve de la régularité de sa composition : qu'il y ait plus, qu'il y ait moins de douze jurés, la nullité est radicale (Cass. 27 avril 1822 et 23 août 1832), à moins que le nom du juré excédant ait été récusé immédiatement. Il a encore été décidé que si treize noms au lieu de douze avaient été tirés, et si sur l'invitation du président le treizième n'avait pas pris part aux débats, il n'y aurait pas de nullité (Cass. 7 janv. 1830).

Le tirage terminé, le tableau est arrêté, et les jurés désignés par le sort, sans opposition de la part de l'accusé ou du ministère public, ne peuvent plus être changés. L'accusé proposerait en vain des récusations fondées sur la haine, l'inimitié ou tous autres motifs. Toutefois un juré désigné par le sort pourrait être récusé, même après la formation du tableau, s'il n'avait pas la capacité légale : la Cour pourrait le retrancher d'office et procéder à son remplacement. Ceci devrait encore avoir lieu, si un juré avait acquis les droits de la partie civile, s'il avait émis son opinion sur l'affaire, depuis l'ouverture des débats; mais il faudrait que la preuve de ces faits résultât soit d'actes écrits, soit de l'aveu des parties. On comprend au reste qu'il faudrait qu'il eût été tiré, avant les débats, des jurés suppléans pour que, dans ces cas, l'affaire pût continuer après l'admission de la récusation; s'il n'y avait pas de jurés suppléans, un tirage nouveau ou le renvoi à une autre session deviendrait nécessaire (Legraverend, t. ii, pag. 171; Dall., Dict. de Juris., pag. 754, t. 1er, n° 541 et 548) (1).

L'ordre des noms appelés par le sort détermine la place

(1) Si la Cour d'assises reconnaît l'incapacité légale d'un juré, par exemple, s'il a fait partie de la chambre du conseil qui avait envoyé l'affaire à la chambre d'accusation, elle peut annuler la formation du jury de jugement, même après la prestation de serment des jurés, l'interrogatoire des accusés, et ordonner un nouveau tirage au sort (Cass. 8 septembre 1837).

que chaque juré doit occuper à l'audience ; cependant il n'y aurait pas de nullité si les jurés s'étaient placés dans un autre ordre que celui désigné par le sort (Cass. 22 sept. 1822).

VII. *Chef du jury.* — Le premier juré, désigné par le sort, et placé sur le tableau, est le chef du jury ; c'est lui qui est chargé de diriger la discussion et la délibération, et d'en communiquer le résultat à la Cour d'assises.

Les jurés ont le droit de se choisir un chef, autre que celui qui leur a été désigné par le sort, pourvu qu'il en accepte les fonctions. Cette acceptation n'a point besoin d'être expresse, elle résulte d'un simple consentement tacite (Cass. 6 mars 1828). L'assentiment du juré dont le nom est sorti le premier de l'urne n'est point nécessaire (27 septembre 1832). Il n'est point exigé, à peine de nullité, que le procès-verbal de la formation du tableau fasse mention du nouveau choix du chef du jury. — Toutefois, comme souvent cette mention est le seul moyen de constater l'accomplissement légal de cette formalité, il est utile qu'elle soit faite, quoiqu'il y ait présomption que ce changement se soit opéré régulièrement lorsqu'il n'y a pas eu de réclamation (1) (Cass. 3 juin 1831). L'accusé et son conseil sont tout-à-fait étrangers à cette opération. Il n'est pas nécessaire que le choix du jury soit fait à l'unanimité, la simple majorité suffit.

VIII. *Jurés suppléans.* — Lorsqu'un procès criminel pa-

---

(1) Si le chef du jury désigné par le sort est remplacé, la signature du juré remplaçant doit être suivie de ces mots : « Remplaçant le premier juré sorti par le sort, sur la demande et sur la désignation des autres jurés et de mon consentement. »

raîtra de nature à entraîner de longs débats, la Cour d'assises pourra ordonner, avant le tirage au sort des jurés,
qu'indépendamment des douze jurés, il en sera tiré au sort
un ou deux autres qui assisteront aux débats (1). Dans le
cas où un ou deux des jurés seraient empêchés de suivre
les débats jusqu'à la déclaration du jury, ils seront remplacés par les jurés suppléans. Ce remplacement se fera
dans l'ordre où les jurés auront été appelés par le sort
(art. 13, loi du 2 mai 1827). — Ce n'est pas le président,
mais la cour d'assises qui ordonne le tirage au sort et l'adjonction des jurés-suppléans (13 juillet 1832). Il y aurait
nullité si elle avait eu lieu à la demande du président,
quand même le juré-adjoint n'aurait pas pris part à la délibération, et le procès-verbal des séances doit, à peine de
nullité, constater que l'adjonction a été requise par la Cour
(10 mai 1832 et 25 juillet 1833; — 13 septembre 1834).

L'adjonction des jurés suppléans doit se faire dans la
même forme que les désignations des jurés de jugement, sans
qu'il soit besoin d'ordonner cette adjonction en séance publique, ni d'un arrêt pour constater ce fait (3 juin 1831; —
26 janv. 1833). Cependant si l'adjonction avait eu lieu de
cette manière, il n'y aurait pas de nullité, le but serait rempli et au-delà (20 août 1829); la présence de l'accusé n'est
pas nécessaire (Cass. 28 juin 1832). — La cour n'est point
obligée d'interpeller l'accusé ou son conseil, sur le point
de savoir s'il consent (Cass. 26 juillet 1834).

(1) Il n'est pas nécessaire que les accusés soient à l'audience au
moment où la Cour rend un arrêt qui ordonne le tirage au sort de
jurés suppléans. Il suffit qu'ils soient avertis de l'adjonction de
suppléans (Arrêt de rejet, 6 décembre 1835).

Le tirage des jurés suppléans doit se faire avant la formation du tableau. Néanmoins, s'il n'avait lieu qu'après, il n'y aurait pas nullité, pourvu que l'accusé n'ait éprouvé aucun préjudice, si, par exemple, son droit de récusation n'était pas épuisé ou que le juré suppléant n'ait pas été appelé dans la délibération du jury (Cass. 10 juin 1831 et 22 mai 1834).

Si, dans le cours du procès, un juré vient à s'absenter, c'est le premier suppléant tiré au sort qui doit le remplacer.

La nomination des suppléans devrait généralement être en usage ; car, si l'un des douze jurés, dans le cours d'un procès, vient à tomber malade ou à s'absenter pour tout autre motif aussi grave, sans qu'il y ait eu de suppléans de nommés, la Cour est dans la nécessité de surseoir pour nommer dans les formes voulues un remplaçant, et ensuite de recommencer tous les débats, peut-être même de remettre à une autre session (1).

(1) Un des douze jurés qui ont commencé à connaître d'une affaire se trouvant empêché, on doit procéder au tirage d'un nouveau jury, et non pas remplacer le juré qui ne peut siéger ; si, par suite de cette absence, le nombre primitif des jurés est réduit à moins de trente, il faut d'abord tirer parmi les habitans jurés de la ville un nouveau juré pour compléter la liste des trente, et parmi les trente tirer ensuite douze pour juger l'affaire qui doit être recommencée.—S'il arrive, après la formation du jury de jugement, qu'un des jurés désignés soit dans l'impossibilité de siéger pendant le procès, ce n'est le cas ni d'un nouveau tirage ni du renvoi à un autre jour de la session. Il faut annuler la composition du jury et renvoyer l'affaire à une autre session (C. d'ass. du Cher, 12 juill. 1830).

CHAPITRE VII.

Actes antérieurs à l'ouverture des assises. — Interrogatoire de l'accusé par le président. — Choix d'un défenseur. — Désignation d'office. — Délai pour se pourvoir contre l'arrêt de renvoi.—Moyens de nullité contre l'arrêt.—Renonciation au délai. — Suites de l'interrogatoire des accusés.

L'accusé, renvoyé devant la Cour d'assises est, vingt-quatre heures après son arrivée dans la maison d'arrêt de justice et la remise des pièces au greffe, interrogé par le président des assises ou le juge qu'il a délégué (293) (1); lors de cet interrogatoire, le président engage l'accusé à choisir un défenseur; il lui en désigne un s'il n'en a pas ou s'il a refusé d'en prendre(2). Enfin, il l'avertit qu'il a cinq

(1) Le juge d'instruction qui a fait la procédure peut être délégué, quoiqu'il ne puisse pas siéger comme juge aux assises (Berr. Saint-Prix, p. 161).

(2) Le défenseur doit être désigné par le président parmi les avocats ou avoués du ressort de la Cour royale; l'accusé peut le choisir non-seulement parmi les citoyens dont nous venons de parler, mais encore parmi ses amis et parens, en obtenant toutefois, pour ce dernier cas, la permission du président (295); Voy. au reste ci-après le ch. XI, *De la défense des accusés*.

jours, à partir de celui même de l'interrogatoire, pour se pourvoir en nullité contre l'arrêt de la chambre de mise en accusation. Ces formalités sont exigées à peine de nullité et le silence de l'accusé n'en couvrerait pas l'omission (294, 296, 297) (1).

(1) Lorsqu'un accusé n'est arrivé à la maison d'arrêt qu'après l'ouverture des assises, l'art. 261 n'exige pas que son consentement à être jugé soit formel et explicite; il peut s'induire de ce qu'il a fait assigner des témoins à décharge (Cass. 8 décembre 1837); ce consentement résulte aussi de ce que l'accusé exerce son droit de récusation et participe volontairement aux débats sans réclamation. Il y a, dans ces faits, acceptation du jugement de la cause, renonciation tacite à recourir contre l'arrêt de renvoi et à profiter du délai accordé par la loi, surtout s'il s'est écoulé un temps plus long que ce délai entre la notification de l'arrêt, suivi de l'interrogatoire, et le jour de la comparution de l'accusé aux débats (Cass. 8 janvier 1838).

L'accusé ne peut renoncer aux délais substantiellement exigés par la loi (art. 293) pour préparer sa défense (Cass. 7 janvier 1836). Ainsi un accusé, mis en liberté, se soustrait aux perquisitions de la justice et ne se présente qu'au moment du jugement : il doit, dans ce cas, se constituer prisonnier assez à temps pour qu'il soit procédé à son interrogatoire et à sa mise en jugement; autrement il peut arriver que le désir de rester quelques jours de plus en liberté fasse prolonger d'un mois ou plus la captivité de ses co-accusés (C. d'assises de la Seine, 8 avril 1837).

Il faut un conseil à l'accusé, lors même qu'il n'aurait à plaider que sur la peine, dans le cas, par exemple, où l'arrêt d'assises ayant été cassé pour fausse application de la peine, la cour à laquelle on aurait renvoyé ne serait chargée de juger que sur ce point (Cass. 22 avril 1813).

Un interprète donné à l'accusé ne peut lui tenir lieu de conseil (Cass. 4 janvier 1821).

Lorsque l'accusé n'est pas détenu (dans le cas d'un délit de presse, par exemple), l'interrogatoire par le président n'ayant pas lieu, le délai du pourvoi court à partir de la notification de l'arrêt de renvoi (Cass. 19 mai 1832).

Le délai fatal de cinq jours est commun au ministère public aussi bien qu'à l'accusé (296, 298). Le pourvoi en nullité de l'accusé n'est recevable qu'autant qu'il s'est constitué prisonnier (Cass. 10 septembre 1830).

Le pourvoi (1) contre l'arrêt de renvoi est fait au greffe de la cour d'assises et il ne peut être formé que pour trois motifs : 1° lorsque le fait imputé n'est pas un crime ; 2° lorsque le ministère public n'a pas été entendu ; 3° lorsque il n'y a pas le nombre légal de juges (299). Il suit de là que l'on ne peut attaquer par voie de nullité la procédure antérieure à l'arrêt de renvoi (Carnot, art. 408 ; Legraverend, art. 375 ; Berriat-St-Prix, art. 2, p. 163).

La demande en nullité est soumise aussitôt à la Cour de cassation, qui a *exclusivement* le droit de statuer sur les demandes en nullité d'arrêts d'accusation surtout en cas d'incompétence (Cass. 28 mars et 13 juin 1816). — Mais

---

(1) On peut se pourvoir avant d'être traduit en Cour d'assises.

Il ne faut pas confondre le délai accordé pour attaquer, pour cause de nullité, devant la Cour de cassation, l'arrêt de renvoi, et le pourvoi contre l'arrêt de Cour d'assises, le premier étant de cinq jours, à partir de celui de l'interrogatoire, et le deuxième de trois jours francs, à partir de la prononciation de l'arrêt.

L'accusé peut proposer la nullité de l'arrêt de renvoi en attaquant l'arrêt définitif, lorsqu'il n'a pas reçu du président l'avertissement qui doit lui être donné, ou qu'il oppose qu'il y a eu incompétence (Berr.-Saint-Prix, p. 163 ; Carnot, art. 408).

l'instruction sur le fond est continuée à la Cour d'assises jusqu'aux débats exclusivement.

Après l'interrogatoire le président peut au besoin entendre ou faire entendre de nouveaux témoins; il statue sur les demandes du procureur-général en jonction de plusieurs actes d'accusation relatifs au même délit ou même à différens délits connexes (Cass. 29 nov. 1834) ou en disjonction de plusieurs délits non connexes, contenus dans le même acte (303, 304, 307, 308; Berr.-St-Prix, p. 164).

CHAPITRE VIII.

I. Ouverture de l'audience. — Motif de la place occupée par le jury. — II. Absence de l'accusé. — Jugement par contumace. — Délai pour purger la contumace. — Délits de la presse. — Opposition à l'arrêt de défaut. — Demande en renvoi à une autre session. — Sursis. — Renvoi.

I. *Ouverture de l'audience.* — Les formalités dont nous venons de parler accomplies, les jurés quittent la chambre du conseil et vont se placer dans la salle d'audience, dans l'ordre désigné par le sort (art. 309), sur des siéges séparés des magistrats, du barreau, du public, des parties et des témoins, en face de la place occupée par l'accusé et ses défenseurs. Les jurés ont besoin, non-seulement de voir les pièces de conviction, d'entendre les témoins, le ministère public et les avocats, mais encore ils ne doivent rien perdre de ce que dira l'accusé. Il faut aussi qu'ils examinent avec attention pendant les débats si des faits, des circonstances et des dépositions ont produit sur lui des impressions capables de leur faire soupçonner la vérité. Tels sont les motifs qui ont déterminé la place des jurés.

Immédiatement après, la Cour prend séance (405). L'audience s'ouvre et l'examen de l'accusé commence.

II. *Absence de l'accusé.* — Si l'accusé n'a pu être saisi, ou s'il ne se présente pas dans les dix jours de la notification de l'arrêt de mise en accusation, ou bien s'il s'est échappé, après les délais et formalités voulus par la loi, il est procédé au jugement par contumace (465, 467). Aucun conseil ne peut se présenter pour le défendre ; ses parens ou ses amis peuvent seuls plaider la légitimité de son absence, s'il est hors du territoire européen de la France, ou dans l'impossibilité absolue de se présenter. — Si la Cour trouve l'excuse légitime, elle ordonne qu'il sera sursis au jugement de l'accusé pendant un temps qu'elle fixe. — Hors ce cas, il est procédé immédiatement à l'instruction et au jugement du contumace, et la Cour d'assises, sans l'assistance des jurés, sur le seul vu des pièces et le réquisitoire du procureur-général, prononce son arrêt. Le condamné à cinq ans pour purger sa contumace (469, etc.) (1).

Quand l'individu cité devant la Cour d'assises est accusé de crimes ou délits de la presse prévus par la loi du 9 septembre 1835, et s'il ne se présente pas au jour fixé par la citation, il est statué par défaut sans le concours des jurés, et après avoir entendu le réquisitoire du procureur-géné-

---

(1) Si le contumace se présente et obtient son renvoi de l'accusation, il n'en doit pas moins être condamné aux frais occasionnés par sa contumace ; dans le cas contraire, il y aurait lieu d'annuler l'ordonnance d'acquittement en ce qui concerne seulement l'omission des dépens (478. Cass. 18 septembre 1837).

ral. — L'opposition à cet arrêt devra être formée dans les cinq jours, à partir de la signification, à peine de nullité (1). — L'opposition emportera de plein droit citation à la première audience (25). — S'il se présente, mais qu'il veuille obtenir son renvoi à une autre session, sa demande devra être présentée avant l'appel et le tirage au sort des jurés. Lorsque cette dernière opération aura commencé, en présence du prévenu, l'arrêt à intervenir sur le fond sera définitif et non susceptible d'opposition, quand même il se retirerait de l'audience après le tirage du jury ou durant le cours des débats (25, même loi).

III. *Sursis et renvoi.* — Si l'accusé avant l'ouverture des débats s'est pourvu contre l'arrêt de renvoi devant la Cour d'assises, la Cour doit surseoir (Code d'instruction criminelle (301) (2).

En général, si l'accusé ou le procureur-général ont des motifs pour demander qu'une affaire ne soit pas jugée à la première session du jury, ils peuvent demander un sursis. A cet effet ils présentent au président une requête en prorogation (306) de délai, et le président peut seul, sans le concours des autres magistrats, renvoyer à la session suivante; le président peut même renvoyer d'office s'il le croit convenable. — La demande en prorogation de délai doit être formée avant l'ouverture de l'audience, et avant que

(1) Quand même le cinquième jour serait férié, il n'y aurait pas, dans ce cas, lieu à augmentation de délai (Cass. 30 octobre 1832).

(2) Si le pourvoi n'énonçait pas un des trois moyens de nullité indiqué dans l'art. 299, la Cour d'assises ne devrait pas surseoir (C. 21 décembre 1812; Legraverend, p. 129).

le tableau des douze jurés ait été formé (Cass. 13 octobre 1815).

Le renvoi peut être ordonné par la Cour quand un événement dont l'appréciation est laissée à sa prudence le rend nécessaire (art. 406), et dans ce cas, il peut être ordonné soit sur le requisitoire du ministère, soit sur la demande des accusés (1).

(1) L'accusé peut demander le renvoi à une autre session dans le cas où, après avoir accepté un avocat d'office, celui-ci viendrait à s'absenter au moment des débats; il ne peut en accepter un second la veille de l'audience, il doit lui en être désigné un autre au moins cinq jours avant l'ouverture des débats; autrement il n'aurait pas le temps nécessaire pour communiquer ses moyens de défense, ni savoir, par conséquent, s'il doit assigner ses témoins; il y aurait de l'inhumanité à le forcer, en pareil cas, à prendre part aux débats (C. d'assises du Doubs, 6 mai 1836).

En cas de maladie du défenseur le jour de l'audience, la Cour, sur la simple demande de l'accusé, faite à l'audience, peut et doit même accorder le renvoi à la prochaine session (C. d'ass. de la Seine, 6 décembre 1837).

Si l'accusé soutient, pour demander le renvoi, que la cour est incompétente, que le délit de presse, par exemple, qu'on lui reproche est un délit soumis à la police correctionnelle, ceci retombe dans les moyens généraux de la défense, et le jury seul est apte à statuer sur leur efficacité, puisque c'est à lui à caractériser le fait incriminé (Cass. 9 août 1831).

La démence d'un accusé, au moment des débats, est un obstacle au jugement de la cause ; la cour peut surseoir à son jugement alors que l'examen et les débats seraient entamés, même après que le ministère public aurait été entendu, que la défense aurait accepté les débats et y aurait participé (Cass. 10 janvier 1837).

CHAPITRE IX.

I. Comparution de l'accusé. — Il doit être libre. — Qu'arrive-t-il s'il se livre à des injures. — Loi de septembre 1835. — Premier interrogatoire de l'accusé. — Son importance et son motif.—Avertissement du président.—L'accusé ne peut assister à l'audience sans défenseur. —II. Serment des jurés. — Cette formalité est substantielle. — Ses effets.— Les jurés doivent prêter serment pour chaque affaire, quelle que soit leur religion.— Refus de prêter serment, punition qu'il entraîne. — Devoir et obligation qu'indique le serment.— Les jurés ne font partie de la Cour d'assises qu'après la prestation de serment.—Alors ils deviennent magistrats.—Leurs droits comme tels. — Ce que veut la loi en interdisant aux jurés toute communication.

I. *Comparution.* — Si aucun des cas prévus dans le chapitre précédent ne se rencontre, l'accusé comparaît libre et seulement accompagné de gardes pour l'empêcher de s'évader. Le président lui demande son nom, ses prénoms, son âge, sa profession, sa demeure et le lieu de sa naissance (310) (1).

(1) Il est d'usage que l'accusé se tienne debout chaque fois qu'il prend la parole ou que le président la lui adresse; mais ce n'est là qu'un usage, et la loi ne prescrit rien à cet égard.

C'est de cet interrogatoire sommaire, prescrit à peine de nullité, que date l'ouverture des débats.

La loi ne considère l'accusé comme coupable que lorsqu'une condamnation l'a frappé; jusque-là son innocence
doit être présumée. C'est pour cela qu'elle veut qu'il comparaisse sans liens; mais, si l'accusé refuse de venir à
l'audience le jour indiqué, s'il résiste à la sommation qui
lui est faite de se présenter, ou si, au lieu de répondre à
l'interrogatoire qui lui est adressé, il se livre à des injures
et excite le scandale, la loi sur les Cours d'assises du 9 septembre 1835 donne au président et à la Cour, non-seulement le droit de le faire conduire de force à l'audience, et
de le punir pour le tumulte qu'il aura excité, mais encore
elle donne le pouvoir de le juger sur pièces et en son
absence (art. 8, 9, et 11 de ladite loi), et le § 3 du chap. XII,
§ 2, *in fine.*

L'interrogatoire fait par le président est plus important
qu'il ne le paraît d'abord; il a pour effet de constater l'in-
dentité de l'accusé, sa position sociale, ses habitudes,
son genre d'éducation, le plus ou moins de réflexion
qu'il a pu mettre dans l'exécution du fait reproché; il est
utile que les jurés connaissant toutes ces choses; elles
peuvent les aider à comprendre certains faits de la cause,
qui, sans elles, resteraient fort obscurs. — Ensuite le
président avertit le conseil de l'accusé qu'il ne peut rien
dire contre sa conscience et contre le respect dû aux lois,
et qu'il doit s'exprimer avec décence et modération (311).

L'accusé, ainsi que nous l'avons dit au chapitre VII,
a dû choisir un défenseur parmi les avocats ou avoués de
la Cour royale ou du ressort, à moins qu'il n'ait obtenu
du président de la Cour d'assises la permission de prendre
pour conseil un de ses parens ou amis (295). S'il n'en a pas

choisi il lui en a été nommé un d'office par le président. Mais cette nomination d'office ne saurait le priver de prendre plus tard l'avocat qu'il voudra; dans ce cas la nomination d'office est considérée comme non avenue (294).

Tout accusé (294, 311) doit à peine de nullité paraître devant la Cour d'assises, assisté d'un défenseur. Mais cette injonction n'est pas applicable à celui qui n'est prévenu que d'un délit politique ou d'un délit de presse (Cass. 11 décembre 1831). (Voir plus loin le chapitre XI de la *défense des accusés*.)

II. *Serment des jurés.* — Avant d'entamer en aucune façon les débats, le président adresse aux jurés *debout et découverts* le discours suivant : « Vous jurez et promettez devant Dieu et devant les hommes d'examiner avec l'attention la plus scrupuleuse les charges qui seront portées contre N. ; de ne trahir ni les intérêts de l'accusé, ni ceux de la société qui l'accuse ; de ne communiquer avec personne jusqu'après votre déclaration ; de n'écouter, ni la haine ou la méchanceté, ni la crainte ou l'affection ; de vous décider d'après les charges et moyens de défense, suivant votre conscience et votre intime conviction, avec l'impartialité et la fermeté qui conviennent à un homme probe et libre (1). »

Et chacun des jurés, appelé individuellement par le président, répondra en levant la main : *je le jure,* à peine de nullité (312).

---

(1) Ce serment est le seul qu'on puisse exiger des jurés; comme ils ne sont pas fonctionnaires publics, on ne saurait les soumettre à prêter le serment de fidélité au souverain et obéissance à la constitution, prescrit à ceux qui remplissent des fonctions publiques (Dall., R. alph., 4-363).

Le procès-verbal, doit, à peine de nullité, faire mention de cette prestation de serment, et du discours du président; mais l'omission de cette dernière formalité n'entraînerait pas la nullité des débats (8 novembre 1832).

La prestation de serment est indispensable, c'est elle seule qui achève d'imprimer aux jurés le caractère de juges des faits du procès qui leur est soumis; si les jurés n'avaient prêté leur serment qu'après l'audition du plaidoyer du ministère public, l'arrêt de condamnation serait nul, bien que l'accusé eût consenti à ce que les débats ne fussent pas recommencés pour l'omission de cette formalité.—Le serment doit être prêté publiquement, même quand la Cour ordonnerait que les débats auraient lieu à huis clos (Cass. 2 décembre 1823) (1).

Si le même jour il y avait plusieurs affaires, les jurés devraient renouveler leur serment à chaque affaire.

Tous les citoyens sont appelés à faire partie du jury, de quelque religion qu'ils soient; par conséquent, tous doivent prêter le serment exigé par la loi. Le président peut, sans le concours de la Cour d'assises, ne pas admettre le serment d'un juré qui serait modifié ou qui ne présenterait pas les garanties suffisantes (Cass. 13 sept. 1832). Le refus de prêter serment quel qu'en soit le motif, peut être considéré comme refus de remplir les fonctions de juré et entraîner

---

(1) Tous les actes relatifs aux débats, qui auraient lieu avant la prestation de serment, devraient être considérés comme ayant été omis. Il ne peut apppartenir à l'accusé, en déclarant qu'il renonce à ce que les débats soient recommencés, de valider ce qui est entaché d'une nullité radicale (Cass. 11 décembre 1831).

la condamnation à l'amende (Cour d'assises de l'Isère, 3 mars 1836). Même décision de la Cour d'assises de la Seine, du 3 mars 1836 (*Gazette des Tribunaux*, 7 mars 1836) (1). — Le juré qui refuserait de prêter serment devrait être remplacé; car, s'il prenait part à la délibération du jury, il y aurait nullité (Cass. 2 févr. 1810).

Le serment des jurés leur trace d'une manière générale la conduite qu'ils ont à tenir pendant les débats, leur indique quels sont leurs devoirs et leurs obligations, dans quelles dispositions d'esprit ils doivent se placer, et avec quelle attention scrupuleuse ils doivent écouter les débats, suivre les plaidoyers et former leur conviction.

Aussitôt qu'ils ont prêté serment, les jurés font partie intégrante de la Cour d'assises, ils sont magistrats pour l'affaire qu'ils ont à juger, et comme tels ils ont le droit de se couvrir (2).

Dans le cours des débats, ils peuvent interroger l'accusé et les témoins, mais en demandant la parole au prési-

(1) Le juré qui, au lieu de prêter serment, s'écrie qu'il jure d'absoudre, doit être considéré, quelles qu'aient été ses raisons, comme refusant de juger et, s'il oblige la cour à renvoyer l'affaire à une session prochaine, condamné à 500 francs d'amende comme défaillant, et aux frais nécessités par le renvoi (C. d'assises de l'Hérault, 7 août 1857).

(2) En effet, la loi (art. 312) en prescrivant aux jurés de prêter serment, *debout et découverts*, suppose qu'ils ont le droit de se couvrir pendant le cours de l'audience : d'ailleurs les magistrats se couvrant, il en doit être de même, par analogie, pour les jurés. Cependant il est d'usage que les jurés demeurent tête nue, à moins qu'ils ne s'en trouvent incommodés ; en pareil cas, sans qu'ils recourent à la loi, le président les invite ordinairement à se couvrir

dent (319). Pendant l'examen de l'accusé, les dépositions des témoins, les plaidoiries, ils peuvent prendre note de tout ce qui leur paraît important, pourvu que la discussion ne soit point interrompue. — Ils ne peuvent communiquer avec personne pendant les débats jusqu'à leur déclaration (312). Cet article doit s'entendre dans ce sens, d'une part, que si l'affaire dure plusieurs jours, les suspensions de l'audience ordonnées pour le repos des jurés et des témoins ne sont point défendues; et de l'autre, que les jurés ne doivent communiquer avec personne sur les *faits de l'affaire*. On conçoit, en effet, quel en serait le danger puisque les jurés se trouveraient exposés à des influences étrangères auxquelles ils ont juré de ne pas prêter l'oreille. — Si l'un des témoins reste dans la salle d'audience et communique à voix basse avec l'un des jurés, il y a présomption qu'ils se sont entretenus de l'affaire et dès-lors les débats doivent être annulés, encore bien que sur l'interpellation du président ils aient affirmé l'un et l'autre qu'ils ne parlaient pas de l'affaire (Cass. 20 juin 1833). — C'est un point, en effet, abandonné à l'appréciation de la Cour, que d'estimer s'il y a eu présomption que la conversation a eu l'affaire pour but. — Si aucune présomption ne s'élève à cet égard, il ne peut y avoir de nullité. — Ainsi quelques paroles échangées avec un juré suppléant, ou avec un autre juré non siégeant dans l'affaire, ne sont pas considérées comme une violation de l'art. 312, si rien n'établit ni ne fait présumer que ce qu'ils disaient avait trait à l'affaire (Cass. 29 mars 1832, 12 sept. 1833) (1).

(4) Lorsqu'un ou plusieurs jurés ont reçu involontairement,

sans les avoir recherchées, dans le cours des débats et à leur domicile, des révélations de la part d'un tiers, sur l'affaire qu'ils sont appelés à juger, il n'y a pas lieu à annuler l'arrêt intervenu (Cass. 3 novembre 1836).

La remise d'une lettre à un juré pendant les débats, si rien n'établit que cette lettre a rapport à l'affaire soumise à sa décision, ne constitue pas une de ces communications interdites aux jurés par l'art. 332 (Cass. 11 novembre 1836).

Lorsqu'un juré a communiqué avec un témoin, et qu'il est constant que la communication est relative à l'affaire, l'accusé peut réclamer le bénéfice de la nullité des débats, et la Cour d'assises est compétente pour prononcer et ordonner le renvoi (Cass. 17 décembre 1836).

CHAPITRE X.

§ I.

1. Des débats. — Ils doivent être oraux et ne peuvent être interrompus. — Mais ils peuvent être suspendus pendant les fêtes et pour le repas des jurés et des juges. — Pendant la suspension, les jurés ne peuvent communiquer de l'affaire avec personne.—II. Publicité des débats.—Quand commencent-ils. — Si le huis clos est ordonné, les débats seuls peuvent être secrets, et si des incidens s'élèvent, les décisions doivent être publiques.—Qui est juge de la nécessité du huis clos?—Quand il est ordonné, les avocats en robe et les jurés non siégeans peuvent-ils rester à l'audience. —S'il y a deux séances le même jour, est-il nécessaire que la publicité de chacune soit constatée.

---

1. *Débats.* — Les débats se sont ouverts immédiatement après la formation du tableau des jurés par l'interrogatoire de l'accusé (405). — Une fois entamés, ils doivent être continués sans aucune interruption et sans aucune espèce de communication au dehors, jusqu'à la déclaration du jury inclusivement (1). Le président ne pourra les suspendre

(1) Les débats sont oraux (317). Le principe fondamental de l'institution du jury est qu'avant de prendre part à la décision d'un procès criminel, les jurés n'aient reçu aucune impression sur les débats qui vont s'ouvrir, soit de la part du ministère public, soit

que pendant les intervalles nécessaires pour le repos des juges, des jurés, des témoins et des accusés (353). Dans ce cas, les débats peuvent être renvoyés au lendemain, et même au surlendemain, si le jury l'exige (Cass. 1er avril 1830; — 23 juin 1831 et 5 août 1832). — D'autres motifs peuvent aussi nécessiter une suspension, le besoin, par exemple, d'entendre un témoin absent, de vérifier un fait, d'obtenir des renseignemens, etc., etc. (Cass. 27 juin 1833).

Pendant les fêtes, la Cour d'assises a la faculté de vaquer quoique les débats soient commencés; rien ne l'empêche non plus de siéger ces jours-là (Cass. 10 juin 1826). — Toutes les fois que le président suspendra les séances, il agira sagement en invitant les jurés à ne communiquer avec personne relativement à l'affaire (Cass. 12 avril 1832). — Généralement, comme nous l'avons dit plus haut, les communications d'un juré avec un témoin sont présumées avoir pour sujet le procès à juger; cependant, si un juré avait éprouvé une indisposition subite et qu'un des témoins,

de la part de l'accusé. Si donc l'accusé faisait distribuer aux jurés de la session des écrits et des mémoires dans lesquels les faits de l'accusation seraient présentés et discutés d'avance, le but de la loi ne serait pas atteint : les jurés pourraient arriver aux débats sous l'influence d'impressions qui ne leur permettraient pas d'accomplir leur devoir, qui est de ne se décider que d'après les charges et moyens de défense, et la partie publique elle-même serait placée dans l'impossibilité de répondre à des moyens qui, n'ayant pas fait l'objet des débats, ne seraient point à sa connaissance. Aussi, dans une affaire criminelle, sur le motif qu'un mémoire avait été distribué aux jurés, la Cour d'assises de Paris, du 10 juin 1830, a renvoyé à une autre session.

comme médecin, eût communiqué avec ce juré, il n'y aurait pas violation de la loi, surtout si cette communication forcée n'avait eu lieu que hors de l'enceinte de l'audience, pendant l'interruption des débats, et sans aucune espèce de rapport à l'affaire soumise au jury (Cass. 19 sept. 1833).

Cette indulgence qu'accorde la jurisprudence au bien-être et à la commodité des jurés disparaît dès que ceux-ci sont entrés dans leur chambre pour délibérer, et nous verrons plus tard quelles précautions la loi a prises pour que rien du dehors ne puisse arriver jusqu'à eux.

II. *Publicité des débats.* — La publicité des débats criminels ne date en France que de la révolution ; elle a été admise d'une manière absolue jusqu'à la Charte de 1814, qui, dans son article 64, avait permis aux tribunaux d'y déroger et d'ordonner que les débats auraient lieu à huis clos, dans le cas où la publicité offrirait du danger pour les mœurs et l'ordre public. L'article 55 de la Charte de 1830 a adopté les mêmes principes ; mais il est bien entendu qu'il n'y a que les débats qui puissent être soustraits à la publicité ; tout ce qui les précède et les suit doit être public.

Les débats ne commencent qu'après la prestation de serment des jurés, qui doit être faite publiquement ; l'interrogatoire de l'accusé, l'arrêt de renvoi, la lecture de l'acte d'accusation, l'audition des témoins, les plaidoiries des parties et du ministère public, constituant réellement les débats, peuvent être soustraits à la publicité (Cass. 26 mai 1831, 26 avril 1834). Tout le surplus, c'est-à-dire, le résumé du président et ce qui le suit doit être public. Aussi, dans le cas où des débats ont eu lieu à huis clos, le procès-verbal doit-il, à peine de nullité, contenir que les portes ont été ouvertes avant le résumé du président (Cass. 18 septembre 1823; — 11 novembre 1830). Et si, pendant le huis clos, des incidens s'élevaient, les décisions qui interviendraient devraient être prononcées publiquement, à peine de nullité (Cass. 18 octobre 1832; 2 février 1836; 31 mars 1837). L'exception écrite dans la Charte est restreinte aux débats seulement, elle ne doit point être étendue; et il ne peut jamais y avoir d'inconvénient pour l'ordre et les mœurs à ce que les décisions de la justice soient rendues publiquement.

C'est la Cour d'assises qui est arbitre souveraine des faits et circonstances qui peuvent exiger le huis clos. L'arrêt qui l'ordonne doit être, à peine de nullité, motivé et public, ainsi que celui de condamnation ou d'acquittement (Cass. 9 sept. 1830) (1).

Quand le huis clos est ordonné, il est d'usage dans certains tribunaux que les avocats en robe et les jurés de la liste des trente qui ne font pas partie du jury de jugement restent dans la salle d'audience; mais, à Paris, cet usage n'est point en vigueur; il ne peut rester dans la salle d'audience que les jurés, les défenseurs, les accusés et les témoins (2).

---

(1) Tous les arrêts des Cours d'assises doivent, comme ceux des autres tribunaux, être motivés à peine de nullité (Cass. 27 avril 1837).

(2) La publicité des débats est la règle, le huis clos est l'exception : or, l'exception doit toujours être restreinte ; qu'on empêche

La publicité est d'une telle importance, qu'il y a nullité non-seulement quand, dans son procès-verbal, le greffier néglige de dire que le huis clos a commencé et a cessé au moment voulu par la loi; mais aussi lorsqu'une affaire ayant duré trois ou quatre séances, la publicité d'une seule de ces séances n'a pas été constatée (Cass. 24 juin 1831) (1).

Lorsque dans une affaire dont les débats ont duré plu-

le public d'assister à des scènes obscènes, on le conçoit, mais pourquoi écarterait-on les jurés qui ne sont pas tombés au sort? Il n'y a aucun danger pour eux : leur raison, au contraire, pourra profiter des erreurs ou des crimes que la dépravation des mœurs a fait commettre.

Quant aux avocats, ils ne devraient jamais être séparés de la cour : si un confrère s'absentait ou était, par un empêchement subit, forcé d'abandonner la défense d'un accusé, ils pourraient immédiatement prêter leur ministère; et d'ailleurs c'est une étude qui n'est pas sans fruit que d'écouter les maîtres et d'apprendre à diriger habilement la défense d'affaires aussi épineuses, à interroger les témoins avec ménagement, et à dissimuler des faits indécens sous des expressions décentes.

(1) En cas d'évacuation de la salle d'audience d'une Cour d'assises, pour cause de désordre grave, le président peut, pour maintenir la tranquillité dans l'auditoire et sans qu'il y ait pour cela atteinte à la publicité, ordonner que les portes d'entrée resteront fermées, lorsque d'ailleurs il est constant que le public a été admis dans l'enceinte du parquet. Dans ce cas également, il ne cesse pas d'y avoir publicité par cela seul qu'on a refusé l'entrée de la salle à des avocats qui n'étaient pas en robe, ou à une personne se disant amie du prévenu, ou encore de ce que l'admission dans une tribune n'aurait eu lieu que moyennant une rétribution payée au portier (Cass. 11 juin 1833).

sieurs jours la Cour d'assises a tenu le premier jour deux séances, l'une le matin et l'après-midi, et l'autre dans la soirée, la mention inserée au procès-verbal et en tête de la première séance que le public a été introduit suffit pour qu'on doive présumer que la séance du soir a été également publique; en d'autres termes la séance du soir et celle du matin sont réputées n'en faire qu'une seule séance (Cass. 12 oct. 1837).

§ II.

Pouvoir de la Cour d'assises.— Quand juge-t-elle sans jurés. — Incidens d'audience. —Cas de renvoi d'une affaire à une autre session.—La loi ne limite pas à cet égard les pouvoirs de la cour. — Cas où un juré peut occasioner un renvoi.—Autre cause de renvoi et de suspension des débats.—Arrêts préparatoires. — Arrêts de compétence.—Le pourvoi en cassation de l'accusé contre ces arrêts est-il suspensif.—Empêchement d'un juge.—D'un juré.—Non comparution d'un témoin. — Renvoi pour cause d'erreur des jurés.

La Cour d'assises existe indépendamment des jurés, en ce sens que le concours de ces derniers n'est indispensable que pour prononcer sur les faits qui leur ont été déférés dans les formes prescrites par la loi. Ainsi la Cour d'assises est, aux termes de l'art. 10 de la loi du 9 septembre 1835, seule juge de la fidélité des comptes rendus de ses audiences; elle statue seule sur les délits ou crimes commis dans l'enceinte de ses séances; et si, pendant les débats, les accusés ou leurs défenseurs se livrent à des outrages ou des injures envers la personne du roi, envers un magistrat ou tout autre fonctionnaire public, s'ils manquent au respect qu'ils doivent aux magistrats qui la composent, c'est à la Cour d'assises seule et sans le concours des jurés qu'il appartient de juger (V. ci-dessus chap. 1er. — Cass. 27 février 1832). Il en est de même du cas où il a été prononcé contre un journal une interdiction de rendre compte des audiences d'un tribunal; c'est à ce tribunal lui-même et non au jury qu'il appartient de connaître des infractions commises à cette interdiction (Cass. 14 janv. 1834).

C'est aussi à la Cour d'assises seule, mais à la Cour d'assises tout entière et non point à son président, qu'il appartient de prononcer sur un réquisitoire du ministère public ou sur une demande de l'accusé, sur des incidens élevés pendant les débats, un mode d'instruction à faire, une vérification d'écriture, ou une enquête à ordonner (Cass. 12 janv. 1833; — 27 fév. 1834). En un mot la Cour d'assises est appelée à statuer quand il y a contestation élevée pendant les débats et conclusions posées sur ce point (1).

Il en est de même, et à plus forte raison, lorsqu'il s'agit de renvoyer une affaire à une autre session, dans les deux cas suivans :

1° Quand la déposition d'un témoin paraît fausse; en ce cas, ce témoin est soumis à une instruction particulière. Le ministère public, l'accusé, la partie civile peuvent provoquer le renvoi à une autre session; la cour peut même l'ordonner d'office (330, 331, Code inst. crim.).

2° Quand un témoin cité ne comparaît pas : le procureur-

(1) La cour d'assises ne peut, sans excès ou sans usurpation de pouvoir, ordonner ou refuser la lecture d'une déposition de témoins, s'il n'y a pas eu incident contentieux établi par conclusion à cet égard; ce droit appartient exclusivement au président, et l'usurpation n'est pas couverte d'ailleurs par le consentement du président au partage de ses attributions (Cass. 14 février 1833).

général seul a droit de provoquer cette mesure (Cass. 2 juin et 16 sept. 1831). L'accusé peut bien la solliciter, mais la Cour peut la lui refuser. D'un autre côté elle peut ne pas avoir égard à l'opposition que ferait le ministère public, dans le cas où l'accusé sollicitant ce renvoi elle le jugerait nécessaire (Cass. 25 sept. 1824; — 12 janv. 1832). — La réquisition du procureur-général doit être faite avant l'ouverture des débats pour l'audition du premier témoin, et il faut qu'il s'agisse de l'absence d'un témoin *cité*.

Néanmoins les dispositions des articles 330, 331, 352 et 354 ne sont pas limitatives. Ainsi, s'il arrivait un événement qui mît des obstacles à la continuation des débats, la loi, qui en laisse l'appréciation à la prudence de la cour, l'autorise à prononcer le renvoi s'il parait nécessaire, et s'il peut en résulter la découverte de la vérité (Cass. 11 novembre 1830). Au surplus l'absence ou la maladie d'un témoin, dont l'importance serait révélée, même après que le premier témoin aurait commencé sa déposition (Cass, 26 nov. 1829), une vérification à faire, une manifestation scandaleuse d'opinion de la part d'un jury (1), un oubli de

---

(1) La Cour d'assises peut annuler les débats et renvoyer à une autre session toutes les fois que le jury ne lui semble pas réunir toutes les conditions d'indépendance et d'impartialité nécessaires : notamment si l'un des jurés lit le journal au lieu de suivre attentivement les débats, et s'il manifeste son opinion (C. d'ass. de la Seine, 28 décembre 1857). Cette décision a été vivement critiquée (journal *le Droit*, 31 décembre 1856); « elle prolonge, a-t-on dit, la captivité de l'accusé, elle efface l'impression favorable qui a pu résulter du débat judiciaire, elle soumet les preuves acquises aux éventualités d'un examen nouveau; d'ailleurs le Code d'instruction criminelle

sa dignité, et même l'expression de son indignation à l'occasion d'un tumulte qui se serait élevé dans l'auditoire à la suite de la déposition d'un témoin, peuvent autoriser la Cour soit à suspendre les débats, soit à renvoyer l'affaire à une autre session (Assises de la Seine, 11 juin 1830 (1).

Si dans le cours des débats la Cour avait prononcé des arrêts préparatoires d'instruction, l'accusé ne pourrait retarder le procès par un pourvoi en cassation. Dans cette matière le recours n'est ouvert qu'après l'arrêt définitif.

n'a prévu que trois cas dans lesquels la Cour d'assises puisse annuler les débats. Sans ces trois cas les magistrats ne peuvent, par voie d'interprétation et d'analogie, en créer de nouveaux, autrement c'est agir hors du pouvoir légal, faire la loi au lieu de l'appliquer. » Ces raisons ne nous paraissent pas concluantes. La cour doit veiller à l'accomplissement des obligations morales imposées aux jurés par les art. 312 et 342. Si l'un des jurés cesse d'apporter à l'affaire qui lui est soumise l'attention soutenue qui est la première vertu du juge ; si, oubliant qu'il est magistrat, il se passionne, se montre partial et laisse percer, dans les demandes qu'il a droit d'adresser, une opinion favorable ou défavorable à l'accusé, le président a le devoir de rappeler ce juré à lui-même et à son serment ; mais si, malgré les observations du président, le juré continue de manifester publiquement et à l'audience sa partialité et son inattention, il est à craindre alors que le jury ne remplisse pas consciencieusement ses fonctions, l'intérêt de l'accusé lui-même autorise la cour à renvoyer l'affaire à une autre session, et le juré qui a manqué d'une manière aussi scandaleuse à son serment devrait, comme le juré défaillant, être condamné aux dépens occasionés par le renvoi à une autre session.

(1) Voy. ci-dessus le chap. VIII pag. 128.

Il en est autrement quand il s'agit d'arrêts rendus (416) sur la compétence. « En matière criminelle, dit la Cour de cassation dans son arrêt du 14 déc. 1833, le pourvoi en cassation est suspensif; et cette règle générale ne peut recevoir d'exception que celles que la loi a formellement prononcées : l'art. 416 n'en établit que pour les jugemens préparatoires d'instruction. En ouvrant, au contraire, par son dernier alinéa, le recours contre les jugemens de compétence, avant le jugement du fond, il n'a pu avoir pour objet que de donner à celui qui décline la juridiction du tribunal devant lequel il est traduit le moyen de faire, au préalable, juger définitivement son exception; les décisions sur la compétence qui ont pour effet de soumettre les prévenus au jugement des magistrats dont ils contestent le pouvoir ne pourraient être exécutées nonobstant le pourvoi, sans leur faire subir une épreuve judiciaire dont ils soutiennent l'illégalité, ce qui leur causerait un préjudice irréparable si le pourvoi était fondé ; s'il peut de là résulter quelque retard dans l'expédition des affaires, ce retard n'a lieu que pour assurer la bonne administration de la justice, et ne saurait être indéfiniment prolongé puisque la compétence une fois ainsi jugée, le tribunal valablement saisi ne pourrait être arrêté par une nouvelle exception d'incompétence fondée sur les mêmes moyens rejetés par la Cour. » C'est en se fondant sur ces motifs que la Cour de cassation a cassé, pour violation des art. 371 et 416 du Code inst. criminelle, un arrêt définitif de la Cour d'assises de la Seine, du 5 nov. 1833, qui avait refusé de surseoir et avait prononcé au fond, quoiqu'il y eût un pourvoi contre l'arrêt qui avait rejeté les moyens de compétence. Cependant ces principes ont été modifiés en matière de délits de la presse et de crimes politiques; l'art. 26, de la loi du 9 sept. 1835, sur les crimes, délits et contraventions de la presse et autres moyens de publicité, porte : « Le pourvoi en cassation de l'arrêt qui aura statué tant sur les questions de compétence que sur les incidens ne sera formé qu'après l'arrêt définitif et en même temps que le pourvoi sur cet arrêt. Aucun pourvoi formé auparavant ne pourra dispenser la Cour d'assises de statuer au fond. » Et l'art. 7 de la loi sur les cours d'assises, du même jour, contient absolument les mêmes dispositions.

L'empêchement momentané du président, d'un juge ou d'un juré, ne peut motiver le renvoi. On doit le remplacer, sauf à recommencer les débats s'il y a lieu (Cass. 1er therm, an XIII) (1).

Si les motifs qui ont engagé la Cour à renvoyer à une autre session ont cessé d'exister, et si d'ailleurs l'accusé lui-même en fait la demande, l'arrêt de renvoi peut être rapporté (Cass. 11 octobre 1821).

Il est une observation importante à faire, c'est que si c'est la non-comparution d'un témoin qui a motivé le renvoi à la session suivante, il doit supporter tous les frais ayant pour objet de faire juger l'affaire, et il peut y être contraint même par corps, par l'arrêt de renvoi, sans qu'il

(1) La Cour d'assises a le droit d'ordonner l'adjonction d'un quatrième juge, à raison de la longueur présumée des débats; par là elle se conforme aux dispositions toujours existantes de la loi du 23 brumaire an VIII (Cass. 21 août 1835).

puisse être exempt de l'amende prononcée pour cette même non-comparution (80 et 355 d'inst. criminelle).

Si c'est l'accusé qui a donné lieu à son renvoi à une autre session, par sa négligence à présenter ses moyens de défense, il doit supporter les frais de ce renvoi, quelle que soit l'issue de l'accusation (Cass. 6 juin 1815).

Quand les débats sont clos, et que le jury a donné sa déclaration, au lieu d'appliquer la peine portée par la loi, si la culpabilité a été prononcée, la Cour a le droit de renvoyer à une session suivante dans deux cas : 1° si elle pense unanimement que les jurés se sont trompés; 2° si les jurés n'ont déclaré la culpabilité sur le fait principal qu'à la simple majorité (Loi du 9 sept. 1835). — Nous expliquerons plus tard, et sous le titre qui les concerne, les difficultés que peuvent faire naître ou les conséquences qui peuvent suivre ces dispositions.

§ III.

Pouvoir discrétionnaire du président, son caractère et son étendue. — Personnes entendues en vertu de ce pouvoir.—Le président prononce ou rétracte seul la levée de l'audience.—Loi du 9 septembre 1835. — Nouvelle extension qu'elle donne au pouvoir du président et de la Cour d'assises.—Conséquences de cette loi.

Nous avons fait connaître, en expliquant ce qui précède l'ouverture des assises, les diverses opérations de la composition du jury, du tirage au sort des jurés et des récusations, quelles étaient les fonctions du président; fonctions qui peuvent être déléguées, et qui sont du reste réglées ou limitées par la loi.

Mais les fonctions du président changent de nature dès que les débats sont ouverts ; son pouvoir prend un caractère particulier; il devient, à dater de ce moment, illimité, absolu, non sujet à révision, sans contrôle ni discussion, totalement distinct et séparé de celui attribué à la Cour d'assises ; il devient personnel, incommunicable, et par ce motif appelé pouvoir discrétionnaire, parce que la loi en charge exclusivement l'honneur et la conscience du président, et qu'elle s'en remet tout-à-fait à sa décision et à sa prudence dans tous les cas où il croira utile de s'en servir (Cass. 30 décembre 1831 ; — 13 oct. 1832).

Le président ne doit jamais être lié dans l'exercice de son pouvoir par la chose jugée, par des arrêts. Il est entièrement libre, mais en même temps il doit apporter dans cet exercice le besoin de connaître la vérité, car ce pouvoir illimité est une des principales garanties de la défense, et il ne peut être affaibli ou enlevé sans que la loi soit violée. — « Le président ne doit aucun compte des motifs qui le font agir ; lui seul doit savoir pourquoi il refuse, pourquoi il accorde ; pour tous les points qui appartiennent à ce pouvoir discrétionnaire, il est la pensée agissante de l'accusation, c'est-à-dire de la loi, non muette, mais vivante, introduite au sein des débats ; et quand la Cour d'assises substitue ses arrêts à la décision du président, il y a deux excès de pouvoir en sens contraire ; le président abdique le pouvoir qu'il a ; et la Cour se saisit d'un pouvoir qu'elle n'a pas. (Réquis. du procur.-gén. Dupin du 4 févr. 1835). »

Le président a le droit exclusif de diriger les débats et de veiller à la police de l'audience, de faire expulser et même saisir les perturbateurs, mais non pas de les condamner ; de lire ou de faire lire les interrogatoires des co-prévenus de l'accusé soumis aux débats (Cass. 14 août 1817) ; de déroger, par la lecture des dépositions des témoins décédés ou absens, à la règle du débat oral qui doit former la conviction des juges (Cass. 15 sept. 1813 et 28 juin 1832) ; de déterminer la manière dont les témoins seront entendus, rejeter des débats tout ce qui tendrait à les prolonger, résumer l'affaire, poser les questions, suspendre momentanément les débats (Cass. 1er avril 1830), ordonner que les experts vérifieront les écritures produites au procès (Cass. 5 févr. 1819), diriger les jurés dans l'exercice de leurs fonctions, leur exposer l'affaire et même les rappeler à leurs devoirs s'il y a lieu (1) ; enfin c'est lui qui préside toute l'instruction, et qui est maître d'employer tous les moyens qu'il croit utiles pour favoriser la manifestation de la vérité (267, 268, 269, 270, inst. crim. ; — Cass. 5 juin 1830 ; — 14 févr. 1835) (2).

(1) Si dans l'exercice du droit que la loi lui accorde d'interpeller les témoins et les accusés, un juré, par inhabitude de langage ou par ignorance de ses obligations, dissimule mal son opinion, le président doit l'inviter à se renfermer dans les bornes d'une prudence plus active, et même il a le droit de lui retirer la parole.

(2) Le président des assises peut, avant l'ouverture des débats, ordonner la jonction à la procédure de pièces qu'il croit utiles à la découverte de la vérité.

Un président d'une Cour d'assises excède la mesure de son pouvoir et méconnaît les dispositions des art. 257-303 du Code d'instruction criminelle, si, avant l'ouverture des débats, il procède à l'audition des témoins déjà entendus dans le cours de l'instruction (Cass. 15 mars 1836; journal *le Droit*, 15 mars 1836).

Le renvoi des jurés dans leur chambre pour rapporter une seconde déclaration lorsqu'une première paraît incomplète, irrégulière ou ambiguë, est une mesure qui ne peut être ordonnée que par la Cour tout entière (343, 347; Cass. 28 janv. 1830) (1).

Le président peut faire entendre toutes personnes sans exception; (ce qui comprend même les personnes dont l'art. 288 prohibe l'audition (Cass. 22 sept. 1834) pour donner

Le président qui ordonne, en vertu de son pouvoir discrétionnaire, la lecture de dépositions de témoins absens, doit, quand ces dépositions sont écrites en français et que l'accusé ne parle pas cette langue, les faire traduire par un interprète, autrement il y aurait violation des art. 319 et 322 (Cass. 4 février 1836; journal *le Droit*, du même jour).

Le président d'une Cour d'assises ne peut faire consigner dans le procès-verbal d'audience les dépositions de témoins qui n'auraient pas figuré dans l'instruction (Cass. 11 avril 1835).

L'art. 252 du Code d'instruction criminelle, ni aucune disposition de la loi n'exigent la mention, soit dans le procès-verbal des débats, soit dans l'arrêt, de la délégation en vertu de laquelle agit le président de la Cour d'assises. Il y a présomption légale que le conseiller de la Cour royale qui a rempli les fonctions de président avait été régulièrement désigné à cet effet (Cass. 14 octobre 1837).

Le président de la Cour d'assises peut donner lecture de dépositions écrites de plusieurs témoins absens et qui avaient été entendus dans l'instruction. En agissant ainsi, le président fait un légitime usage de son pouvoir (Arrêt de rejet, 29 avril 1836).

(1) Le président des assises qui ordonne le renvoi du jury dans la salle des délibérations, sans consulter la Cour, commet un excès de pouvoir et viole les art. 364 et 365 du Code d'inst. crim. (Arrêt de Cass. 9 janvier 1836; 3 septembre 1832).

des renseignemens, et l'accusé ne pourrait se faire un moyen de cassation de ce qu'elles auraient déposé sur des faits étrangers à l'accusation (Cass. 28 août 1817). — Un témoin réjeté par un arrêt de la cour, parce que son nom aurait été notifié seulement le jour auquel l'accusé en demandait l'audition, peut être entendu en vertu du pouvoir du président ; ainsi que celui que l'accusé aurait voulu, lui-même, faire rejeter, parce qu'il n'aurait pas été porté sur la liste qui lui a été notifiée (30 avril 1819 et 25 sept. 1824).

Le président peut faire entendre avant leur tour les individus qui se trouvent au nombre des témoins à décharge, sans qu'il y ait obstacle à ce qu'ils fassent ensuite leur déposition sous la foi du serment (Cass. 6 mai 1819); des personnes qui ne seraient pas admises en qualité de témoins, comme des parens de l'accusé (8 décembre 1817), et même un individu condamné à une peine afflictive et infamante, peuvent aussi être entendus (1).

Toutes les fois que le président, en vertu de son pouvoir discrétionnaire, appelle des individus, soit pour déposer comme témoins, soit pour donner leur avis comme experts, il ne peut y avoir prestation de serment, *à peine de nullité*, et leurs déclarations ne doivent être considérées que comme renseignemens (art. 269 instr. crim.). Le prési-

(1) Un juge qui, dans l'affaire, a rempli les fonctions de juge d'instruction, peut être entendu à titre de renseignement (Cass. 22 mai 1834).

Le président peut faire entendre en vertu de son pouvoir discrétionnaire et à titre de renseignemens un condamné à la peine capitale, et par suite à la mort civile (Cass. 31 janvier 1836).

dent, au reste, doit prévenir les jurés lorsqu'un témoin dépose en vertu du pouvoir discrétionnaire. En effet, la loi ne veut pas que les dispositions des témoins à l'égard desquels l'accusé n'a point été mis en mesure de faire valoir les reproches qu'il aurait pu proposer contre eux, s'ils avaient été nommés dans la liste qui lui a été d'avance signifiée, puissent exercer sur l'esprit des jurés l'influence que doivent avoir celles des témoins qui ont prêté serment.

Le pouvoir du président n'est cependant pas tout-à-fait sans limites; le président ne peut l'exercer en aucune façon tant que les débats ne sont pas ouverts (Cass. 27 fév. 1834); quand ils sont ouverts, il ne peut rien ordonner de contraire à la loi; il n'a pas le droit de renvoyer l'affaire à une autre session, si le renvoi n'est pas autorisé, ni de prononcer seul sur les incidens qu'élève l'accusé ou le ministère public. Il ne peut gêner la libre défense des accusés. Mais, si le défenseur demandait à faire des observations sur l'audition d'un témoin, ou s'il voulait développer une doctrine qui pourrait être dangereuse pour l'ordre public, le président pourrait l'arrêter sur les motifs que ses observations seront plus convenablement placées dans la défense, ou que les développemens auxquels il veut se livrer sont étrangers à la cause et à l'ordre public (Cass. 4 mai 1832, 21 octobre 1835). Voir le chapitre xi de la *défense des accusés.*

En cas d'opposition de la part de l'accusé à la lecture des pièces étrangères à la procédure, à la déposition d'un individu que le ministère public voudrait faire entendre, soit comme témoin, soit seulement à titre de renseignemens, et dont le nom n'a pas été porté sur la liste qui lui a été notifiée, c'est à la Cour à décider s'il y a lieu de lire les pièces ou d'entendre les témoins avec ou sans prestation de serment (Cass. 27 décembre 1822 et 9 décembre 1830).

Il est très-important de bien déterminer les limites qui séparent les pouvoirs de la Cour d'assises de ceux de son président; car une usurpation ou un empiétement de l'un ou l'autre pouvoir entraînerait la nullité de toute la procédure. La Cour, pas plus que son président, ne peut renoncer ni tacitement ni expressément à ses attributions. C'est par suite de ce principe qu'il a été décidé que, si la Cour ordonnait la lecture, à l'audience, de la déposition écrite d'un témoin non cité, ou d'un témoin décédé, ou toute autre mesure qui rentrât dans la compétence du président, il y aurait nullité de l'arrêt et de tout ce qui s'en suivrait (Cass. 30 décembre 1831; 19 avril 1832). Le président seul peut prononcer la levée de l'audience; seul aussi il peut la rétracter dans certains cas, si, par exemple, il s'est aperçu qu'il a fait une omission dans la lecture de l'arrêt (Cass. 6 nov. 1837).

Les attributions des Cours d'assises et de leurs présidens, telles que nous les avons déterminées, ont reçu, par la loi du 9 septembre 1835 *sur les Cours d'assises*, une nouvelle extension: Par cette loi, au pouvoir déjà si grand du président, est ajouté un droit nouveau, immense; et la faculté d'appliquer une pénalité d'une rigueur bien autrement sévère que celle qui jusqu'à présent était employée à l'égard des délits de la même nature, est accordée aux Cours d'assises.

Aux termes de l'art. 8, si, au jour indiqué pour la comparution à l'audience, les prévenus ou quelques-uns d'entre eux refusent de comparaître, sommation d'obéir à la justice leur sera faite au nom de la loi, par un huissier commis à cet effet par le président de la Cour d'assises et assisté de la force publique. L'huissier dressera procès-verbal de la sommation et de la réponse des prévenus.

S'ils n'obtempèrent point à la sommation, le président pourra ordonner qu'ils soient amenés par la force devant la Cour; il pourra également, après lecture faite à l'audience du procès-verbal constatant leur résistance, ordonner que, nonobstant leur absence, il soit passé outre aux débats (9).

Après chaque audience, il sera, par le greffier de la Cour d'assises, donné lecture aux prévenus qui n'auront point comparu, du procès-verbal des débats, et il leur sera signifié copie du réquisitoire du ministère public, ainsi que des arrêts rendus par la Cour, qui seront réputés contradictoires.

La Cour pourra faire retirer de l'audience et reconduire en prison tout prévenu qui, par des clameurs ou par tout autre moyen propre à causer du tumulte, mettrait obstacle au libre cours de la justice; et, dans ce cas, il sera procédé aux débats et au jugement, comme il est dit aux deux articles précédens (10).

Tout prévenu ou toute personne présente à l'audience d'une Cour d'assises qui causerait du tumulte pour empêcher le cours de la justice, sera, audience tenante, déclaré coupable de rébellion, et puni d'un emprisonnement qui n'excédera pas deux ans, sans préjudice des peines portées au Code pénal contre les outrages et violences envers les magistrats (11).

Les dispositions des art. 8, 9, 10 et 11 s'appliquent au jugement de tous les crimes et délits devant toutes les juridictions (12).

Telles sont les dispositions de la loi nouvelle ; mais cette puissance immense dont les Cours d'assises et leurs présidens se trouvent investis n'a rien qui puisse effrayer, car ils n'en useront probablement jamais; qui peut en effet supposer qu'un accusé politique (nous disons accusé politique, car ce n'est en réalité que contre les prévenus de cette espèce que la loi a été faite) sera assez insensé pour repousser le tribunal qui lui offre le plus de garanties, pour insulter la justice de son pays, les jurés? Cela ne s'est pas encore vu, et il y a lieu de douter que cela puisse se voir. Aussi, quoique ostensiblement la loi semble, avant tout, ne s'occuper que des Cours d'assises, elle a un autre but; c'est pour une autre juridiction qu'elle a été faite; et l'art. 12 semble proclamer l'illégalité du passé, en donnant un droit pour l'avenir.

Quoi qu'il en soit, et sans entrer dans une discussion étrangère au plan de cet ouvrage, qu'il nous soit permis de présenter quelques réflexions sur l'exécution de la loi nouvelle.

En Angleterre, l'accusé qui refuse obstinément de répondre est considéré comme convaincu, et jugé sur pièces. Ce système a été admis dans les dispositions de la loi du 9 septembre. — La présence de l'accusé aux débats est certainement une des choses les plus importantes d'un procès; elle peut par ses effets, par ses résultats, exercer une grande influence sur l'esprit des jurés; souvent la découverte de la vérité en dépend : sans elle l'instruction serait incomplète; elle soutient, dirige et fortifie la défense;

de telle sorte que magistrats, jurés et défenseurs, sont tous intéressés à ce que les accusés participent aux débats. — Cependant si un accusé, par un motif quelconque, refuse de paraître devant ses juges, s'il s'obstine à repousser le tribunal que la loi lui donne, le jugement sera-t-il par cela seul empêché indéfiniment? Doit-il dépendre d'un prévenu que la justice n'ait pas son cours? — C'est cet inconvénient que les art. 8, 9, 10 ont voulu prévenir. Des sommations seront faites au prévenu, et le refus légalement constaté, les débats se poursuivront en son absence; mais le réquisitoire, le procès-verbal des débats, les arrêts rendus par la Cour, devront lui être communiqués à peine de nullité. Il est en effet indispensable que l'accusé connaisse ce qui se passe à l'audience en son absence; car, malgré ses premiers refus, rien ne peut l'empêcher de comparaître, à quelque époque que ce soit des débats, et comme la Cour n'est pas obligée dans ce dernier cas de recommencer l'instruction, le prévenu qui aura pris connaissance des réquisitoire et débats pourra discuter l'accusation, critiquer les dispositions et déclarations des témoins et des parties, et présenter tous les moyens qu'il croira propres à sa justification.

Le président n'a pas seulement le droit de passer outre aux débats; si les accusés n'obtempèrent pas à la sommation de venir à l'audience, il peut les y faire amener par la force. On conçoit que les magistrats auront bien rarement recours à ces moyens de violence; car les résultats en seraient au moins inutiles, s'ils n'étaient dangereux. L'accusé amené par la force refusera certainement de répondre; il est même à craindre que, considérant comme une espèce de provocation la contrainte employée contre lui, il ne s'emporte, n'occasione du scandale et n'attire sur lui les peines portées dans l'art. 11. La loi d'ailleurs veut que l'accusé comparaisse libre et sans fers, parce qu'il est présumé innocent tant qu'un arrêt ne l'a pas déclaré coupable, et qu'il a besoin de tout le calme de sa raison pour se défendre ; or, cette disposition sera-t-elle rééllement exécutée s'il est amené par la violence et retenu par la force ?

Disons cependant que si la question d'identité était soulevée, il serait difficile de prononcer une décision sans mettre l'accusé en présence des témoins, des magistrats et des jurés.

La loi prévoit un autre cas. Le prévenu est à l'audience, il accepte les débats ; il répond, mais il répond mal ; il se croit innocent et il s'irrite des poursuites dirigées contre lui ; il ne comprend pas les intérêts de sa cause ; sa défense est désordonnée, bruyante, entremêlée de cris ; dans ces circonstances on a senti qu'on ne pouvait condamner le prévenu légèrement, sans examen et sans délibération, à la peine grave d'être reconduit en prison et à celle, bien plus grave encore, d'être privé du droit de se défendre. Aussi, ce n'est plus au président seul, mais à la Cour tout entière, qu'est attribué le droit de punir. Et c'est à elle qu'il appartient d'apprécier ce qui peut être considéré comme étant un obstacle à la justice ; ce point est tout-à-fait abandonné à sa discrétion ; la loi ne prévoit point de quelle espèce doivent être les interruptions pour entraîner une condamnation ; mais comme il s'agit d'imposer silence à l'accusé qui se défend, de le mettre hors des débats, de le juger en son absence, les magistrats reconnaîtront avec quelle scrupuleuse réserve ils doivent employer les moyens de force et de puissance que la loi leur confie.

L'art. 11 soumet à une pénalité sévère, non-seulement le prévenu, mais toute personne qui causerait du tumulte à l'audience, dans le but d'empêcher le cours de la justice. On comprend que l'accusé ait intérêt à arrêter la justice, et la peine est facile à appliquer; mais quand il s'agit des assistans, cela devient plus difficile; une erreur peut être commise; les auteurs du tumulte, confondus dans la foule, ne sont pas aisés à discerner; souvent même il est impossible d'assigner pour motif l'intention formelle d'interrompre la justice. En tous cas aucune punition ne peut être infligée sans examen préalable, surtout sans que l'accusé soit entendu; et l'arrêt ne peut être rendu hors sa présence.

Le Code d'inst. crim., dans les articles 504 et suivans, donnait aux Cours d'assises des moyens de répression pour tous les cas prévus par la nouvelle loi. Trouble simple, trouble constituant délit, trouble constituant crime : rien n'avait été oublié. Dans le premier cas le président pouvait faire sortir de la salle les auteurs du tumulte, et s'ils rentraient, les faire arrêter et les conduire dans la maison d'arrêt. Si le tumulte était accompagné d'injures et de voies de fait, séance tenante la peine pouvait être infligée. Si le tumulte prenait caractère de rébellion, s'il y avait crime, les auteurs étaient saisis et renvoyés à une plus ample instruction devant le juge qui devait en connaître. Par la loi du 9 sept. 1835, les Cours et Tribunaux sont investis d'un droit bien plus grand. Le coupable peut être saisi au sein même de la foule, l'instruction peut être faite à l'instant,

les témoins entendus, l'arrêt prononcé, et la peine appliquée immédiatement et sans délai.

Espérons que les magistrats chargés de prononcer sur
l'accusation ou de diriger les débats useront avec prudence
du pouvoir que la loi remet entre leurs mains ; ils sauront
surtout concilier ce que l'humanité et la raison comman-
dent avec ce qu'exigent leurs devoirs ; espérons que ni magistrats, ni jurés ne se laisseront dominer par la colère
ou la vengeance ; car ils cesseraient d'être les instrumens de
la justice, pour devenir ceux de l'arbitraire.

<h3 style="text-align:center">§ IV.</h3>

Droits du ministère public avant et pendant les débats.—Il requiert, conclut et soutient l'accusation. — Il n'a pas le droit de réprimander le jury pour le verdict
qu'il a rendu.

Nous avons dit page 43 que dans les cinq jours de la
réception des pièces adressées par les chambres du conseil
des tribunaux de première instance, le procureur-général
près la Cour royale était tenu de mettre l'affaire en état et
de faire son rapport dans les cinq jours suivans au plus tard
devant une des sections de la Cour spécialement formée à
cet effet (219, 218). Ce rapport achevé, le président de la section doit faire statuer dans les trois jours, et si le renvoi devant la Cour d'assises est prononcé, le procureur-
général est chargé de la rédaction de l'acte d'accusation.

L'art. 241 indique que l'acte d'accusation doit être rédigé
d'une manière simple, exacte et précise : « L'acte d'accusation exposera ; 1° la nature du délit qui formera la base
d'accusation ; 2° le fait et toutes les circonstances qui peuvent diminuer ou aggraver la peine : le prévenu sera dé-

nommé et clairement désigné ; l'acte d'accusation sera terminé par le résumé suivant : *En conséquence N....., est accusé d'avoir commis tel meurtre, tel vol, et autre crime, avec telle ou telle circonstance* (241). »

Les débats commencés, le rôle du ministère devient plus actif et plus important.

Le procureur-général ou son substitut doit assister aux débats jusqu'à la prononciation de l'arrêt (273). Il fait au nom de la loi toutes les réquisitions qu'il croit utiles, et la Cour est tenue de lui en donner acte et d'en délibérer (276). — Les réquisitoires du procureur-général doivent être signés de lui, à moins qu'il ne s'agisse d'une simple déclaration qu'il ne s'oppose pas à ce qu'il soit donné acte à l'accusé de tel ou tel fait (Cass. 23 janvier 1833). — Les réquisitions faites dans le cours des débats, signées par le procureur - général, seront inscrites par le greffier sur son procès-verbal, et toutes les décisions auxquelles auront donné lieu ces réquisitions seront signées par le juge qui aura présidé et par le greffier (277). — Lorsque la Cour ne déférera pas à la réquisition du procureur-général, ni l'instruction ni le jugement ne seront suspendus, sauf, après arrêt, le recours du procureur - général. — Le procureur - général développe l'accusation (1), il a le droit de s'opposer à l'audition d'un témoin, de poser des questions aux accusés avant et pendant leur interrogatoire (Cour d'assises de la Seine, 29 mars 1836), de tenir note

______

(1) Le ministère public est libre d'exposer l'accusation comme il l'entendra ; mais il doit se borner à énoncer les faits sans s'attacher à discuter les preuves (Cour d'ass. de l'Eure, 31 mai 1836).

des modifications entre les dépositions écrites et les dépositions orales des témoins, de leur adresser des questions, de demander qu'on les fasse retirer ou qu'ils soient entendus de nouveau, de requérir l'arrestation de faux témoins, et, en ce cas, le renvoi à une autre session; de demander qu'un avocat soit interrompu, et même poser des conclusions tendantes à la suspension, si cet avocat sort des convenances qui lui sont imposées par la loi; enfin son dernier droit est de répliquer au défenseur qui, du reste, peut toujours parler le dernier, et de requérir l'application de la peine (315, 318, 319, 326, 328, 330, 331, 335).

Le ministère public ne saurait jamais avoir le droit d'adresser aux jurés des remontrances, des censures ou des protestations relativement aux verdicts qu'ils ont rendus. Le jury n'est justiciable que de sa conscience. Une fois la décision rendue, les jurés et leur décision échappent à toute mesure de répression; les jurés, parce qu'ils n'ont pas à rendre compte des élémens de leur conviction; leur décision, parce que ses motifs restent ignorés. Le devoir des jurés est de juger consciencieusement; leur reprocher, relativement à telle ou telle accusation, d'avoir excédé leurs devoirs en refusant de rendre une déclaration de culpabilité, c'est les accuser d'avoir violé tous leurs devoirs et menti à leur conscience. Si un tel droit de remontrance ou de censure pouvait appartenir au ministère public, l'institution du jury ne pourrait se soutenir, elle n'aurait plus cette indépendance qui fait sa force. Avant le jugement, le ministère public a sans doute le droit de parler aux jurés de leurs obligations; il peut les exhorter à bien les remplir, les y encourager même; mais le jugement rendu, il n'a pas plus de droit que le défenseur de l'accusé lui-même ; tous deux sont en effet sous la juridiction du jury ; le ministère public est, en justice criminelle, partie principale, c'est-à-dire demandeur, il est l'antagoniste de l'accusé ; il soutient, développe et défend l'accusation, qu'attaque et que cherche à renverser le défenseur ; il est donc, comme l'accusé, justiciable du jury, dont le verdict, régulier en la forme, est souverain. La censure serait inconstitutionnelle, car elle tendrait à affaiblir une institution reconnue faire partie de notre constitution politique (1).

§ V.

Du greffier. — Ses fonctions. — Sa présence est indispensable.

Le greffier est le fonctionnaire public chargé spécialement de donner, par sa signature, l'authenticité et la certitude légale à tous les actes et à toutes les opérations de la Cour d'assises. Sa présence ou celle d'un de ses commis assermentés est indispensable, depuis la formation du tableau du jury jusqu'à l'arrêt définitif. La Cour ne peut se constituer ni agir sans lui.

Il est chargé *seul* de faire la lecture de l'arrêt de renvoi, de l'acte d'accusation et des articles incriminés s'il s'agit de délits de la presse (Cass. 3 janv. 1831).

C'est lui qui écrit le résumé des interrogatoires des parties et des dépositions des témoins, et qui lit les interrogatoires et les dispositions dont la lecture est ordonnée par le président. — Il constate les formalités exigées pour

(1) *V.* Considérations sur le respect légal qui appartient aux décisions du jury, par M. Masson, conseiller à la Cour royale de Nancy.

l'instruction de l'affaire, signe, conjointement avec le président du jury et des assises, la déclaration des jurés, et en donne lecture à l'accusé. — Il est chargé spécialement de faire signer par les juges présens la minute de l'arrêt définitive; sa signature et celle du président suffisent pour les arrêts rendus sur incidens (Cass. 28 mars 1832). — Enfin, il est obligé de dresser un procès-verbal des séances jour par jour, de la Cour, et de toutes les opérations qui se succèdent pendant les débats, depuis la formation du tableau de jury, et ce procès-verbal doit, à peine de nullité et de 500 fr. d'amende contre le greffier, être signé par lui et par le président (Cass. 8 sept. 1826). — Si le procès-verbal contient des irrégularités, des interlignes, des ratures non approuvées par le président et le greffier, et si par suite de ces omissions un arrêt est cassé, le greffier est passible des frais de la procédure à recommencer et d'une amende de 100 francs (C. 1er sept. 1826; 10 avril 1828).

Enfin, il accompagne le condamné au lieu de l'exécution et en dresse procès-verbal.

Au reste dans le cours de cet ouvrage nous avons indiqué et nous indiquerons à chaque opération qui a lieu dans la procédure devant la Cour d'assises, les devoirs des greffiers et les conséquences qu'entraîne une négligence ou une omission de leur part (1).

(1) L'accusé ne peut se faire un moyen de cassation de ce que l'arrêt de renvoi devant la Cour d'assises n'a pas été lu aux débats (C. 8 septembre 1821).

Le greffier en chef d'une Cour royale peut, sans qu'il en résulte de nullité, certifier la sincérité des faits qui se sont passés aux débats d'une affaire criminelle en signant le procès-verbal, quoiqu'il

§ VI.

De la partie civile. — Qui peut l'être. — Formalités à remplir pour prendre cette qualité. — Comment l'action civile se prescrit. — La partie civile peut elle-même être condamnée à des frais et dommages-intérêts envers l'accusé. — Son pourvoi en cassation.

I. On appelle partie civile toute personne qui, se prétendant lésée par un crime ou par un délit, demande devant la Cour d'assises (nous ne nous occupons pas des autres tribunaux criminels), la réparation du dommage que lui a causé ce crime ou ce délit.

Le droit de se porter partie civile n'appartient qu'à celui qui a un intérêt *direct* et *formé*. Il ne suffirait pas que le préjudice puisse arriver, il faut qu'il existe.

Il n'est pas nécessaire que la lésion soit *personnelle*, il suffit qu'elle ait atteint un individu dans ses intérêts ou son honneur quoique ce soit une autre personne qui en ait souffert immédiatement.

Ainsi l'héritier, le successible à quelque titre que ce soit de la personne lésée, si celle-ci est décédée, ses enfans, son père, sa mère, sa veuve, quand même ils n'en hériteraient pas, peuvent se porter partie civile.

soit constaté par ce procès-verbal même que c'est un greffier assermenté qui a tenu la plume, lorsqu'il est d'ailleurs certain que le greffier en chef a assisté à tous les débats (Cass. 7 octobre 1831).

Il n'y a pas nullité de ce que le procès-verbal de tirage au sort des jurés a été signé par un commis-greffier, et la déclaration du jury par le greffier en chef, lorsqu'il est certain, d'après le procès-verbal des débats, que c'est le greffier en chef qui a tenu la plume pendant les débats, et que le commis-greffier avait assisté au tirage au sort des jurés (Cass. 8 janvier 1832; Dall., 32-1-01).

14.

Le mari peut se rendre partie civile pour sa femme, le père pour ses enfans, le maître pour son domestique ou son ouvrier lorsque le délit où le crime cause un préjudice à celui-ci (Cass. 14 germ. an XIII; 26 vend. an XIII).

Le mineur émancipé peut, sans autorisation, réclamer des dommages-intérêts, car il s'agit d'une demande mobilière. — La femme mariée au contraire et l'interdit ont besoin d'une autorisation. Le mort civilement ne peut agir que par l'organe de son curateur (C. civ. 25). Le tuteur peut se porter partie civile pour son mineur sans autorisation préalable du conseil de famille (C. d'ass. de l'Aveyron, 13 nov. 1835). — L'état ne peut jamais se porter partie civile; mais les régies, les administrations et établissemens publics, les communes, ont qualité pour le faire si un de leurs agens a été victime d'un délit ou d'un crime (Cass. 16 juin 1833). — L'étranger a le droit de se porter partie civile à raison du préjudice qu'il a souffert en France par le crime d'un Français ou même d'un étranger. Mais il doit donner la caution *judicatum solvi*, si la plainte est dirigée contre un Français qui oppose cette exception (C. pr. 166; Cass. 22 juin 1826).

Un accusé peut être partie civile contre un de ses co-accusés.

La question d'intérêt et de qualité suffisans pour se porter partie civile est jugée souverainement par la Cour d'assises (Cass. 19 juillet 1832).

II. Celui qui veut se porter partie civile en matière criminelle a trois moyens.

1° Il peut rendre plainte et déclarer en même temps qu'il se constitue partie civile; la plainte doit être adressée au procureur du roi, ou au juge d'instruction, et contenir élection de domicile dans l'arrondissement où se fait l'instruction ; 2° Prendre qualité par un acte spécial, postérieur à la plainte ; 3° Intervenir à l'audience et prendre simplement les conclusions avant ou pendant les débats ; mais avant le jugement définitif (63, 66, 67, 359. — Code inst. criminelle).

On peut se désister de la qualité de partie civile jusqu'au jugement définitif, et dans les vingt-quatre heures qui ont suivi la plainte ou l'action intentée (66).

Ce désistement doit être signifié au procureur du roi et à l'accusé ; il entraîne l'obligation de payer les frais faits jusqu'au moment de la signification.

L'action en réparation abandonnée ne peut plus être reprise même en justice civile à moins qu'il n'ait été fait des réserves ou des conditions à cet égard. — La partie lésée qui a transigé ne peut être partie civile. — Mais la qualité de témoin dans le procès même ne la priverait pas de ce droit.

L'action civile se prescrit en même temps que l'action publique (937). — Mais elle ne s'éteint pas par la mort du coupable, c'est une dette qui passe aux héritiers par la même raison que la créance passe aux successeurs de la partie lésée.

La partie civile, quoiqu'elle ne soit pas plaignante, peut intervenir, en Cour d'assises, soit par une requête d'avoué, soit par des conclusions signées par un avoué, ou prises par elle-même à l'audience et déposées entre les mains du président.

Si c'est par requête que l'intervention a eu lieu, elle doit être signifiée au prévenu : il n'en est point de même s'il n'y a eu que des conclusions prises à l'audience.

En aucun cas la partie civile n'est obligée d'assister aux débats, elle peut comparaître par son avocat, son avoué, ou son fondé de pouvoir.

La partie civile qui s'est constituée avant ou pendant l'instruction a le droit de fournir des renseignemens à l'officier de police ou judiciaire compétent pour vérifier ou pour suivre. Mais elle ne peut assister à l'instruction; elle peut fournir des mémoires à la chambre d'accusation (257). Elle a le droit, en ce qui concerne ses intérêts civils, d'attaquer la décision de la chambre du conseil dans les vingt-quatre heures de la signification qui lui en est faite, si cette décision déclare qu'il n'y a ni crime ni délit et si elle ordonne la mise en liberté du prévenu (135). — Si la chambre d'accusation rejette l'opposition, par le même arrêt elle peut statuer sur les dommages-intérêts réclamés par le prévenu contre la partie civile (Cass. 10 juin 1813). — Et celle-ci n'a le droit de se pourvoir contre les arrêts de la chambre d'accusation, portant qu'il n'y a lieu à suivre, qu'autant que le ministère public se pourvoit lui-même; alors elle peut intervenir, mais toujours pour les dommages-intérêts seulement (Cass. 28 juin 1822).

La personne lésée peut exercer son action civile devant les tribunaux civils. Dans ce dernier cas elle n'est plus recevable à se constituer partie civile dans une instance criminelle à moins qu'elle n'ait découvert les caractères criminels des circonstances qui fondent son action qu'après s'être pourvu au civil.

III. Celui qui s'est porté partie civile a le droit de prouver par les moyens légaux que son action est fondée : — il peut faire entendre des témoins, mais après en avoir notifié la liste à l'accusé. — Il peut adresser, par l'organe du président, des interpellations aux témoins du ministère public et de l'accusé. Après l'audition des témoins, avant le ministère public, la partie civile ou son conseil développe tous les moyens qui leur paraissent de nature à appuyer la demande de l'accusation; le procureur-général est entendu après, le défenseur parle ensuite, la partie civile a le droit de répliquer; mais l'accusé doit parler le dernier.

En thèse générale, la partie civile est, par sa seule qualité, responsable envers le fisc des frais de poursuite et de justice en cas de condamnation comme en cas d'absolution de l'accusé, sauf au premier cas son recours contre le condamné et les personnes civilement responsables (art. 157, 160, 174 ; décret du 18 juin 1811; art. 4 de la loi du 5 pluv. an v). Mais devant la Cour d'assises la partie civile n'est responsable que quand elle succombe (art. 368 nouveau, loi de 1832), et dans ce cas les frais d'exécution ne sont pas à sa charge. — En tous cas elle est tenue de faire l'avance des frais de l'instruction qui sont toujours dus par elle (Cour royale de Paris, 19 déc. 1835).

La partie civile dont la plainte est jugée mal fondée peut être condamnée avec dommages-intérêts vis-à-vis du prévenu, et même aux peines de diffamation et d'injure si la plainte est reconnue avoir été portée méchamment et avec intention de nuire (212). Mais la Cour d'assises ne peut statuer que sur les intérêts civils.

La condamnation à des dommages-intérêts, soit contre, soit pour la partie civile, emporte la contrainte par corps, et, en cas de concurrence, passe avant l'amende (52-54 Code de procédure).

C'est à la Cour seule, non assistée des jurés de l'une ou de l'autre partie, qu'il appartient de juger la question de réparation civile.

La partie civile condamnée par défaut à des dommages-intérêts vis-à-vis de l'accusé peut former opposition à l'arrêt, et la Cour d'assises de la session suivante peut statuer sur cette opposition, si elle n'a pu être jugée avant la clôture de la session où le procès a été jugé (Cass. 29 avril 1817).

C'est immédiatement après la déclaration du jury et avant l'arrêt que l'accusé doit former sa demande (Cass. 31 mai 1816).

L'acquittement de l'accusé n'entraîne pas une condamnation contre la partie civile. A la Cour appartient d'apprécier s'il y a eu calomnie et méchanceté; l'erreur du plaignant ayant été partagée par les magistrats, l'en punir ce serait arrêter tous moyens de justice; — non-seulement la Cour peut refuser à l'acquitté des dommages-intérêts, mais elle peut encore le condamner à en payer à la partie civile (358); le fait quoique non incriminé a néanmoins causé un préjudice.

En déclarant l'accusé purement et simplement non coupable, le jury n'explique pas si la non culpabilité provient de ce que le fait n'est pas constant ou de ce que l'accusé n'est pas l'auteur ou de ce qu'il l'a commis sans intention criminelle. Cette déclaration, ne pouvant être appliquée plutôt au fait matériel qu'au fait moral de l'action, ne décide ni ne préjuge la question des dommages-intérêts auxquels la partie civile peut prétendre. Il suit de là que la Cour d'assises peut déclarer l'accusé auteur du fait matériel et le condamner à le réparer sans se trouver en opposition avec la déclaration du jury. — Mais si l'accusé est acquitté d'un crime commis dans le cas de légitime défense, et si cette question a été posée au jury, il n'y a pas lieu à une réparation civile, car il n'y a pas eu faute de sa part (Cass. 19 décembre 1817), à moins cependant que, dans le cas de légitime défense, l'acquitté n'ait agi avec imprudence ou trop de précipitation, qu'il n'ait pas proportionné la résistance à l'attaque; alors il y a lieu, de la part de la Cour, à examiner si l'accusé qu'on reconnaît innocent, n'est pas au moins coupable d'un fait préjudiciable à autrui et constituant faute de sa part (Cour d'ass. de l'Aveyron, 13 nov. 1835).

Il n'est pas nécessaire de se porter partie civile pour revendiquer des objets volés; il suffit que le juge voie par le procès-verbal criminel que les choses volées appartiennent à telle personne pour qu'il puisse en ordonner la restitution.

La loi exige que la demande soit formée par la partie civile avant le jugement, cela veut dire durant le procès, avant la chose jugée.

Pour satisfaire à l'art. 359, il ne suffit pas de s'être constitué partie civile; cet article suppose évidemment qu'il existe une partie civile déjà constituée; mais il faut, aux termes de ce même article, qu'elle forme une demande. Si la demande en dommages-intérêts peut encore être formée après la déclaration du jury, elle doit l'être avant l'arrêt qui suivra, qu'il y ait condamnation, acquittement ou absolution; l'ordonnance d'acquittement, quoique prononcée par le président, étant un véritable jugement de la Cour, puisqu'elle met fin aux débats.

En effet, ce n'est qu'autant que la demande en dommages-intérêts, qui n'est qu'une question purement civile, demeure un accessoire de la question criminelle, que la Cour d'assises peut être compétente pour en connaître; par conséquent il faut de toute nécessité que la demande soit formée avant que cette Cour soit dessaisie du principal par l'ordonnance d'acquittement (1). Mais on doit considérer comme *demande formée* les conclusions prises par la partie à l'ouverture des débats, et tendant à ce que la Cour lui donne acte de sa déclaration de se porter partie civile pour conclure plus tard en des dommages-intérêts qu'elle aviserait. La Cour a été saisie avant le jugement, conséquemment elle peut préciser la quantité des dommages-intérêts même après l'ordonnance d'acquittement, parce que ces dernières conclusions se rattachent nécessairement aux conclusions originaires introductives de l'action civile (Cass. 10 févr. 1833, 22 avril 1836. — Sirey, 25, 1, 301; 26, 1, 685).

L'arrêt rendu, la partie civile ne peut se pourvoir qu'autant qu'elle-même a été condamnée à des dommages-intérêts supérieurs à ceux demandés par l'accusé. Son pourvoi ne

---

(1) Contrairement à ce système, la Cour de cassation, par deux arrêts, l'un du 21 janvier 1830, l'autre du 21 octobre 1838 (Sirey, 38-1-830) avait décidé que l'ordonnance d'acquittement n'étant pas un jugement, la Cour d'assises n'était pas saisie, et que la partie civile pourrait encore prendre qualité et conclure après cette ordonnance.

peut jamais avoir pour résultat que de faire tomber cette disproportion (412).

L'acquitté ou la personne civilement responsable condamné à des réparations civiles peut se pourvoir : toutes les fois qu'un condamné s'est pourvu, la partie civile peut, à raison de ses réparations, intervenir pour soutenir la condamnation (C. 5 brum. an XIII).

La partie civile a trois jours pour former son pourvoi si l'accusé a été condamné, et vingt-quatre heures s'il a été acquitté ou absous. Elle ne peut se pourvoir que quant aux dispositions relatives à ses intérêts civils (373).

Elle ne peut agir que par le ministère d'un avocat à la Cour de cassation ; elle doit joindre aux pièces une expédition authentique de l'arrêt, consigner une amende de 150 fr. ou la moitié seulement de cette somme si l'arrêt est rendu par contumace ou par défaut (424, 426).

CHAPITRE XI.

De la défense des accusés. — Son importance en matière criminelle. — Le ministère des avocats est forcé en cette matière. — Absence du défenseur. — Pouvoir
disciplinaire de la Cour. — Choix d'un défenseur. — Restriction de ce choix aux
avocats et avoués du ressort de la cour royale. — L'accusé peut prendre un défenseur par toute la France, en obtenant la permission du président. — Il peut en
prendre plus d'un. — 2º Communication du défenseur et de l'accusé. — Une liberté entière est nécessaire à cet égard.—Critique du système de la Cour de cassation. — 3º Liberté de la défense. — Le défenseur peut-il expliquer aux jurés la
peine que leur réponse peut entraîner. — Discussion sur ce point, devoirs du défenseur. — L'accusé doit être assisté jusqu'au dernier instant du procès.

1º Il n'y a pas de bonne justice si le droit de la défense
n'est complet. Ce principe de droit naturel a été consacré
par notre législation et par la jurisprudence.

Mais c'est surtout lorsqu'il s'agit d'un procès criminel
que la défense doit être protégée, puisque de la décision
des juges dépend ce que chaque homme a de plus précieux,
sa vie, son honneur et sa liberté.

Aussi dès qu'un accusé a été interrogé, après son arrivée
dans la maison de justice, le président qui a procédé à
cette formalité a dû lui nommer un défenseur d'office.
La responsabilité d'un tel choix pèse entièrement sur le président qui, par la mission honorable que lui donne la loi,
devient, pour ainsi dire, le tuteur de l'accusé. Pour que
cette sage prévoyance ne soit pas illusoire, il faut donc que

le choix du défenseur soit fait avec précaution et que son talent réponde à la tâche importante qui lui est confiée.

Ce n'est pas seulement un devoir pour les avocats d'accepter la défense d'office d'un accusé, c'est une obligation. Le ministère de l'avocat, libre en matière civile, devient forcé en matière criminelle. L'art. 41 de l'ordonnance de 1822 porte textuellement qu'un avocat nommé d'office ne peut refuser de plaider sans faire approuver ses motifs d'excuses et d'empêchemens par la Cour d'assises; la Cour doit être sévère sur ces excuses, car un accusé ne saurait manquer de défenseur, et les affaires d'assises ne peuvent être remises à la session suivante sans que la justice et le prévenu en éprouvent un grave préjudice.

C'est au président à examiner avec soin les excuses de l'avocat absent et à n'admettre que difficilement celui qui doit remplacer. La désignation d'office n'est pas une vaine formalité, la loi la considère au contraire comme substantielle ainsi que tout ce qui touche à la défense, c'est donc un devoir rigoureux pour le président de la faire respecter. — L'avocat qui sans motifs plausibles persisterait dans le refus de défendre un accusé s'exposerait à être, par la Cour d'assises, averti d'être plus circonspect à l'avenir, réprimandé, interdit pendant un temps qui ne pourrait excéder une année et même être rayé du tableau (Cass. 18 octobre 1832).

Pour que le droit de la défense soit complet, il faut que l'accusé puisse faire présenter ses moyens de défense par le conseil qui lui convient.

L'Assemblée constituante, par un décret des 8 et 9 octobre 1789, avait permis à l'accusé de choisir à son gré un ou plusieurs défenseurs dans toutes les classes de la société. Cette disposition passa dans l'art. 19 chap. v de la constitution de 1790, et dans l'art. 321 du Code de brumaire an IV.

Sous l'empire de ces lois l'accusé avait une latitude illimitée pour le choix de son défenseur, puisqu'il n'y avait plus en France ni avocats ni avoués. Supprimés par les lois des 11 septembre 1790 et 3 brumaire an II, ils n'ont été rétablis que par celles du 27 ventôse an VIII et du 22 ventôse an XII. C'est par suite de ce nouvel état de choses que le Code d'inst. crim. art. 295 a limité le choix de l'accusé aux seuls avocats et avoués de la Cour royale et de son ressort.

Cette disposition a été confirmée par l'art. 4 de la loi du 27 août 1830; il en résulte donc que les avoués aussi bien que les avocats ont le droit de plaider devant la Cour d'assises du ressort de la Cour royale dans l'enclave de laquelle ils sont établis, et on ne peut plus, pour leur ôter ce droit, arguer de l'ordonnance du 27 février 1822 sur la plaidoirie, ni de celle du 20 novembre suivant sur les avocats.

Le changement, en ce qui concerne le droit de défense, que le Code d'inst. crim. a apporté aux lois qui le précédaient, a été commandé par l'intérêt même de l'accusé; il avait pour but de le mettre à l'abri de la cupidité et souvent de l'ignorance d'hommes qui, étrangers aux connaissances exigées par une honorable profession, colportaient de département en départemens leurs services mercenaires et dangereux pour l'accusé.

Mais tout en limitant aux avocats et avoués du ressort de la Cour royale la désignation d'office, l'accusé peut, en obtenant la permission du président des assises, qui, pour la refuser ou l'accorder, ne doit considérer que l'intérêt de l'accusé, se choisir un défenseur non-seulement hors du barreau de la Cour royale ou de l'un des tribunaux du département, mais encore parmi les personnes étrangères à la profession d'avocat, car il peut prendre pour défenseur un ami ou un parent.

La loi n'a point entendu restreindre à un seul le nombre des défenseurs de l'accusé ; il peut s'en choisir un second en tout état de cause, et ce défenseur adjoint doit être admis immédiatement lors même qu'il n'aurait pas assisté aux dépositions des témoins (Cass. 3 thermidor an x).

2° Le défenseur choisi ou désigné, le premier acte, et le plus indispensable pour le succès ou au moins pour l'efficacité de la défense, c'est que l'accusé puisse librement communiquer avec son conseil. « Le défenseur, a dit CARNOT, est un véritable confesseur, il a le même secret à garder ; l'accusé doit lui faire toutes les communications nécessaires pour le bien défendre ; un tiers peut être un témoin dangereux ; il ne faut pas rendre illusoire pour l'accusé un bienfait de la loi, encore moins en faire une arme contre lui. » Aux termes du décret du 9 octobre 1789, le défenseur et l'accusé pouvaient conférer librement et en tout état de cause. L'entrée de la prison était toujours permise au défenseur, et ses entretiens n'étaient jamais troublés ou gênés par la présence d'un témoin. L'art. 302 C. instr. cr. se borne à dire que le conseil *pourra communiquer* avec l'accusé après son interrogatoire, et, en s'appuyant sur ces expressions assez vagues, la Cour de cassation a décidé que rien ne disait que les communications devaient être entièrement libres et dégagées de toutes entraves, et qu'il était laissé à la prudence du procureur général et du président des assises, le droit de faire surveiller les conférences de l'accusé et de son conseil, et notamment d'ordonner qu'elles n'auront lieu qu'en présence du geôlier et des gendarmes (Cas. 3 octobre 1822).

Malgré le respect que nous professons pour les décisions de la Cour suprême, nous ne pouvons adopter le système de l'arrêt que nous venons de citer. Il nous paraît impossible qu'il y ait communication vraiment utile pour la défense si un tiers, et surtout un agent de l'autorité, vient s'interposer entre l'accusé et son défenseur; et la loi, à moins de la supposer absurde, n'a pu vouloir que quelque chose de raisonnable et d'utile. Quel accusé osera, en présence de pareils témoins, s'ouvrir à son défenseur quand on a vu des concierges des prisons, des agens de la force publique venir déposer en justice des aveux échappés à de malheureux prisonniers? Il est inhumain et injuste à la fois de placer les accusés dans la cruelle situation de ne pouvoir, sans danger pour eux, confier à leurs défenseurs le secret de leurs pensées afin que ceux-ci puissent remplir utilement leur ministère; et il est évident que toute communication intime devient impossible si le geôlier ou tout autre est placé de manière à entendre les révélations de l'accusé.

3° Devant la Cour il est indispensable que l'accusé ou son avocat puisse développer sans entraves tous les moyens de la défense. La loi n'impose d'autre condition que de s'exprimer avec décence et modération. Toute atteinte réelle portée au droit de la défense doit entraîner la nullité des débats, quand même elle ne serait pas expressément prononcée par la loi (Cass. 15 janv. 1814).

Toutefois le président, maître de la police de l'audience

et investi d'un pouvoir discrétionnaire, peut, dans certains cas, ôter la parole à un défenseur ou la lui interdire en partie; si, par exemple, l'avocat présente une défense peu convenable ou s'il entre dans des discussions contraires aux intérêts de son client et étrangères aux débats de la cause (Cass. 22 sept. 1826; 20 mars et 20 mai 1831). Dans ces circonstances le président agira toujours avec une prudence extrême, car ce n'est qu'après plusieurs avertissemens et à la dernière extrémité qu'on doit priver un accusé du secours de son défenseur; les conséquences d'un tel acte d'autorité peuvent entraîner pour le premier les résultats les plus graves (1).

(1) Les juges peuvent, sans porter atteinte au droit de défense, interdire à un prévenu ou accusé de se défendre en vers, lorsque cette forme de langage leur paraît de nature à compromettre la gravité de l'audience, et qu'ils laissent d'ailleurs à l'accusé toute faculté de se défendre dans le langage ordinaire (C. 15 juin 1834.— Sirey; 1834-1-482).

L'accusé peut se défendre comme il l'entend, pourvu qu'il ne blesse pas les convenances, et qu'il ne sorte pas du respect que l'on doit à la justice. Ainsi, aucune loi ne prescrivant d'une manière formelle le mode de défense du prévenu, il peut la présenter en vers (Cour d'ass. de la Seine, 7 décembre 1834).

Le président des assises n'excède pas son pouvoir quand il refuse au défenseur de faire des observations sur l'audition des témoins, en motivant ce refus sur ce que ces observations seront plus convenablement placées dans la défense (Cass. rej. 21 octobre 1838).

Quoique par suite de l'interruption de l'avocat, faite par le président dans les limites de son pouvoir, et du refus de l'avocat de continuer sa plaidoirie, l'accusé reste sans défenseur jusqu'à la fin

A ce sujet il s'est élevé une question extrêmement importante, celle de savoir si le défenseur a le droit de faire connaître aux jurés la peine que leur réponse doit entraîner contre l'accusé, et si, dans ce cas, le président peut lui refuser la parole ou la lui enlever.

« Le jury prononce sur le fait et non sur le droit. La division du fait et du droit est la base fondamentale de cette institution; si cette base est renversée, si on introduit le droit dans le fait, les débats sont dénaturés, l'institution reçoit les plus graves atteintes. — Le Code d'instruction criminelle a marqué l'époque de chaque discussion dans le procès criminel, la discussion du fait dans le cours des

de l'affaire, il ne saurait y avoir, dans ce cas, violation du droit de défense, en ce que le président aurait dû nommer d'office un autre défenseur, si le président a invité tous les avocats présens à suppléer à la défense, et si tous s'y sont refusés (C. 22 septembre 1826; D. 27. 1-25).

Le président de la Cour d'assises ne peut seul refuser la parole au défenseur; ce droit ne peut être exercé que par la Cour entière (C. 28 janvier 1838).

Des paroles prononcées dans sa défense par un individu prévenu d'un délit de la presse peuvent constituer un crime ou délit distinct de celui à raison duquel il est traduit; et c'est à la Cour d'assises de décider si ces paroles ne sont que le développement et la reproduction de l'écrit qui a donné lieu à la poursuite, ou si elles portent le caractère criminel (C. 25 et 27 février 1832).

Il y a violation du droit de la défense lorsque l'interprète nommé au témoin qui n'entend pas la langue italienne n'a pas traduit à l'accusé qui n'entend que l'italien, et non le français, des explications que ce témoin a données sur la demande du président. (Cass. 8 fév. 1838).

débats, la discussion du droit, c'est-à-dire du caractère légal du crime ou du délit, du fait reconnu ainsi que la pénalité, après la déclaration du jury (363). Il ne peut pas être permis d'intervertir cet ordre, et de même qu'aux termes de cet art. 363 la discussion du fait, une fois que le jury a prononcé, ne peut plus faire invasion sur celle du droit, de même la discussion du droit ne peut pas faire invasion dans celle du fait, tant que le fait est en question. Les articles 342 et 311 du Code d'inst. crim. posent implicitement cette règle. — L'article 342 le pose pour le jury, l'art. 311 pour les avocats. Ils n'ont donc pas le droit de plaider la pénalité, c'est même un devoir de s'en abstenir (Voy. arrêts de cass., 31 mars 1825 ; 20 mai 1831 ; 8 déc. 1826 ; et un arrêt de la Cour d'ass. de la Seine du 4 févr. 1830).— Ainsi il faut poser en principe et tenir pour constant que l'indication et la discussion de la pénalité dans le cours des débats en vue d'affaiblir, d'ébranler ou de fausser la conviction du jury, sont prohibées par notre droit criminel. Mais il ne faut cependant pas exagérer ce principe, car la parole rapide et animée de la défense s'échappera malgré la règle, et sous d'habiles formes oratoires la nature de la peine frappera l'attention du jury. La défense comporte sur ce point une certaine latitude qu'il ne sera jamais possible de lui enlever, et souvent même il y aurait de plus graves inconvéniens à arrêter l'avocat au moment où il jette, au milieu d'un mouvement animé, un mot sur la peine, et à faire naître une interruption qui fixerait l'attention du jury, qu'il y en aurait à laisser continuer la défense et passer inaperçu le mot ou la phrase répréhensible.…. La sanction de ces principes est dans le droit du président qui doit écarter des débats tout ce qui est inutile, et à plus forte raison dangereux, dans le droit de la Cour d'assises, s'il y a persistance, conclusions posées, enfin dans le pouvoir disciplinaire; mais jamais il ne peut y avoir nullité (Réq. du procureur-général Dupin, à l'audience du 25 mars 1836). »

Conformément à ce réquisitoire, la Cour de cassation a, le même jour, décidé que le défenseur d'un accusé n'avait pas le droit de faire connaître au jury, dans le cours des débats, la peine qui résulterait d'une déclaration de culpabilité; que la discussion sur ce point ne pouvait être soulevée qu'après la lecture de la déclaration du jury; mais en même temps elle a jugé que l'infraction à la prohibition de la loi à cet égard n'entraînait pas nullité des débats, mais donnait seulement lieu à une injonction du président ou à l'application des peines disciplinaires contre le défenseur (Sirey, 1836).

Les Cours d'assises d'Ille-et-Vilaine et du Cher ont statué dans le même sens, les 29 nov. 1836 et 26 janv. 1837 (Sirey, 37-2-95).

A des autorités aussi imposantes et devant lesquelles nous nous soumettons, qu'il nous soit cependant permis d'opposer des faits.— Dans un procès de faux, des jurés ont cru qu'en répondant affirmativement sur la question de fabrication, et en décidant négativement la question d'usage, ils proclamaient un fait matériel non punissable. Cette opinion les a entraînés à s'abstenir de délibérer sur l'existence des circonstances atténuantes.

Par suite de cette erreur le 4 oct. 1837 (*Gazette des Tribunaux*, 5 et 6 oct. 1837), un accusé a été condamné à cinq ans de travaux forcés et à l'exposition, et au mois de janvier 1838 la même erreur aurait eu des résultats aussi funestes si la Cour d'assises, usant de son droit, n'avait à l'*unanimité* déclaré que les jurés s'étaient trompés, et renvoyé l'affaire à une autre session.

Nous pensons que ces erreurs déplorables n'arriveraient pas, ne se renouvelleraient pas surtout, s'il était permis de faire connaître aux jurés la criminalité et la pénalité des faits soumis à leur appréciation. Il semble que, pour les jurés, la première chose à savoir, c'est si, dans l'action commise par l'accusé, il y a réellement crime tel que le pose l'acte d'accusation. Tant qu'il sera interdit aux défenseurs de faire connaître au jury le caractère du fait incriminé et les conséquences légales de son verdict, des erreurs aussi déplorables que celles que nous venons de signaler viendront affliger notre société. L'inconvénient qui pourrait résulter d'un système de défense complètement libre sur ce point aurait certainement des conséquences bien moins fâcheuses. « Si le défenseur, dit M. Bérenger dans son *Traité de législation criminelle*, perd l'espoir de justifier son client, il l'excusera encore et dira tout ce qu'il jugera pouvoir intéresser en sa faveur. La *disproportion* qui existe quelquefois entre les peines et certains crimes sera pour lui un dernier moyen que son éloquence ne laissera point échapper ; il peindra donc avec des couleurs vives et tranchantes les horreurs du supplice prononcé par les lois ; je le sais, il est des magistrats qui se croient obligés d'interdire à l'orateur ces tableaux attendrissans dont l'effet peut être si rapide ; mais, pourra dire l'accusé, votre dessein est de me punir et vous me refusez de vous montrer les instrumens avec lesquels vous allez me frapper : vous voulez me précipiter dans un abîme, et vous me défendez de vous en faire mesurer la profondeur ! Oter à un avocat la faculté de dire pour son client tout ce que celui-ci dirait lui-même, c'est manifester la crainte barbare que l'accusé n'échappe et faire douter que le châtiment qu'on lui prépare soit mérité. » « Le défenseur, peut citer aux jurés les dispositions pénales applicables au fait afin de tirer de leur grande sévérité la conséquence que l'accusé, d'après sa position et ses antécédens connus, n'a pu avoir l'intention de commettre le crime dont on l'accuse, et qu'en tout cas le jury doit déclarer qu'il existe à son égard des circonstances atténuantes (Dall., 32, 2, 200). »

4° La déclaration faite par le défenseur du choix de l'accusé de ne plus vouloir continuer de le défendre, après qu'il est intervenu un arrêt refusant de renvoyer l'affaire à la session suivante, et la déclaration de l'accusé de ne plus vouloir répondre, ne sont pas des obstacles à ce que les débats soient régulièrement continués (Cass. 2 juin 1831.—Dall., p. 31-1-270). Il ne peut en effet appartenir à un accusé d'empêcher le cours de la justice et de se soustraire par son silence aux suites de son délit ou de son crime.

La défense n'est pas terminée avec la plaidoirie; l'accusé ou son conseil peut, pendant tous les débats et même après que le ministère a été entendu, adresser aux témoins les questions ou interpellations qu'ils jugent utiles, et il doit être satisfait à leur demande sous peine de nullité (Cass. 6 fruct. an VII). Si, postérieurement à la défense de l'accusé, un individu est entendu en vertu du pouvoir discrétionnaire du président, et que l'accusé ou son conseil n'ait pas été mis en mesure de s'expliquer sur cette nouvelle déclaration, il y a nullité des débats (Cass. 11 avril 1837).

Aux débats et pendant la discussion orale, l'accusé peut dire contre les témoins tout ce qui peut être utile à sa défense pourvu qu'il ne se livre ni à l'injure ni à la diffamation, et les écrits publiés ou mémoires qui attaqueraient les témoins dans leur réputation pourraient être poursuivis (Cass. 11 août 1820 ; 20 juillet 1826) (1).

Le conseil d'un accusé doit avoir la parole toutes les fois que l'exige le besoin de la défense, surtout lorsque la parole a été accordée au ministère public.—Peu importe qu'il s'agisse de la cause principale ou d'un incident et encore que l'accusé soit présent ou absent (335 Cass. 25 janvier 1830).

Lorsque la défense ne peut être présentée par l'avocat qui a suivi les débats, c'est le cas de les recommencer (art. 405. Code d'inst. crim.). En effet l'accusé ne peut souffrir de l'événement qui lui enlève le défenseur sur lequel il

---

(1) Lorsque le président d'une Cour d'assises n'a pas jugé à propos de rappeler à l'ordre le défenseur qui s'est livré à des imputations prétendues injurieuses contre un des témoins, ce défenseur n'est pas censé avoir franchi les bornes d'une légitime défense (C. 18 flor. an vii).

Si, dans le cours des débats, une inculpation s'élève contre le conseil de l'accusé, le président de la cour ne peut ouvrir un débat particulier et entendre des témoins sur cette inculpation, à peine de nullité du débat particulier (C. 24 janvier 1806).

Lorsque le président a demandé à un accusé, après la réplique du ministère public, s'il n'avait rien à ajouter, cet accusé est censé avoir eu le dernier la parole; il ne peut se plaindre s'il n'en a pas usé (C. 2 septembre 1830).

16

avait compté, qui était le confident de ses pensées, qui avait formé sa conviction dans une connaissance approfondie des débats. On ne peut lui imposer un nouvel avocat qui n'a pas assisté aux débats, qui ne connaît ni le client ni les antécédens de l'instruction publique, autrement la défense serait un fantôme, une véritable dérision. — L'humanité, la morale, veulent que le défenseur ait suivi les débats; l'avocat ne peut former sa conviction que par l'impression qu'il a reçue lui-même; il faut qu'il connaisse le caractère de l'accusé et sa vie passée; il faut qu'il voie l'attitude des témoins, qu'il étudie la physionomie des débats; voilà pourquoi la loi veut un défenseur auprès de l'accusé depuis le commencement jusqu'à la fin des débats (C. d'ass. de l'Eure, 5 juin 1835. Voy. ci-dessus chap. VIII. — n° 3, *Sursis*).

L'art. 315 assure à l'accusé ou à son conseil le droit d'avoir la parole le dernier; le législateur a voulu que les impressions de la défense fussent plus récentes dans l'esprit des jurés que celles de l'accusation. Toutefois, ce défenseur ne peut combattre, ainsi que nous le verrons plus tard, le résumé du président, à moins qu'il ne contienne des faits nouveaux. Mais quand le jury a prononcé son verdict et que la Cour va prononcer sur l'application de la peine, il est de la plus haute importance que l'avocat soit là pour prêter jusqu'à la fin son ministère à son client, critiquer la déclaration, discuter la pénalité du fait reconnu, exciter ou au moins solliciter l'indulgence de la Cour. Si le défenseur s'absentait en cet instant grave, il manquerait de la manière la plus essentielle à son devoir et devrait être sévèrement réprimandé par le président.

CHAPITRE XII.

1° Lecture de l'acte d'accusation. — Que doit contenir cet acte. — 2° Analyse du président. — 3° Exposé du procureur-général. — Liste des témoins. — 4° Audition des témoins. — Formes de leurs dépositions. — Serment qu'ils doivent prêter. — Médecins, Avoués, Notaires appelés en témoignage. — Personnes exclues du droit d'être témoins. — Lecture de certaines dépositions. — 5° Interprètes. — Serment à prêter par eux. — Ils peuvent être récusés.

I. *Acte d'accusation.* — Aussitôt que les jurés ont prêté serment, le président avertit l'accusé d'être attentif à ce qu'il va entendre (313). — Puis le greffier, sur l'ordre du président, se lève et fait à haute voix lecture de l'arrêt de la Cour royale, portant renvoi à la Cour d'assises, et de l'acte d'accusation.

La lecture de l'arrêt de renvoi, toute importante qu'elle est, n'est pas exigée à peine de nullité, et son omission ne donnerait pas à l'accusé un moyen de cassation (Cass. 5 sept. 1811).

Le greffier seul a le droit de lire l'arrêt et l'acte dont il vient d'être parlé; l'accusé ni son défenseur ne sont fondés à demander, à titre de défense, de faire eux-mêmes cette lecture, ni même celle des actes incriminés cités dans l'acte d'accusation (Cass. 31 janv. 1831).

L'acte d'accusation doit contenir :

Le récit du crime ou du délit, sa nature, son origine, ses causes, et toutes les circonstances qui doivent en aggraver ou en diminuer la peine ; il est le résumé général de l'instruction antérieure aux débats ; il doit faire connaître l'accusé, ses antécédens, sa moralité, ce qui a pu l'entraîner à commettre le crime pour lequel il est poursuivi ; il expose toutes les circonstances qui environnent le fait incriminé, toutes les preuves qui, pendant l'instruction, ont été réunies contre l'accusé, et il se termine par ces mots : « En conséquence, le sieur un tel est accusé d'avoir commis tel crime, avec telle ou telle circonstance. » L'acte d'accusation est la base des débats ; car c'est sur les faits qui y sont énoncés qu'ils s'engagent. Aussi doit-il contenir tous les faits principaux et circonstanciels, dont on espère obtenir la preuve par l'instruction orale et publique, et s'il existe quelque cause qui atténue la gravité du crime, il est nécessaire aussi qu'il les mentionne. Le ministère du procureur-général est de raconter aux jurés le crime avec toutes les circonstances, aggravantes et atténuantes ; le premier devoir d'un magistrat est d'être juste, c'est-à-dire, vrai.

II. *Analyse du président.* — Après la lecture de l'acte d'accusation, le président rappelle à l'accusé ce qui y est contenu (314). Cette espèce de résumé, que la loi recommande au président, est surtout destiné à l'accusé qui a mal compris ou mal entendu la lecture, longue, mono-tone, et souvent fatigante, de l'acte d'accusation ; toutefois, et malgré la disposition impérative de l'article cité, comme cette lecture n'est pas exigée à peine de nullité, les présidens négligent presque toujours d'en faire un résumé, et se contentent de dire à l'accusé : Voilà de quoi vous êtes accusé ; vous allez entendre les charges qui seront produite contre vous. »

On ne peut nier que l'omission de l'analyse de l'accusation par le président ne soit une diminution de garanties pour l'accusé qui a besoin de connaître, sous toutes ses faces, la procédure dirigée contre lui.

III. *Exposé du procureur-général.* — Après l'avertissement donné à l'accusé, le procureur-général prend la parole et expose le sujet de l'accusation ; mais il arrive fréquemment que le procureur-général s'en réfère à l'acte d'accusation, et qu'il attend, pour remplir sa tâche, que l'instruction orale soit achevée (315).

Il présente ensuite la liste des témoins qui devront être entendus, soit à sa requête, soit à la requête de la partie civile, soit à celle de l'accusé. — Cette liste ne peut contenir que les témoins dont les noms, professions et résidences, ont été notifiés (1) vingt-quatre heures avant leur examen, à l'accusé, par le procureur-général et la partie civile, et au procureur-général par l'accusé. — Aucune no-

(1) Le témoin qui ne se présente pas peut être condamné à l'amende de 80 fr. et aux frais de réassignation par la Cour d'assises (C. d'ass. de la Seine, 13 mai 1834).

Lorsque dans la copie notifiée aux accusés de la liste des témoins, un de ceux-ci a été désigné avec un prénom autre que le sien, il n'y a pas nullité, surtout si l'erreur n'a pu nuire aux accusés (Cass. 1er octobre 1830).

tification n'est faite à la partie civile, soit par l'accusé, soit par le procureur-général.

Le but de la loi a été de donner au ministère public le temps de prendre, sur les témoins présentés par l'accusé, et à l'accusé sur les témoins présentés par le ministère public, les renseignemens qui puissent leur permettre d'atténuer l'importance de leur témoignage.

Le procureur-général est parfaitement libre dans la manière de composer sa liste. Il peut produire aux débats des témoins tout à fait inconnus à l'accusé, avant la notification, et qui n'ont point été entendus pendant l'instruction secrète.

L'accusé et le procureur-général ont le droit de s'opposer à l'audition d'un témoin qui aurait été mal désigné dans la notification ou qui n'aurait pas été porté sur la liste (1). On comprend facilement le motif de cette disposition ; si le témoin n'a pas été désigné d'une manière régulière, il n'a

(1) Le droit conféré par l'art. 315 à l'accusé, de former opposition à l'audition d'un témoin non porté sur la liste qui lui a été notifiée, doit, à peine de déchéance, être exercé avant que ce témoin ait prêté serment. Il en doit être ainsi quand même le défenseur de l'accusé, absent au moment où le témoin a prêté serment, aurait, aussitôt sa rentrée à la salle d'audience, déclaré s'opposer à son audition (Cass. 2 avril 1831).

L'accusé, après avoir consenti qu'un témoin placé à son égard dans l'un des degrés de parenté énoncé en l'art. 322 prêtât serment et fût entendu, peut, même après la prestation de serment, s'opposer à la déposition de ce témoin. Le droit d'opposition existe dans ce cas jusqu'à ce que la déposition soit commencée ; mais le président peut ordonner que le témoin sera entendu à titre de renseignement (C. 18 septembre 1831).

pas été possible de prendre sur lui les informations capables d'exercer de l'influence sur le résultat de sa déposition.

La Cour prononce sur les oppositions formées ; mais il est toujours au pouvoir du président de faire entendre le témoin dont la déposition est repoussée par les parties ou le ministère public ; seulement ce témoin n'est point entendu sous la foi du serment, et sa déposition ne vaut que comme simple renseignement (1).

Après que les témoins ont entendu la lecture de l'arrêt de renvoi et de l'acte d'accusation, l'analyse du président, l'exposition du procureur-général, et que la liste qui contient leurs noms a été lue, le président les fait retirer dans la chambre qui leur est destinée, et chacun d'eux est appelé à son tour pour déposer (316).

Le président prendra, s'il le juge nécessaire, des précautions pour empêcher les témoins de conférer entre eux, avant leur déposition ; et pour cela il peut les isoler. Au

---

(1) Le témoin assigné, mais dont le nom n'a pas été notifié par le ministère public qui renonce à son audition sans réclamation de la part de l'accusé, peut être écarté des débats par le président seul, en vertu de son pouvoir discrétionnaire, pourvu qu'il n'ait été formé aucune opposition et qu'il ne se soit élevé aucune réclamation (Cass. 21 août 1833).

Lorsque des contestations s'élèvent sur la question de savoir si le président fera entendre des témoins en vertu de son pouvoir discrétionnaire, la Cour d'assises n'est point tenue d'en délibérer, le président seul statue sur les contestations relatives à l'exercice de son pouvoir (C. 29 janvier 1838).

reste les témoins profitent, comme les jurés, des suspensions d'audience.

IV. *Audition des témoins.* — L'art. 317 veut que les témoins déposent *oralement*. Cette règle est la base du nouveau système de procédure criminelle; la violer, ce serait nous ramener aux plus déplorables de tous les abus, à l'examen des témoignages écrits; le consentement même de l'accusé ne peut suffire, car il nuirait par là à sa défense. L'accusé ne s'appartient pas, il ne peut rien faire contre lui-même, il n'a pas le droit de jouer sa tête, la justice n'admet pas le suicide; la justice, c'est la morale du peuple; les débats oraux sont la sauvegarde de l'innocent, la protection des accusés, la garantie de la justice. En conséquence de ces principes, la Cour d'assises commet un excès de pouvoir et viole les règles de sa compétence, en ordonnant la lecture de la déposition d'un témoin, fût-il absent, sur la réquisition du ministère public et du consentement de l'accusé, et ce dernier peut se faire un moyen de cassation de cette lecture quoiqu'il y ait consenti (Cass. 22 nov. 1831).

Les témoins déposent séparément dans l'ordre établi par le procureur-général.

C'est ici et pendant tout le cours des dépositions que les jurés ont besoin de toute leur attention : ils ont la faculté, autorisés par le président, d'interpeller les témoins sur certains faits, de leur faire répéter leur déposition, de chercher de toute manière à obtenir des renseignemens; dans ces sortes d'affaires tout a de la gravité; car la moindre circonstance, le fait en apparence le plus léger, peuvent conduire à une découverte importante. Ce n'est pas seulement en faveur de l'accusé que le juré doit agir ainsi, mais aussi en faveur de l'accusation ; car, avant tout, son devoir est de ne rien négliger pour découvrir la vérité.

Avant de déposer, les témoins prêtent, à peine de nullité, serment de parler sans haine et sans crainte, de dire *toute* la vérité et rien que la vérité (617).

La formule tracée par l'art. 617 est sacramentelle (1).

---

(1) Si un témoin avait prêté serment de dire la vérité et rien que la vérité, et omettait le mot *toute* la vérité, il y aurait nullité (C. 7 décembre 1837).

Lorsqu'un témoin a été régulièrement cité et que son nom a été notifié à l'acccusé, s'il ne comparait pas, la cour ne peut ordonner sa radiation de la liste des témoins, puisque aucune loi n'attache à cette absence, qui peut n'être que momentanée, l'effet d'opérer une incapacité personnelle et définitive : la cour ne peut que prononcer les peines attachées à son absence, et si le témoin qui s'était absenté se présente pendant les débats, même à une audience subséquente, il reparait avec la qualité de témoin et doit être entendu avec prestation de serment ; il y aurait nullité si le président l'entendait en vertu de son pouvoir discrétionnaire et sans serment (C 26 fév. 1836).

Des témoins régulièrement appelés sont acquis à l'accusation, aussi bien qu'à la défense ; dès lors ils ne peuvent, à peine de nullité, déposer que sous la foi du serment, quand bien même ils auraient assisté aux débats. S'il y a opposition à ce qu'ils soient entendus, c'est à la Cour d'assises à décider ; mais s'ils sont entendus, ils ne doivent l'être que sous la foi du serment, à moins que les parties ne consentent à ce qu'ils soient entendus comme témoins discrétionnaires (C. 4 nov. 1830).

Un condamné à une peine afflictive et infamante, qui a obtenu une commutation de peine, appelé en justice, est tenu de déposer

Le témoin, produit par l'accusé ou par le ministère public, qui ne prêterait pas le serment de *parler sans haine et sans crainte,* ou qui seulement promettrait de dire et déposer vérité, ne remplirait pas le vœu de la loi, son serment serait incomplet, et sa déposition ne présenterait plus les garanties suffisantes. Cette irrégularité annulerait les débats et tout ce qui s'en serait suivi, et si le procès-verbal des débats omettait d'énoncer que le serment a été prêté tel que le veut l'art. 317, cette omission seule entraînerait la nullité, quand même en réalité l'irrégularité n'aurait pas eu lieu, parce que les formalités qui, dans le procès-verbal des débats, ne sont pas déclarées avoir été observées, sont réputées de droit avoir été omises (Cass. 9 oct. 1817).

Si un témoin appelé devant la Cour d'assises modifie la formule légale ou paraît subordonner sa prestation de serment à l'autorisation d'autrui, le président peut refuser de le recevoir (Cass. 15 déc. 1832).

La formule du serment prescrite par la loi est générale; aucun individu, quelle que soit sa religion, ne peut être forcé d'en prêter un autre; seulement si un témoin professait une religion qui l'empêchât de prononcer le serment tel que la loi l'exige, rien n'empêcherait qu'il fût admis à le prêter d'après le rite de sa religion (Cass. 4 et 9 avril 1812, 11 mai 1830).

Les individus âgés de moins de quinze ans sont entendus sans prestation de serment (79 Code d'inst. crim.); toutefois à titre de renseignement. Le refus qu'il ferait de déposer autrement qu'avec serment serait passible de l'amende de 50 fr., prononcée par l'art. 80 C. inst. crim. (Cass. 13 janv. 1838).

il ne résulterait pas de nullité de ce qu'ils l'auraient prêté (Cass. 25 avril 1834).

Les médecins cités comme témoins devant la Cour d'assises ne sont pas tenus, avant de déposer, de prêter le serment prescrit par l'art. 44 du Code d'inst. crim.; il suffit qu'ils prêtent le serment ordinaire imposé par l'art. 317. L'art. 44 ne reçoit son application que dans le cas spécial par lui déterminé, c'est-à-dire lors des rapports que les médecins font au procureur du roi sur la cause de la mort et l'état du cadavre afin de constater le délit (Cass. 20 fév. 1834) (1).

Un avoué, appelé comme témoin dans un procès criminel, ne peut être obligé de déposer des faits dont il n'aurait eu connaissance que dans l'exercice de ses fonctions, et sous le sceau de la confiance due à son ministère. Et en admettant que ce fonctionnaire ait été informé, en dehors de ses fonctions, de circonstances relatives à l'affaire, la Cour d'assises doit, dans ce cas, s'en rapporter à sa conscience (Arrêt de rejet, 18 juin 1835).—Il en est nécessai-

---

(1) Lorsque des médecins et experts sont appelés aux débats pour déposer comme témoins et pour opérer comme experts, ils doivent en cette double qualité prêter le double serment exigé par les art. 317-44 C. inst. crim. (Cass. 13 août 1835). — S'ils sont appelés en vertu du pouvoir discrétionnaire du président, seulement pour émettre leur avis et même se livrer à une expertise, ils ne doivent pas prêter serment (Arrêt de rejet, 16 janvier 1836).

Le témoin qui donne son avis sur une pièce d'écriture soumise aux débats n'est pas obligé de prêter le serment d'expert prescrit par l'art. 44; ce n'est pas une expertise mais des explications qui lui sont demandées (Cass. 21 août 1835).

rement ainsi pour le notaire, l'avocat et même pour le médecin à qui une confidence a été faite comme médecin.

Le président demandera aux témoins leurs noms, prénoms, âge, profession, domicile ou résidence; s'ils connaissaient l'accusé avant le fait mentionné dans l'acte d'accusation; s'ils sont parens ou alliés, soit de l'accusé, soit de la partie civile, et à quel degré; s'ils ne sont pas attachés au service de l'un ou de l'autre (317). — Ces questions et les réponses qui y sont faites méritent l'attention des jurés; car elles leur font connaitre quels rapports existaient entre les témoins et l'accusé; si le témoin peut avoir un intérêt dans la cause; si, par sa position sociale, ses antécédens, sa profession, il n'existe pas quelque motif qui puisse influencer sa déposition. — Les témoins, ainsi que nous l'avons dit, doivent déposer *oralement* (317); ils ne peuvent lire des dépositions écrites à l'avance, même consulter des notes (1).

Le président doit faire tenir note par le greffier des additions, changemens ou variations qui existeraient entre la déposition d'un témoin et ses précédentes déclarations. — Le procureur-général et même l'accusé ont le droit de requérir l'exécution de cette mesure.

(1) Une déposition faite par un témoin sur les interpellations de la justice ne peut, *en aucun cas*, donner lieu à une action en diffamation; seulement, si elle est fausse, elle peut servir de base à une poursuite pour faux témoignage (C. roy. de Paris, 14 septembre 1831).

Le crime de subornation de témoin n'existe que quand le faux témoignage a été porté et que le témoin a déposé pour ou contre l'accusé (C. 15 septembre 1836).

Lorsque des différences graves se manifestent, le président peut lire les dépositions écrites pour en faire une comparaison avec la déposition orale.

Après chaque déposition le président demande au témoin si c'est de l'accusé présent qu'il a entendu parler (319) (1). Le témoin ne peut être interrompu. Si cependant il s'écartait des faits de la cause, le président le rappellerait à la question. — L'accusé ou son conseil a le droit de questionner le témoin par l'organe du président, et même de dire tant contre lui que contre son témoignage tout ce qui peut être utile à la défense. Le président pourra demander au témoin et à l'accusé tous les éclaircissemens qu'il croira nécessaires. Les juges, le procureur-général et les jurés (2) auront la même faculté en demandant la parole au président, et la partie civile elle-même pourra aussi, par l'or-

(1) Il n'y a pas nullité si le procès-verbal ne constate pas que le président, à chaque audition, a demandé aux témoins si c'était bien de l'accusé présent qu'ils entendaient parler, et que l'accusé a été interpellé de dire s'il avait quelques observations à faire. Les formalités indiquées par l'art. 319 ne sont pas exigées à peine de nullité (C. 4 janvier 1834).

(2) Chacun des jurés est investi en ce qui concerne les interpellations à faire aux témoins et à l'accusé, d'un droit égal à celui du président. Chacun peut, à la condition de réclamer la parole, adresser à l'accusé et aux témoins toutes les questions qu'il croit propres à lui faire découvrir la vérité. C'est un *droit* qu'ont les jurés, et par cela même ils sont sur ce point indépendans du bon plaisir d'un président, autrement ce ne serait plus un droit, et, si le président refusait la parole à un juré, celui-ci devrait insister et la prendre si l'on s'obstinait à la lui refuser (C. 29 sept. 1836).

17

gane du président, faire des questions aux témoins et à l'accusé.

Il n'est permis au témoin de se retirer, après sa déposition, qu'autant que le président lui en a donné l'autorisation, et encore est-il nécessaire que l'accusé, les jurés, le ministère public et la partie civile y consentent; car il est possible que dans le cours du procès une nouvelle déposition devienne nécessaire. C'est pourquoi la loi n'autorise les témoins à sortir de la salle d'audience que lorsque les jurés se seront retirés pour donner leur déclaration (320). Les témoins cités à la requête de l'accusé ne sont entendus qu'après ceux qui auront été appelés par le ministère public, et ils peuvent être interrogés, non-seulement sur les faits mentionnés en l'acte d'accusation, mais encore sur la conduite et la moralité de l'accusé (321).

La loi exclut, comme témoins, une classe d'individus dont les dépositions seraient supposées être partiales en faveur de l'accusé ou contre lui; ainsi tous les parens et alliés de l'accusé, dans la ligne ascendante et descendante inclusivement, et dans la ligne collatérale, jusqu'au degré de frère et sœur, sont écartés comme témoins. Les dénonciateurs salariés par le gouvernement, ainsi que ceux qui, ne faisant pas métier de dénoncer, auraient reçu une récompense à raison d'une dénonciation contre l'accusé, ne peuvent témoigner à moins que le procureur-général, la partie civile et l'accusé ne s'y opposent pas; au reste il appartient toujours au pouvoir discrétionnaire du président de les faire entendre sans prestation de serment et à titre de simple renseignement (322). — Le témoignage des dénonciateurs autres que ceux récompensés pécuniairement par la loi est reçu; mais le jury sera averti de leur qualité de dénonciateurs (324). Les témoins produits par le ministère public (1) ou par l'accusé seront entendus dans les débats, lors même qu'ils n'auraient pas préalablement déposé dans l'instruction écrite, ou qu'ils n'auraient reçu aucune assignation, pourvu, dans tous les cas, qu'ils soient portés sur la liste présentée par le procureur-général (324). Il ne leur est pas permis de s'interpeller entre eux (325), et, après leur déposition, l'accusé et le procureur-général pourront demander, et le président lui-même d'office pourra ordonner qu'un ou plusieurs d'entre les témoins qui seront désignés soient introduits et entendus de nouveau, en présence les uns des autres et par confrontation, ou séparément (326). S'il y a plusieurs accusés, le président a la faculté, avant, pendant ou après l'audition d'un témoin, et sans consulter la Cour, de faire retirer tout ou partie des co-accusés et de les examiner séparément sur quelques circonstances du procès; mais lorsque les accusés auront été ramenés à l'audience, le président devra lui-même ou par un autre juge, s'il est pour le moment dans l'impossibilité de le faire (Cass. 26 mai 1826), leur rendre compte de tout ce qui aura été dit et fait hors leur

(1) On ne peut empêcher d'entendre des témoins cités à la requête du ministère public, en préjugeant quelle sera leur déposition (Cass. 10 janvier 1834).

Le témoin qui, au moment de l'ouverture des débats, se porte partie civile, ne peut plus être entendu comme témoin; mais le président des assises conserve le droit de faire entendre la partie civile à titre de renseignement et sans prestation de serment (Arrêt de rejet, 10 février 1835).

présence, même de ce qu'il en sera résulté ; cette disposition de la loi est exigée à peine de nullité, et elle est applicable au cas où un des co-accusés serait interrogé en l'absence des autres et avant l'audition des témoins ; l'omission, par le président, de leur rendre compte de ce qui s'est passé pendant leur absence entraînerait la nullité des débats et de tout ce qui s'en serait suivi (Cass. 15 juil. et 12 août 1825); du reste la loi ne fixe pas la forme dans laquelle le compte doit être rendu. La lecture de l'interrogatoire fait en l'absence de l'accusé suffit (Cass. 22 juin 1820), et le procès-verbal doit, à peine de nullité, constater l'observation de cette formalité (Cass. 10 mars 1831). — Lorsqu'il s'agit de rendre compte de l'interrogatoire de l'accusé au co-accusé qu'on avait fait retirer, le président peut ne le faire qu'après avoir interrogé ce dernier, pourvu toutefois que ce soit avant la reprise des débats généraux ou de l'audition des témoins (Cass. 13 août 1832 et 18 avail 1833).

Bien qu'il n'y ait qu'un seul accusé, le président de la Cour d'assises a le droit de le faire sortir pendant la déposition d'un témoin (Cass. 19 août 1819); mais le droit de faire sortir l'accusé n'entraîne pas également celui de faire sortir son défenseur, qui, pendant l'absence de son client, doit veiller à ses intérêts. Pendant les débats, les juges, le ministère public et les jurés pourront prendre des notes, mais sans causer aucune espèce d'interruption, soit à la défense, soit à l'interrogatoire (328).

Dans le cours, ou à la suite des dépositions, le président présentera à l'accusé toutes les pièces relatives au délit et pouvant servir à conviction; il l'interpellera de répondre personnellement s'il les reconnaît; il les fera représenter aussi aux témoins, s'il y a lieu (329). — Par pièces relatives au délit, la loi entend, non pas les lettres, notes, écrits quelconques non émanés de l'accusé, mais tous les objets qui ont un rapport direct au délit, tels que les écrits de l'accusé qui peuvent faire soupçonner sa criminalité ou sa complicité, les armes, les instrumens qui ont servi à l'exécution du crime, et les objets qui en sont le résultat. On comprend qu'il peut être fort important de représenter aussi ces pièces aux témoins. Si le procès entraînait plusieurs audiences, il n'est pas indispensable de représenter les pièces de conviction chaque jour aux accusés et aux témoins; il suffit de les représenter aux accusés le premier jour et aux témoins le jour où ils sont entendus (Cass. 12 juillet 1832).

Si un individu s'était introduit dans l'auditoire sans avoir été assigné comme témoin, ni appelé en vertu du pouvoir discrétionnaire, et s'il avait déposé une pièce jointe ensuite au dossier et remise aux jurés, alors d'ailleurs que cette pièce aurait été signée par le président, mais non par le greffier et par l'accusé, il y aurait nullité de toute la procédure, parce que l'accusé n'ayant pas été mis à même de discuter et de combattre cette pièce de conviction, il y aurait violation manifeste du droit sacré de la défense (Cass. 30 déc. 1830).

Avec la lecture de l'arrêt de renvoi et de l'acte d'accusation doit être donnée celle de toutes les pièces constituant l'instruction, telles que procès-verbaux constatant le délit ; dépositions des témoins qui n'ont pu comparaître, ou qui n'ont pas été appelés, surtout si l'accusé le réclame (Cass. 14 sept. 1826); interrogatoires d'un co-accusé décédé pendant l'instruction (Cass. 4 nov. 1830) ; consultation de médecin sur le fait même sur lequel porte l'accusation (Cass. 11 août 1808) ; pièce authentique propre à établir la moralité de l'accusé (Cass. 28 août 1829) ; procès-verbal de visite domiciliaire dressé à l'occasion du crime par un commissaire de police (Cass. 4 nov. 1830) ; procès-verbal d'une vérification d'armes trouvées sur le lieu du crime, ou de confrontation de témoins (Cass. 6 févr. 1832) ; enfin, toutes espèces de pièces écrites, propres à aider à la manifestation de la vérité (Cass. 28 mars 1833).

Il devra aussi être donné, à peine de nullité, publiquement lecture des dépositions rédigées par écrit et transmises au président de la Cour d'assises, dans les formes voulues par les articles 511 et suivans du Code d'inst. crim. des personnes dispensées, aux termes des art. 510 ou 514 du même Code, de déposer oralement comme témoins. Ces personnes sont les princes et princesses du sang royal, les grands dignitaires et le ministre de la justice, et, s'ils en sont dispensés par une ordonnance du roi, les ministres autres que celui de la justice, les grands officiers de la couronne, les conseillers d'état chargés d'une partie de l'administration publique, généraux en chef actuellement en service, ambassadeurs et autres agens du roi accrédités près les cours étangères.

L'accusé peut former opposition à la lecture de pièces qu'il prétend ne pas faire partie de la procédure, malgré la réquisition du ministère public. C'est alors à la Cour d'assises, et non au président, à prononcer sur cette opposition (Cass. 27 déc. 1822).

V. *Interprètes.* — Si l'accusé et les témoins ou l'un

d'eux ne parlaient pas la même langue ou le même idiome, le président devra nommer d'office un interprète (1) (332). La différence de langage entre la partie civile et les témoins n'entraîne pas la même nécessité. Le procès-verbal des débats doit constater, à peine de nullité, qu'un interprète a été donné à l'accusé (Cass. 18 février 1815). Si un accusé ne parle pas la langue nationale, un interprète doit lui être donné avant la formation du jury ; il y aurait nullité si cette formalité n'avait eu lieu qu'après, encore bien que le président eût servi d'interprète, du consentement de l'accusé (Cass. 17 et 18 août 1832). Il doit être nommé à l'accusé ou au témoin sourd et muet, qui ne sait pas écrire, un interprète d'office, qui sera la personne qui aura le d'habitude de converser avec lui (333). Cette der ere disposition n'est qu'indicative, et ne fait pas d'obstacle à ce que le président, en cas d'absence de cette personne, en nomme une autre (Cass. 27 mars 1834).

Si le sourd-muet sait écrire, il n'est pas besoin de lui nommer un interprète ; le greffier écrira les questions et observations qui lui seront faites ; elles seront remises à l'accusé ou au témoin, qui donnera par écrit sa réponse. Il sera du tout donné lecture par le greffier (333). — Pour être interprète, il faut avoir au moins vingt-un ans,

---

(1) Il en est de même s'il s'agit seulement de lire la déposition d'un témoin faite dans un langage autre que celui de l'accusé.

Lorsque lecture est donnée des dépositions de témoins absens, et que l'accusé n'entend pas leur langue, ces dépositions doivent être traduites par un interprète à peine de nullité (Arrêt de cass., 3 mars 1835).

et une femme peut en remplir les fonctions, pourvu qu'elle ait cet âge (Cass. 26 avril 1818). L'interprète ne pourra, à peine de nullité, même du consentement de l'accusé et du ministère public, être pris parmi les témoins, les juges ou les jurés qui doivent connaître de l'affaire. Cette prohibition ne s'applique pas au juré qui ne fera point partie des douze, non plus qu'au greffier de la Cour d'ass. (Cass. 22 janv. 1808; 16 juillet 1812).

L'interprète peut être récusé par l'accusé et par le ministère public. La récusation doit être motivée, et c'est la Cour d'assises qui prononce. Le président doit, sous peine de nullité, faire prêter serment à l'interprète de traduire fidèlement les discours à transmettre à ceux qui parlent des langues différentes. Si au lieu d'un serment il n'y avait qu'une simple promesse, il y aurait nullité. Du reste, un seul serment suffit pour toutes les traductions que l'interprète fera dans le même procès. Si le procès dure plusieurs jours, il n'est pas nécessaire qu'il y ait à chaque séance un renouvellement de serment (1). Le procès-verbal de la séance de la Cour d'assises doit, à peine de nullité, contenir que

(1) L'interprète doit prêter serment dans chaque affaire où son ministère est requis ; si, dans la même audience, deux affaires exigent son ministère et qu'il n'ait prêté serment que dans la première, il y a nullité pour la deuxième affaire (C. 9 décembre 1830).

La formule du serment des interprètes n'est pas sacramentelle ; ainsi l'interprète qui, à la formule du serment donnée par le président, au lieu de dire simplement : Je le jure, répond : Je dis la vérité devant le fils de Dieu, a suffisamment rempli le vœu de la loi (Cass. 14 janvier 1836).

le président a fait prêter à l'interprète le serment voulu par la loi. L'interprète, si l'accusé n'en fait pas la réclamation formelle, n'est pas obligé de traduire les réquisitions du ministère public, le plaidoyer du défenseur et le résumé du président (Cass. 19 juillet 1832). Et il n'est pas nécessaire qu'il informe l'accusé de ce qu'a dit, pendant son absence, un témoin parlant un langage étranger, si le président s'est chargé de le faire (Cass. 16 avril 1818).

CHAPITRE XIII.

Clôture des débats. — Résumé du président. — Ce qu'il doit être.—Son importance.
—Peut-il être interrompu ou attaqué.

Après que les témoins du ministère public, de la partie
civile et de l'accusé ont été entendus ; que les plaidoiries
de toutes les parties ont été épuisées, le président demande
aux accusés s'ils n'ont rien à ajouter à leur défense ; puis il
déclare les débats terminés, et résume l'affaire (336—337).
Si le président, quoique la clôture ait été prononcée par
lui, s'apercevait, au moment de commencer son résumé,
que l'instruction de l'affaire n'est pas complète, qu'il a commis une omission, il peut, sans qu'il y ait excès de pouvoir
de sa part, revenir sur la clôture, réparer son omission,
et demander de nouveau aux accusés s'ils n'ont rien à ajouter à leur défense (Cass. 10 janvier 1833). — A partir de
la clôture, les jurés ne peuvent plus, sous aucun prétexte,
demander à parler. — Le résumé du président doit être
fait publiquement et mentionné au procès-verbal de séance
à peine de nullité. Aucune observation ou réclamation, soit
du ministère public, soit des parties, soit de leurs défen-

seurs n'est permise pendant ce résumé (1). Cependant, s'il arrivait que le président présentât des faits nouveaux, des pièces nouvelles, les parties pourraient demander que la clôture fût annulée, et que les débats continuassent sur les pièces ou faits nouveaux ; ou bien encore, si le résumé omettait une partie essentielle de la défense, le défenseur pourrait signaler cette omission par une note qu'il ferait remettre au président. Cependant le défenseur peut réclamer contre la position des questions (V. l'art. suivant). — Il n'est pas indispensable que le résumé soit prononcé le même jour que la clôture des débats : l'audience peut alors être suspendue, comme pendant le cours de l'affaire, et pour les mêmes causes. Il est possible, aussi, qu'une

(1) Le Code d'instr. crim. n'autorise aucune réclamation ni aucune conclusion contre le résumé du président des assises. La loi, en confiant au président cet acte important de l'instruction criminelle, n'en a soumis l'impartialité et l'exactitude qu'au jugement de sa propre conscience; ni le ministère public, ni les parties, ni les défenseurs ne peuvent l'interrompre. Quand il est terminé, il ne peut être pris de conclusions, ni fait d'observations sur la forme dans laquelle il a été fait, et sur le fond de ce qui a été dit, à moins que le président ne se soit permis de présenter des faits nouveaux ou d'espèces nouvelles. A cet égard, le discours du président n'est pas le résumé des débats, il devient un auxiliaire de l'accusation ou de la défense, et l'accusé ou le défenseur serait fondé alors à être entendu sur ces faits ou sur ces pièces ; et des conclusions tendantes à ce que la clôture des débats et ce qui s'en était suivi fussent annulés par la Cour d'assises pourraient être prises. Dans tout autre cas, des conclusions contre le résumé ont un caractère d'inconvenance et même d'injure qui donne ouverture à la juridiction dont les cours et tribunaux sont investis relativement aux fautes de discipline commises à l'audience (C. 28 avril 1820).

remise au lendemain soit nécessaire pour que le président ait le temps de se recueillir et de mettre ses notes en ordre convenable. — Le résumé du président est un acte essentiel : c'est le complément de l'accusation et de la défense dont il doit retracer les élémens ; son omission priverait l'accusé d'une garantie que lui assure la loi. Si cette formalité n'était pas remplie, ou même si le président se contentait de dire aux jurés de rappeler à leur souvenir les impressions produites sur eux par l'accusation et les défenses, il y aurait une nullité radicale (Cass. 14 oct. 1831). Du reste, la forme du résumé peut varier suivant la nature de chaque procès, et les termes dans lesquels il peut être conçu sont abandonnés à la sagesse du président; mais, dans tous les cas, celui-ci ne doit point laisser transpirer son opinion personnelle ; il n'est chargé que de rendre au jury plus clairs et plus palpables tous les moyens et toutes les preuves produits dans la défense ou dans l'accusation. Son devoir est de rester totalement étranger au résultat des débats; et après l'avoir entendu, il ne doit y avoir aucun juré qui puisse dire : « Le président est de l'avis de la condamnation ou de l'acquittement (1). »

(1) Le résumé du président doit se borner, d'après l'art. 372, et comme l'indique assez la signification du mot, à donner le précis de ce qui a été dit et fait, à réduire l'affaire aux points les plus simples, c'est-à-dire à la dégager de tout ce qui est inutile et pourrait distraire l'attention des jurés de ce qui doit fixer leur détermination (C. 9 fruct. an xi).

CHAPITRE XIV.

§ I.

I. Des questions à poser au jury. — II. Questions de fait. — III. Questions de droit. — Attributions du jury. — De la Cour d'assises. — Sur quoi doivent porter les questions. — IV. Faits nouveaux. — Exemples. — Distinctions à établir. —V. Circonstances aggravantes. — VI. Circonstances atténuantes. — Avertissement du président à cet égard.—VII. Questions d'excuse.— De discernement.

I. *Questions à poser.* — Le résumé est suivi de la lecture que fait le président des questions sur lesquelles le jury devra délibérer.

« La question résultant de l'acte d'accusation sera posée en ces termes : L'accusé est-il coupable d'avoir commis tel meurtre, tel vol ou tel crime, avec toutes les circonstances comprises dans le résumé de l'acte d'accusation (337). »

» S'il résulte des débats une ou plusieurs circonstances aggravantes non mentionnées dans l'acte d'accusation, le président ajoutera la question suivante : L'accusé a-t-il commis le crime avec telle ou telle circonstance (338). »

18

» Lorsque l'accusé aura proposé pour excuse un fait admis comme tel par la loi, le président *devra*, à peine de nullité, poser la question ainsi qu'il suit : Tel fait est-il constant (339 nouveau). »

» Si l'accusé a moins de seize ans, le président proposera, à peine de nullité, cette question : L'accusé a-t-il agi avec discernement (345 nouveau). »

II. *Questions de fait.* — Le jury est appelé à prononcer sur l'existence du fait et de l'intention. Tout ce qui s'en éloigne, tout ce qui prête à l'interprétation de la loi pénale, doit lui demeurer étranger; mais aussi tout ce qui rentre dans le fait ou l'intention, et qui tend à établir ou à faire disparaître la culpabilité, les circonstances qui s'y rattachent, qui peuvent caractériser le fait matériel, en faire connaître la moralité ou le modifier de quelque manière que ce soit, tout cela est soumis à l'appréciation du jury, et donne naissance à des questions, qu'elles résultent de l'arrêt de renvoi, de l'acte d'accusation ou des débats. Ainsi, par exemple, si un prévenu soutient que les désignations contenues dans l'acte d'accusation ne s'appliquent pas à lui, c'est là un moyen de défense sur lequel le jury est exclusivement appelé à statuer (Cass. 29 nov. 1833). C'est aussi au jury seul à décider si un homicide involontaire a été commis par imprudence (Cass. 6 mai 1823); si des faits imputés à un accusé sont ou non relatifs à une conspiration ; ou bien quels ont pu être l'objet et l'effet de propos séditieux tenus en public (Cass. 2 oct. 1819). — Lorsqu'il s'agit d'une accusation de faux en écriture de commerce, le jury doit déterminer si les signatures apposées au bas du billet sont celles de commerçans, si l'acte avait pour cause des opérations de commerce (Cass. 14 juin 1832) (1).

Quand le degré de culpabilité dépend de la qualité de l'accusé, comme dans le cas de banqueroute frauduleuse, par exemple, c'est au jury à déclarer si l'accusé était ou non commerçant (Cass. 16 sept. 1831).

III. *Questions de droit.* — La Cour d'assises est incompétente pour juger tous ces points de fait. Elle ne peut changer la nature d'un crime, d'un délit, tel qu'il a été déclaré constant ; mais aussi les questions de droit rentrent exclusivement dans ses attributions ; tellement qu'une Cour d'assises peut, sans commettre de nullité, décider par arrêt que le résumé d'un acte d'accusation sera modifié pour la position des questions, si, d'après ce résumé, le jury devait être appelé à prononcer sur les qualifications légales du fait (Cass. 26 juillet 1832). Si l'un des accusés se trouvait devant une Cour d'assises dans le cas d'être déchu de son opposition à un premier arrêt par défaut, pour ne s'être point conformé aux dispositions de la loi, ce ne serait pas au jury, mais à la Cour d'assises seule à statuer sur ce point (Cass. 17 février 1834).

Une fois les faits d'une accusation et leur moralité reconnus par les jurés, c'est à la Cour d'assises à déterminer leur

---

(1) Le jury peut être interrogé non-seulement sur les faits réels, mais encore sur des faits hypothétiques. Ainsi, lorsqu'après une rixe un individu est mort quelques jours après des blessures qu'il a reçues, on peut poser au jury la question de savoir si, dans le cas où la victime aurait vécu, sa maladie lui aurait occasionné une incapacité de travail personnel pendant plus de vingt jours (C. d'ass. de l'Aveyron, 27 février 1837).

caractère légal, et à faire en conséquence l'application des dispositions de la loi qui en a réglé les élémens constitutifs. C'est là une question de droit qui sort des attributions du jury. — La Cour d'assises examine si les faits déclarés constans par le jury constituent un délit ou un crime, quelles en sont l'espèce et la punition. Un accusé est déclaré coupable de faux avec les circonstances qui déterminent la nature de l'acte entaché de faux ; voilà le fait constant. C'est à la Cour ensuite à juger si le faux est de nature authentique, en écriture de commerce ou de banque, ou en écriture privée ; en effet le président ne pourrait, sous peine de nullité, demander au jury si l'accusé est coupable de faux en écriture de commerce (Cass. 23 décem. 1830).

Un individu est déclaré coupable de fabrication de fausse monnaie, c'est la Cour qui décidera si les pièces étaient des monnaies d'argent ou de billon, et si elles avaient un cours légal en France ; en un mot, c'est la Cour d'assises qui décide si, des faits et circonstances déclarés par le jury, il résulte aggravation de peine ou motif d'excuse (Cass. 4 avril 1833 ; 31 juillet 1821). Un individu est accusé de viol, avait-il autorité sur sa victime ? Voilà une question de droit. Il ne peut être posé aux jurés que celle de savoir si l'accusé était beau-père ou oncle de la victime (Cass. 3 oct. 1835).

Ainsi donc, et pour nous résumer sur ce point, au jury, la déclaration du fait ainsi que de l'intention et de tout ce qui caractérise matériellement et moralement le fait incriminé ; et au juge, l'application et par suite l'interprétation de la loi pénale.

Les questions à poser par le président doivent nécessairement embrasser le fait principal de l'accusation et toutes les circonstances qui peuvent le modifier de quelque manière que ce soit; de telle façon qu'il demeure certain que l'accusation a été présentée aux jurés sous toutes les faces possibles (1).

Aussi les questions doivent-elles porter sur tous les crimes ou délits mentionnés dans l'acte d'accusation; une omission à cet égard entraînerait la nullité; un simple délit renvoyé devant la Cour d'assises comme connexe à un crime oblige à poser deux questions : l'une sur le crime, l'autre sur le délit. Mais si une Cour d'assises n'était saisie d'un procès criminel que par suite d'un renvoi de la Cour de cassation, les questions déjà résolues favorablement à l'accusé ne pourraient être soumises une seconde fois à un nouveau jury : une solution définitive est acquise sur ce point (Cass. 5 août 1833).

IV. *Faits nouveaux.* -- Par suite des débats, des faits nouveaux peuvent surgir; dans certains cas, ils doivent être soumis au jury, s'ils ne sont, par exemple, que des accessoires, des modifications, des circonstances du fait principal porté dans l'acte d'accusation, ou s'ils se rattachent au temps et au lieu de ce fait. — La question résultant de l'acte d'accusation est remplacée, si elle devient sans

---

(1) Il y a nullité lorsque les questions posées au jury diffèrent dans leur substance de celles résultant de l'acte d'accusation. Tel serait le cas où, sur une accusation *d'usage de fausses lettres de change*, les questions porteraient sur l'usage d'obligations revêtues d'un endossement (Cass. 9 sept. 1837).

18.

objet, par une autre question indiquée dans les débats, et résultant explicitement et virtuellement de l'acte d'accusation (1).

Des exemples feront mieux comprendre ceci : la complicité est un accessoire du fait principal; le président des assises peut, si le fait est résulté des débats, poser à l'égard de l'accusé de vol la question subsidiaire de complicité, qnoique dans l'acte d'accusation il n'en ait point été parlé (Cass. 19 sept. 1833).

Un individu est accusé de complicité pour avoir aidé à commettre un vol; on peut poser la question de savoir si l'accusé a procuré les instrumens nécessaires pour exécuter le crime, sachant qu'ils devaient servir à son exécution, quand même cette question ne se trouverait pas dans l'acte d'accusation, si du reste elle résulte des débats (Cass. 2 mai 1827).

Dans une accusation de complot, on peut poser comme résultant des débats la question de non révélation de complot; ce n'est là qu'une modification du fait principal (Cass. 20 mai 1831).

La question de tentative d'un crime peut être soumise au jury, lors même que l'acte d'accusation ne ferait mention que du crime, si la tentative résulte des débats; car

(1) Si le délit découvert pendant les débats se rattache au délit indiqué dans l'accusation et n'est pas, à raison de cette connexité, susceptible de donner lieu à une procédure particulière, il faut le considérer comme une circonstance aggravante, et poser à cet égard une question. Dans le cas contraire, si le délit est distinct, non connexe, il doit être poursuivi séparément (C. 4 avril 1822; 20 août et 9 décembre 1828).

elle n'est en réalité que le crime modifié (Cass. 23 septem. 1830) (1).

Ces exemples suffisent pour faire sentir que le jury doit juger l'accusation telle plutôt qu'elle résulte des débats, que telle que l'a faite l'instruction écrite; et le président est tenu de poser toutes les questions nées des débats et tendant à modifier l'accusation, que l'accusé le requière ou non; cependant ce dernier a toujours le droit de s'opposer à ce qu'une question soit posée sur un fait présenté comme résultant des débats. — Ce sera à la Cour d'assises à rendre un arrêt qui admettra ou repoussera la question.

Mais si les faits nouveaux résultant des débats constituaient par eux-mêmes un crime distinct et différent de celui porté par l'acte d'accusation, il ne pourrait faire l'objet d'une question; ainsi donc quelles que soient les dépositions des témoins entendus, quel que soit l'exposé contenu dans l'acte d'accusation, il ne saurait en résulter de charges actuelles contre l'accusé à raison d'un fait étranger au procès à juger, quand même il y consentirait; le ministère public ne peut que faire telle réserve qu'il jugera con-

(1) Dans une accusation portant sur un fait de vol commis à l'aide de violences qui ont laissé des traces de blessures, on peut poser au jury, comme résultant des débats, une question de coups et blessures, séparément de la question de vol. Les questions résultant des débats peuvent être posées au jury sans l'emploi du mot coupable, nécessaire dans la position des questions indiquées par l'acte d'accusation (C. 10 déc. 1836).

Le président peut, dans une accusation d'infanticide, poser, comme résultant des débats, la question d'homicide par imprudence (Cass. 6 janv. 1837).

venable (Cass. 11 janvier 1834). Et si la Cour venait à prononcer un arrêt de condamnation basé sur un tel motif, il serait nul et même il n'y aurait pas lieu à ordonner le renvoi devant une autre Cour (Cass. 9 sept. 1830). Au reste lorsqu'une circonstance, non exprimée dans l'acte d'accusation, a été ajoutée à une question posée au jury, il n'est point indispensable, à peine de nullité, que le procès-verbal constate qu'elle est résultée des débats. Il y a présomption que ce fait existe s'il n'y a pas eu réclamation de la part de l'accusé (Cass. 19 sept. 1833). — Quand une circonstance, non mentionnée dans l'arrêt de renvoi ou dans l'acte d'accusation, résulte des débats, la question doit être posée, à peine de nullité, d'une manière distincte et séparée de la question principale, afin d'appeler plus spécialement l'attention du jury (Cass. 12 juillet 1832).

Nous avons dit dans le commencement de ce chapitre que le jury avait l'appréciation de toutes les circonstances qui pouvaient modifier ou faire disparaître la culpabilité. Pour faire cette appréciation, il faut que la question lui soit posée. Le président de la Cour d'assises est donc tenu, à peine de nullité de toutes les procédures, de poser les questions résultant des débats et dont la solution négative détruirait la criminalité. Ainsi, dans une accusation d'empoisonnement, si l'accusé soutient que la substance par lui employée n'était pas vénéneuse, les jurés doivent être interrogés sur le point de savoir s'il y a eu, ou non, emploi de poison; ou bien encore, si l'accusé d'un crime soutient qu'il ne l'a commis que par une force majeure à laquelle il n'a pu résister ; ou s'il prétend qu'il n'avait pas l'âge de discernement; dans ces cas, il est indispensable que des questions soient posées au jury (Cass. 10 janv. 1834; — art. 340 Code d'inst. crim.). Quant à la question d'aliénation d'esprit ou de démence, il n'y a pas lieu de la poser, puisqu'elle anéantirait toute idée de culpabilité; elle est toujours résolue implicitement par la réponse du jury.

V. *Circonstances aggravantes.* — Aux termes de l'art. 387, il est exigé, à peine de nullité, qu'il soit posé des questions sur toutes les circonstances aggravantes du crime qui sont mentionnées dans l'acte d'accusation; et si l'accusé était condamné comme coupable du crime, avec la circonstance aggravante, sans que la question sur cette circonstance ait été posée, il y aurait nullité. La nullité pourrait être demandée tant par l'accusé que par le ministère public. Toutefois, on ne doit pas poser aux jurés la question de récidive, qui modifie bien la peine, mais qui est un fait étranger et antérieur au crime poursuivi. L'âge de la personne sur laquelle le crime a été commis peut former une circonstance aggravante, et, dans ce cas, doit donner naissance à une position de questions. Si des circonstances aggravantes ne résultent que des débats, le président en fait l'objet d'une question spéciale, en ces termes (338 inst. crim.) : « L'accusé a-t-il commis ce crime avec *telle* ou *telle* circonstance? » C'est ordinairement le ministère public qui formule ces questions, et quand il le requiert, la Cour ne peut se refuser à les poser. Le président a la faculté lui-même, et d'office, d'ajouter, aux questions résultant de l'acte d'accusation et de l'acte de renvoi, les déclarations aggravantes qui résultent des débats (Cass. 14 octob. 1831).

VI. *Circonstances atténuantes.* — D'après l'article 341 nouveau du Code d'inst. crim. (loi du 9 sept. 1835), il n'est pas nécessaire qu'il soit posé au jury des questions sur les circonstances atténuantes; il suffit de l'avertissement du président, lequel doit être donné, à peine de nullité (1). Le procès-verbal doit aussi, à peine de nullité, constater ce fait.

Il ne suffit pas que le président des assises, après avoir posé les questions aux jurés, leur rappelle qu'il faut que leur décision se forme à la majorité, tant *contre* l'accusé que sur les circonstances atténuantes; il doit encore prévenir les jurés d'une manière explicite que la loi ne leur accorde pas seulement la faculté, mais encore leur impose le devoir d'examiner s'il y a des circonstances atténuantes, et d'en déclarer l'existence, si telle est leur conviction. L'omission de cet avertissement, prescrit par la loi, pourrait nuire à l'accusé, et, par ce motif, entraînerait la nullité de la procédure. Et la nullité résultant, soit du non-avertissement, soit de l'insuffisance de l'avertissement par le président au jury, relativement aux circontances atténuantes, ne vicierait que la déclaration rendue contre l'accusé, et non celle qui aurait été rendue en sa faveur (408 inst. crim.).

Le président ne doit donc qu'avertir le jury, et non pas lui poser une question relative aux circonstances atténuantes; s'il agissait autrement, il commettrait un excès de pouvoir. Cependant, comme l'accusé n'aurait point à se plaindre de cette position irrégulière des questions, puisque,

---

(1) Mais le président n'est point tenu, sous peine de nullité, d'avertir spécialement le chef du jury de l'obligation à lui imposée par l'art. 1er de la loi du 13 mai 1836 de poser à ses collègues la question de circonstances atténuantes (C. 1er juillet 1837).

loin que ses intérêts eussent été blessés, il n'aurait pu qu'en profiter, si des circonstances atténuantes avaient été reconnues par le jury, il serait non-recevable à s'en faire un moyen de cassation (Cass. 17 août 1832). Au reste, ce n'est que pour les faits qualifiés crimes emportant condamnation à des peines afflictives et infamantes, et non pour des faits qualifiés *délits*, passibles seulement de peines correctionnelles, que la loi impose au président de la Cour d'assises le devoir d'avertir le jury de déclarer s'il existe des circonstances atténuantes (Cass. 17 oct. 1832). Il peut même prévenir les jurés qu'ils n'ont point à chercher s'il en existe. Et si, sur une prévention de délit de presse, le jury avait répondu affirmativement, en ajoutant qu'il existait des circonstances atténuantes, cette seconde partie de la déclaration devrait être considérée comme non avenue (1) : la première seule subsisterait dans tout son entier, elle resterait irréfragable et acquise à la vindicte publique. La Cour ne pourrait renvoyer le jury dans la chambre des délibérations pour rendre une nouvelle déclaration, quand même le jury n'aurait pas eu l'intention de faire condamner l'accusé (Code d'inst. crim., 350 ; — Cass. 15 fév. 1834).

Si, malgré l'avertissement du président, le jury ne déclare pas, ou seulement oublie de déclarer qu'il y a des circonstances atténuantes en faveur de l'accusé, son silence con-

(1) Quand même le président aurait averti les jurés que s'ils reconnaissaient l'existence de circonstances atténuantes, ils devaient en faire mention ; et même le greffier, lors de la lecture de la réponse du jury, pourrait omettre la partie relative aux circonstances atténuantes (Cass. 27 fév. 1837).

stitue présomption légale qu'il n'en a pas reconnu l'existence. La lecture de la déclaration des jurés à l'accusé la rend absolument irrévocable, et les jurés ne peuvent point en altérer la force en alléguant qu'ils ont omis ou oublié d'examiner s'il existait des circonstances atténuantes. En effet, aussitôt que la réponse a été remise par le chef du jury au président de la Cour d'assises, revêtue des signatures exigées par l'art. 349, et qu'elle a été lue par le greffier à l'accusé, les jurés ont accompli leur mandat, consommé leurs fonctions et cessé d'être juges dans la cause. Leur déclaration est irrévocablement et définitivement acquise à la société, nonobstant leur propre réclamation, et la Cour d'assises, qui, sur leur instance, se croirait autorisée à les renvoyer délibérer sur les circonstances atténuantes omises par erreur, commettrait un excès de pouvoir et une violation de la chose jugée (Cass. 26 déc. 1833 et 2 janv. 1834). Ces décisions sévères, mais rigoureusement justes, avertissent les défenseurs des accusés que, dans l'intérêt de leurs cliens, ils feront une chose très-utile en demandant, avant la lecture de la déclaration du jury à l'accusé, si les jurés ont délibéré sur les circonstances atténuantes, et, en cas d'omission, ils devront réclamer leur renvoi dans la chambre de délibérations.

Il est utile que les jurés sachent que, par circonstances atténuantes, on ne doit comprendre que celles qui tendent à diminuer la gravité d'un fait, sans en changer la nature. Si donc la déclaration du jury devait modifier tellement la question relative au fait principal qu'elle en fît un autre délit; par exemple, si, dans une affaire de complot, le jury repoussait la question de complot, mais y substituait celle de provocation, il y aurait nullité (Cass. 9 mai 1835).

VI. *Question d'excuse.* — Aux termes de l'art. 339 nouveau du Code d'inst. crim., la question d'excuse ne peut être proposée par l'accusé qu'autant que le fait qui la constitue est admis comme excuse par la loi : ainsi, l'ivresse, la négligence, n'étant pas des motifs d'excuse légitime, ne peuvent servir de base à une question d'excuse. Les Cours d'assises avaient, avant la loi du 28 avril 1832, un pouvoir discrétionnaire pour admettre ou refuser les questions d'excuse ; mais, d'après cette dernière loi, la faculté d'admettre ou rejeter le fait d'excuse ne leur est plus laissée lorsqu'il est admis comme tel par la loi. Le président *devra*, dit l'art. 339 nouveau, à peine de nullité, poser la question d'excuse, etc. Le refus de la Cour d'assises entraînerait une nullité (Cass. 15 mai 1834); qu'importe d'ailleurs que l'acte d'accusation et l'arrêt de renvoi aient gardé le silence à cet égard ; mais le président n'est point tenu de poser la question d'excuse d'office si l'accusé garde le silence ; c'est au défenseur à la proposer (Cass. 12 sept. 1833). La position de question d'excuse peut être requise, non-seulement par l'accusé, mais aussi par le ministère public, et la Cour n'a pas le droit de s'y refuser, quand même l'accusé s'y serait opposé. Si, après la clôture des débats prononcée, l'accusé demandait qu'il fût posé des questions d'excuse dont le résultat serait de donner lieu à des débats nouveaux, la Cour d'assises pourrait révoquer son ordonnance de clôture, sans qu'il y eût nullité (Cass. 8 nov. 1832). La Cour d'assises tout entière est seule juge de la question de savoir si un fait peut être admis comme excuse par la loi. — Dans tous les cas, il appartient toujours aux jurés d'apprécier les motifs qui ont fait commettre un crime, et les excuses que la loi n'admettrait pas peuvent, comme atténuations morales, exercer sur leur esprit une influence favorable à l'accusé ; ils devront les faire entrer dans les élémens de la culpabilité, et s'ils leur paraissent de nature à éloigner l'idée d'une intention criminelle, ils pourront, en toute conscience, déclarer que l'accusé n'est point coupable.

La question de discernèment n'est posée (art. 345 nouveau) que dans le cas seulement où l'accusé a moins de seize ans, jamais lorsqu'il est plus âgé. Les jurés devront aussi comprendre qu'il est des cas où, quoique l'accusé ait plus de seize ans, il n'était pas en état de discerner la moralité de l'acte pour lequel il est poursuivi, et, dans ce cas encore, ils auront à peser dans leur conscience s'il n'y aurait pas lieu de le déclarer non coupable, malgré son âge. Si l'accusé a moins de seize ans, et qu'il soit décidé qu'il ait agi sans discernement, il est bien à la vérité acquitté, mais il peut être détenu dans une maison de correction jusqu'à sa vingtième année ; les jurés auront à examiner encore s'il ne serait pas plus prudent de le déclarer purement et simplement non coupable, plutôt que de le soumettre à une détention qui peut lui donner des vices au lieu de le corriger.

§ III.

Position des questions. — Ordre des questions. — Réclamations sur la position des questions.

I. *Position des questions.* —Avant le système de législation adopté aujourd'hui, l'usage était de diviser en autant de questions séparées chacun des élémens constitutifs et modificatifs de la culpabilité de l'accusé. Ainsi on distinguait la culpabilité, l'intention et les circonstances aggravantes ou atténuantes de l'accusation, afin de ne soumettre au jury que des questions simples. La question favorable à l'accusé devait être posée la première, et l'interversion de l'ordre des questions faisait annuler la procédure et le jugement. Aujourd'hui, le président de la Cour d'assises n'est plus assujéti à aucune observation de forme particulière; seulement il doit présenter aux jurés le fait de l'accusation avec toutes ses circonstances, telles qu'elles résultent soit de l'arrêt de renvoi, soit du résumé de l'accusation, soit des débats. Il peut aussi adopter l'ordre qui lui convient (Cass. 8 avril 1830). Il peut même se dispenser de reproduire textuellement le dispositif de l'arrêt de renvoi ou de l'acte d'accusation, pourvu qu'il en conserve la substance ; mais il faut cependant que toute la criminalité du fait porté dans l'acte d'accusation soit énoncée (Cass. 6 juillet 1832).

Pour faire disparaître les difficultés que présentait la nécessité de poser un grand nombre de questions pour constater le fait et les circonstances d'un crime, le législateur a proscrit la complexité des questions. Tel est le but de la disposition de l'art. 337, qui porte : « La question résultant de l'acte d'accusation sera posée en ces termes : L'accusé est-il coupable d'avoir commis tel meurtre, tel vol, ou tel autre crime, avec les circonstances comprises dans l'acte d'accusation ? » Toutefois, cette disposition n'est pas prescrite à peine de nullité; car la Cour de cassation a déclaré qu'elle n'était qu'indicative et réglementaire, et non limitative; que la Cour d'assises n'était nullement liée, pour la position des questions, par la qualification donnée au fait par l'arrêt de renvoi et l'acte d'accusation, et qu'il suffisait que le fait fût exposé dans les questions, de manière à soumettre au jury celui qui sert de base à l'accusation, avec toutes ses circonstances (Cass. 22 septembre 1831). Tout ce que la loi veut, c'est que le jury puisse donner une réponse qui purge l'accusation tout entière, et qui ne laisse à la Cour que l'application de la loi.

Quoi qu'il en soit, la question : l'accusé est-il coupable ? comprend le fait et l'intention, de telle sorte que si le jury répond : « *Oui, l'accusé est coupable,* » il exprime non-seulement que le fait matériel est constant, et que l'accusé en est l'auteur, mais encore qu'il n'était ni insensé, ni aliéné, ni contraint par force et par violence, et qu'il y a eu pleine volonté de sa part. Si le jury répondait : « *Non, l'accusé n'est point coupable,* » il y aurait acquittement complet.

Cependant, il est des cas où le mot coupable a un sens moins étendu, et où il ne s'applique qu'au fait matériel, et ne peut entraîner de condamnation; c'est lorsque le mot coupable se trouve modifié par le reste de la déclaration du jury; par exemple, lorsqu'après avoir déclaré l'accusé coupable d'un vol, il ajoute qu'il ne l'a pas commis frauduleusement; ici le mot *coupable* devient synonyme du mot *auteur*, et il ne peut, dans ce sens, établir aucune criminalité. Nous disons que le mot coupable, seul et sans correctif, est une réponse complète, parce qu'elle décide la matérialité du fait et l'intention. Si donc, sur une question de meurtre, le jury, au lieu de faire la réponse complexe : *Oui, l'accusé est coupable,* répondait seulement : « Oui, l'accusé *est l'auteur du crime,* » il n'y aurait pas de culpabilité, parce qu'il ne serait pas constant que l'intention de tuer ait existé. Il faudrait, dans ce cas, pour qu'il pût y avoir condamnation, que le jury eût ajouté que l'accusé était l'auteur du crime, et qu'il l'avait commis avec intention ; néanmoins, quoiqu'une déclaration de cette nature fasse disparaître la criminalité, la Cour d'assises n'en a pas moins, ainsi que nous l'avons dit plus haut, le droit de condamner l'accusé acquitté à des dommages-intérêts envers la partie civile qui le requiert, en considérant comme constante l'existence matérielle des faits (Cass. 21 octobre 1835).

Dans les questions que pose le président, la date et le lieu où le crime a été commis doivent être déterminés ; et s'il résulte des débats que la date n'est plus la même que celle portée dans l'acte d'accusation, le président peut la changer, pourvu que le fait principal et la circonstance indiquée soient les mêmes que ceux de l'arrêt de renvoi et de l'acte d'accusation (Cass. 19 mai 1831). Il n'est pas cependant nécessaire, à peine de nullité, que les questions soumises au jury contiennent l'indication du jour où le crime a été commis. Il suffit qu'elles fassent mention de l'année, du mois et de l'heure, surtout si le jury n'a pas pu être induit en erreur sur le fait soumis à son examen, alors qu'il y a une parfaite parité entre le fait principal et les circonstances indiquées dans l'arrêt de renvoi et l'acte d'accusation. D'ailleurs, l'art. 337 n'exige pas, à peine de nullité, que les questions contiennent ces indications (16 oct. 1832).

II. *Ordre des questions.* Le président doit suivre l'ordre logique des idées, et diviser les questions autant que cela peut être nécessaire pour éviter la confusion. Ainsi, lorsque l'acte d'accusation contient deux faits principaux, distincts et indépendans, il doit être posé une question pour chacun d'eux. — De deux circonstances d'un crime, réunies dans le résumé d'un acte d'accusation, le président doit faire deux questions séparées : par exemple, dans le cas d'accusation de vol, avec circonstances aggravantes, il y a nécessité de poser une question sur le fait principal et une autre sur les circonstances aggravantes ; en un mot, les questions du fait principal et celles des circonstances doivent, d'après les nouvelles dispositions de la loi du 9 septembre 1835, être distinctes et séparées (1). Au reste,

(1) La loi du 9 septembre 1835 a modifié et remplacé les art. 341-343-346-347 et 352. Les articles nouveaux obligent les présidens des Cours d'assises à faire des questions distinctes de toutes les circonstances qui environnent le fait principal et augmentent ou diminuent sa criminalité. Ainsi, le nouvel art. 341 fait une distinction entre le fait principal et les autres circonstances, quant à l'expression de la majorité et à l'introduction du vote au scrutin secret. L'art. 343 oblige le chef du jury à lire successivement chacune des questions posées et qui exige le vote, tant sur le fait principal et les circonstances aggravantes que sur les circonstances atténuantes. L'art. 346 étend la distinction des votes aux questions d'excuse et aux questions de discernement. L'art. 352 oblige la Cour d'assises à délibérer sur le fait principal quand il n'aura été déclaré constant par le jury qu'à la simple majorité. Enfin la loi du 15 mai 1836, art. 1 et 2, veut que le vote du jury se fasse par bulletins écrits et par scrutins distincts et successifs sur le fait principal d'abord, et, s'il y a eu lieu, sur chacune des circonstances aggravantes, ainsi que sur les questions d'excuse, de discernement et de circonstance aggravante.

Les questions qui doivent être soumises au jury par le président

c'est la confusion et l'ambiguïté que le président doit éviter, car s'il ne résultait pas clairement de la réponse du jury quelle a pu être son opinion, la position des questions et les déclarations devraient être annulées.

III. *Réclamations.* — Le président seul doit être chargé de la position et de la rédaction des questions, à moins qu'il ne s'élève une contestation, soit de la part de l'accusé, soit de la part du ministère public ; c'est à la Cour entière alors à en décider. — Rien dans le Code n'autorise ni ne prohibe les réclamations sur la position des questions ; mais la défense de l'accusé serait incomplète si l'on refusait d'écouter ses observations sur un point d'une aussi haute importance pour lui. Aussi est-il de jurisprudence que le défenseur de l'accusé a le droit d'être entendu sur la position des questions. La Cour d'assises doit statuer, et la décision n'est pas attaquable, qu'elle ait ou non admis la réclamation (Cass. 2 juin 1832 ; — 6 nov. 1835). S'il n'y a pas de récla-

sont nécessairement corrélatives au mode de délibération que les lois nouvelles ont imposé au juré, et ces dispositions nouvelles ont pour objet d'ériger en nécessité légale la position séparée, par le président des assises, du fait principal et de chaque circonstance aggravante résultant de l'accusation et des débats, et de proscrire ainsi les questions complexes. Il résulte donc de la combinaison des dispositions de la loi de septembre 1835 et de mai 1836, que le président des assises doit, *à peine de nullité*, poser distinctement au jury les questions relatives au fait principal et aux circonstances renfermées dans l'arrêt de renvoi, ainsi que celles relatives aux circonstances qui peuvent résulter des débats, ou aux faits d'excuse et de discernement (C. 5 juillet, 3 août 1837 ; Sirey, 1837-1-748 ; Cass. 9-28 sept. et 5 novembre 1837).

mations, l'ordonnance du président est inattaquable (Cass. 12 mai 1813).

Avant de remettre les questions au jury, le président devra en donner lecture, et cette formalité, quoiqu'elle ne soit pas exigée à peine de nullité, nous paraît indispensable pour que les réclamations puissent se faire sur la position des questions. C'est avant que le jury se soit retiré dans la chambre des délibérations que le défenseur ou l'accusé peut poser des réclamations. Une fois la déclaration du jury faite, signée et lue publiquement, il n'y aurait plus de possibilité de demander une nouvelle position de questions (Cass. 15 sept. 1831).

S IV.

Avertissement du président. — Remise aux jurés des questions. — Qu'entend-on par pièces du procès.

I. *Remise des questions aux jurés.* — Après avoir posé et lu les questions, le président donne aux jurés, à peine de nullité, l'avertissement suivant : « Votre vote doit avoir lieu au scrutin secret. Votre décision, tant *contre* l'accusé que sur l'existence des circonstances atténuantes, doit se former à *la majorité, à peine de nullité*, et votre déclaration doit constater *la majorité*, sans que néanmoins le nombre de voix puisse en être exprimé, si ce n'est dans le cas où l'accusé serait par vous reconnu coupable du fait principal à *la simple majorité*. = Enfin si vous pensiez qu'il existe en faveur de l'accusé reconnu coupable, des circonstances atténuantes, vous devez en faire la déclaration en ces termes : A *la majorité* il existe des circonstances atténuantes. « Le président remettra ensuite aux jurés en la personne du chef du jury et en présence de l'accusé (art. 341 nouveau. Cass. 16 mars 1826 et 9 juin 1831) les questions écrites et signées par lui. Puis il fait retirer l'accusé de l'auditoire. Au chapitre de *la majorité* nous développerons les conséquences et l'application de l'avertissement du président.

II. *Des pièces.* — En même temps que les questions, les jurés doivent recevoir du président l'acte d'accusation, les procès-verbaux constatant le délit, les pièces du procès, consistant non-seulement dans les documens écrits, mais encore dans tous les objets qui peuvent servir à la preuve, tels qu'arme, instrument, produit du crime, etc. (1).

(1) Les procès-verbaux dressés par les gens de l'art, lors même qu'ils auraient été appelés aux débats comme témoins, peuvent être remis aux jurés (C. 26 août 1830).

Un rapport de docteur en médecine, qui n'a point été précédé de la prestation de serment prescrit par l'art. 44, C. d'instr. crim., est dépourvu du caractère d'authenticité qui peut lui mériter foi et confiance entière ; mais il peut être considéré comme un document utile, propre à fournir des renseignemens de nature à éclairer la religion du jury, et, par conséquent, il se trouve compris dans les pièces du procès dont l'art. 341 du C. d'instr. crim. autorise la remise au jury (C. cass., 28 sept. 1837).

On peut comprendre parmi les pièces les interrogatoires d'un co-accusé décédé ou renvoyé de l'accusation (C. 14 août 1817; 15 avril 1824).

On peut encore remettre des lettres missives, même anonymes (C. 28 mars et 28 juin 1833).

Mais il faut toujours que l'accusé ait été mis à portée, ce que sa signature ou son paraphe peut constater, de discuter ces pièces (C. 30 déc. 1830; 27 avril 1832).

Les déclarations écrites des témoins, même de ceux qui n'ont pas paru aux débats, sont exceptées; autrement ce serait agir contre la publicité de l'instruction, exigée à peine de nullité. Le président, en vertu de son pouvoir discrétionnaire, a pu les lire à l'audience (1); mais cette lecture faite en présence des accusés et de leurs défenseurs, qui ont pu critiquer et combattre les dépositions, ne saurait exercer la même influence que si elle avait lieu dans la chambre des délibérations. Les interrogatoires et déclarations d'un co-prévenu décédé pendant l'instruction peuvent être remis aux jurés; il en est de même d'un rapport d'experts, d'un procès-verbal de vérification d'écritures, de lettres missives saisies chez l'accusé. Les jurés ne doivent point recevoir de certificat pour ou contre l'accusé, à moins que ce ne soit des attestations sur sa moralité; un arrêt, par exemple, qui l'établirait (Cass. 13 oct. 1832; — 28 mars 1829).

(1) Toutefois il n'y a pas nullité si, avec les pièces du dossier, le président avait remis au jury la déposition, en forme de certificat, d'une personne qui n'a pas figuré aux débats, et dont il a été donné lecture à l'audience. Des pièces émanées du ministère de l'intérieur, et contenant des renseignemens administratifs sur l'accusé, peuvent être considérées comme pièces du procès lorsqu'elles ont été cotées, paraphées et que le défenseur a pu en prendre connaissance (C. 20 oct. 1832).

CHAPITRE XV.

§ I.

I. Préliminaires de la délibération. — Instruction affichée. — Explication de cette instruction. — Les jurés peuvent-ils s'occuper des dispositions pénales ? — Omnipotence du jury. — Motifs de l'adoption des circonstances atténuantes. — C'est au jury qu'appartient le droit de prononcer les circonstances atténuantes. — Faiblesse de certains jurés.

II. Forme de la délibération. — Secret exigé. — Droit de discussion maintenu. — Vote secret. — Comment les jurés votaient sous la loi de 1827 et sous le Code d'inst. crim. — Le secret n'existait qu'entre les jurés et le public. — Changement opéré par la loi du 9 sept. 1835. — Motifs de ce système.

I. *Préliminaires de la délibération.* — Les jurés se rendent immédiatement dans leur chambre pour y délibérer ; avant de commencer la délibération, le chef du jury *leur fait lecture* (1) de l'instruction suivante, qui doit en outre être affichée en gros caractères dans le lieu le plus apparent de leur chambre : « La loi ne demande pas

(1) Cette lecture n'est pas prescrite à peine de nullité (C. 26 juin 1817).

» compte aux jurés des moyens par lesquels ils se sont
» convaincus; elle ne leur prescrit point de règles des-
» quelles ils doivent faire particulièrement dépendre la
» suffisance et la plénitude d'une preuve; elle leur prescrit
» de s'interroger eux-mêmes dans le recueillement, et de
» chercher dans la sincérité de leur conscience quelle im-
» pression ont faite sur leur raison les preuves rapportées
» contre l'accusé et les moyens de sa défense. La loi ne
» leur dit point : *Vous tiendrez pour vrai tout fait at-*
» *testé par tel ou tel nombre de témoins.* Elle ne leur dit
» pas non plus : *Vous ne regarderez pas comme suffisam-*
» *ment établie toute preuve qui ne sera pas formée de*
» *tel procès-verbal, de telles pièces, de tant de témoins*
» *ou de tant d'indices;* elle ne leur fait que cette seule
» question qui renferme toute la mesure de leur devoir :
» *Avez-vous une intime conviction?*

» Ce qu'il est bien essentiel de ne pas perdre de vue,
» c'est que toute la délibération du jury porte sur l'acte
» d'accusation; c'est aux faits qui le constituent et qui en
» dépendent qu'ils doivent uniquement s'attacher; et ils
» manquent à leur premier devoir lorsque, pensant aux
» dispositions des lois pénales, ils considèrent les suites
» que pourra avoir, par rapport à l'accusé, la déclaration
» qu'ils ont à faire. Leur mission n'a pas pour objet la
» poursuite ni la punition des délits; ils ne sont appelés
» que pour décider si l'accusé est, ou non, coupable du
» crime qu'on lui impute. »

Le premier paragraphe de cette instruction indique aux
jurés que leur conviction ne doit se former que par le résultat oral des débats; ils ne doivent former leur convic-

tion que sur ce qu'ils ont vu et entendu pendant les débats, et il ne leur est pas permis de puiser ailleurs les élémens de leur déclaration (Cass., 13 novembre 1834). Ce n'est point le nombre de dépositions qui doit exercer de l'influence sur leur esprit, mais la valeur intrinsèque de ces dépositions ; ce ne sont point les pièces et procès-verbaux qui doivent les déterminer d'une manière exclusive, mais leur propre jugement et leur conscience, et quand même il paraîtrait constant qu'un accusé a commis un crime ou un délit, ils devraient encore examiner dans leur sagesse si, quoique la loi n'admette pas d'excuse dans la circonstance actuelle, il est bien réellement et intentionnellement coupable; et dans le cas contraire, rien ne les empêcherait de rendre un verdict d'acquittement. — La dernière partie de l'instruction est fort importante, elle défend aux jurés de s'occuper des suites que pourra avoir, par rapport à l'accusé, la déclaration qu'ils ont à faire. Le juré, a-t-on dit, qui, pensant aux dispositions des lois pénales, considérerait les suites que peut avoir, par rapport à l'accusé, la déclaration qu'il est appelé à rendre, manquerait au premier de ses devoirs. Ce principe nous semble bien rigoureux; on ne saurait nier que notre pénalité ne soit pas toujours proportionnée au délit : par conséquent il n'est pas possible d'empêcher un juré de réfléchir, avant de faire sa déclaration, aux peines disproportionnées que pourra entraîner la condamnation de l'accusé. Pour établir une comparaison équitable entre l'action reprochée à l'accusé et le crime prévu par la loi, ne faut-il pas être à même d'apprécier tous les élémens dont l'une et l'autre la composent, en jeter un regard sur cette loi pénale que notre devoir est de connaître ? Les jurés sont maîtres de déclarer un accusé non coupable, quoique le fait matériel soit constant, en décidant en sa faveur la question d'intention ; rien ne saurait donc les empêcher de se prononcer de la même manière, ou au moins d'admettre des circonstances atténuantes, lorsque la peine qu'entraînerait la déclaration de culpabilité leur paraîtra disproportionnée au fait incriminé. Toutefois nous sommes loin d'admettre cette *omnipotence* qui pourrait illégalement déclarer bien ce qui est mal, innocent ce qui est criminel, qui appellerait blanc ce qui est noir et noir ce qui est blanc. Une telle omnipotence serait le scandale de la raison. Les jurés sont chargés de constater, en présence et au nom du pays, la réalité de l'action qui constitue le fait incriminé et la *moralité* de l'intention qui en fut le mobile. Ils n'appliquent pas la loi, leur déclaration ne porte exclusivement que sur le fait. Il faut donc qu'à l'égard du fait et des circonstances morales qui l'environnent, les jurés aient un droit d'appréciation complet et indépendant, car c'est seulement et spécialement la culpabilité légale qu'ils ont à proclamer ; or le droit qu'ils ont d'apprécier et d'examiner ne leur donne-t-il pas celui d'envisager la loi pénale pour juger si le fait sur l'existence duquel ils vont statuer est environné des circonstances morales qui doivent le soumettre à sa sanction ? Surtout maintenant que les circonstances atténuantes sont admises, le jury est nécessairement appelé à comparer la peine pour savoir si elle est en rapport avec la criminalité de l'accusé, et pour décider, en toute conscience, si cette pénalité ne doit pas être abaissée par la déclaration des circonstances atténuantes. — Que nos lois criminelles soient moins rigoureuses, et ce que l'on blâme chez les jurés, comme excès de pouvoir, deviendra justice; et leur premier devoir est d'être justes.

En un mot les jurés sont autorisés, nous le pensons du moins, à apprécier la peine pour prononcer sur la criminalité d'un fait; mais ils dépasseraient leurs droits si, se faisant législateurs, ils voulaient, en principe, annihiler la loi. Ce serait celle-ci qu'ils jugeraient et non l'accusé; de leur part il y aurait déni de justice et usurpation.

C'est pour empêcher ces écarts et en même temps pour donner à l'humanité des jurés toute latitude que le système des circonstances atténuantes a été adopté.

« L'inflexibilité dans la fixation de la peine enferme dans des catégories trop étroites des faits qui ne se ressemblent que par le nom et diffèrent par leur essence; la conscience se révolte de ces assimilations; le jury s'habitue à faire peu de cas de sa propre sincérité, il se réfugie dans des fictions, c'est-à-dire, dans le mensonge; il se parjure de peur d'être cruel. »

Voilà ce que dit M. le garde-des-sceaux, en présentant le projet de la loi du 28 avril 1832, sur l'art. 1341 qui permet au juré d'admettre dans toutes les causes criminelles les circonstances atténuantes, tant était évident le désaccord des lois criminelles de notre pays, avec son état actuel de civilisation ! Et pour y porter remède, on a eu recours à cette omnipotence du jury qu'on a si blâmée, seulement on l'a limitée aux circonstances atténuantes.

La loi du 25 juin 1824 donnait aux juges la faculté d'atténuation partielle et restreinte. Celle de 1832 est illimitée, il n'y a pas de crime dont, dans des circonstances rares sans doute, l'atrocité ne pût être atténuée par l'entraînement de la passion, la légitimité de la vengeance, la violence de la provocation morale ou d'incompréhensibles égaremens de la raison (Rapport de la loi de 1832).

La déclaration des circonstances atténuantes a été conférée au jury comme un droit qui appartient essentiellement aux juges du fait et non comme une prérogative dont on l'aurait bénévolement gratifié après en avoir dépouillé les juges du droit; par l'admission des circonstances atténuantes un crime descend d'un degré. C'est une incrimination spéciale, accidentelle, qui déroge à l'incrimination générale de la loi. Or, la vérification de toute incrimination ne rentre-t-elle pas dans les attributions du jury (Rapp. de la Chamb.)? Le verdict de culpabilité est le résultat de trois opérations : le fait est-il constant? L'accusé en est-il l'auteur? L'auteur a-t-il agi avec une intention répréhensible? Il est clair que les circonstances atténuantes aboutissent par leur nature à la troisième de ces opérations, qu'elles s'y classent comme autant d'espèces variées du fait intentionnel et que conséquemment elles devaient être prononcées exclusivement (1).

Le législateur avait espéré qu'on n'aurait recours au système d'atténuation qu'avec parcimonie et qu'il n'en serait fait usage que dans des cas où un intérêt puissant pour le jury s'attacherait à un accusé dont la vie serait menacée; ou bien encore quand la disproportion entre le crime et la peine serait flagrante. Mais cette espérance, il faut l'avouer, a été trompée. Il a été fait abus du système d'indulgence accordé aux jurés; on a vu les crimes les plus grands, les

______

(1) Considérations sur le respect légal dû aux déclarations du jury, par M. Masson, conseiller à la Cour royale de Nancy.

mieux caractérisés, les mieux *qualifiés*, atténués, et leur auteur échapper à la sanction légale. Tout omnipotens qu'ils sont sur ce point, les jurés doivent être convaincus d'une vérité, c'est qu'ils ont un juge au-dessus d'eux, et ce juge duquel relèvent toutes les autorités possibles, est l'opinion publique qui s'effraie de certains arrêts qui tendent, en haine de la loi, à diminuer la peine devant le fait le plus atroce et le plus avéré.

Au reste, on conçoit qu'un excès d'indulgence ait suivi un excès de sévérité, et peu de temps suffira pour corriger chez les jurés l'usage peu mesuré que quelques-uns ont fait du pouvoir nouveau qui leur a été conféré. Ils comprendront bientôt, si déjà ils ne l'ont compris, que la tranquillité publique dépend en grande partie, non pas de la rigueur, mais de la justice raisonnée de leurs décisions; qu'il est bon d'adoucir les lois, mais qu'il est impolitique et dangereux de les annihiler.

II. *Forme et secret de la délibération.* — Les jurés délibèrent d'abord sur le fait principal, ensuite sur chacune des circonstances.

Au moment où ils vont entrer dans leur chambre, le président a dû rappeler aux jurés la défense de communiquer avec qui que ce soit; aussi ils ne peuvent sortir de leur chambre qu'après avoir formé leur déclaration et pour la donner. Les jurés ont en effet prêté serment de ne communiquer avec personne, et le président est autorisé à prendre toutes les précautions nécessaires pour les forcer à tenir leur serment. Ainsi l'entrée de leur chambre ne peut plus être permise pendant leurs délibérations, pour quelque cause que ce soit, que par le président, et par écrit. Le juré contrevenant pourrait être puni d'une amende de 500 francs au plus, et tout autre qui enfreindrait l'ordre, ou qui ne l'aurait pas fait exécuter, serait passible d'un emprisonnement de vingt-quatre heures. — Le président est tenu de donner au chef de la gendarmerie de service l'ordre spécial et par écrit de garder les issues de la chambre des jurés ; ce chef sera dénommé et qualifié dans l'ordre (343).

La violation du secret de la délibération devrait entraîner la nullité de la déclaration ; c'est une formalité substantielle pour l'accusé comme pour la société. C'est la plus grande, la plus puissante garantie de l'impartialité du jugement, puisque son objet est de soustraire la conscience du jury à toute suggestion de toute influence étrangère ; aussi le greffier de la Cour n'est-il point admis dans la chambre du jury. Il est vrai de dire, cependant, que la prohibition de communiquer au dehors n'est point d'une rigueur telle que le juré ne puisse quitter un instant la chambre des délibérations pour aller, par exemple, dans la salle d'audience prendre des notes qu'il aurait oubliées (Cass. 28 déc. 1832).

Si les jurés ne peuvent sortir de la chambre des délibérations, il est aussi expressément défendu aux personnes étrangères d'avoir des communications avec eux. — Ce n'est que le cas d'une absolue nécessité, telle que le besoin d'alimens, une indisposition subite, qui puisse autoriser à enfreindre cette défense ; néanmoins il est permis aux jurés, s'ils étaient embarrassés dans la manière d'exprimer leur délibération, de demander le président pour qu'il vînt éclaircir leurs doutes, et rien ne s'oppose à ce que ce magistrat, ou le juge par lui désigné, se transporte dans la chambre des délibérations ;

mais cette démarche ne peut avoir lieu d'office, il est indispensable qu'une invitation préalable ait été faite par le chef du jury (Cass. 5 mai 1827).

Une fois revenus dans l'auditoire pour faire leur déclaration, il n'y a que la Cour qui ait le droit de les faire rentrer de nouveau dans leur salle de délibération, quand même plusieurs jurés demanderaient à y retourner pour y délibérer de nouveau, sous prétexte qu'une erreur aurait été commise (Cass. 11 sept. 1827).

Si un renvoi des jurés a été ordonné pour compléter leur déclaration, le président de la Cour d'assises ne peut, même invité, pénétrer dans la salle des délibérations. C'est à l'audience qu'il a dû leur fournir tous les éclaircissemens nécessaires, et aucun motif ne l'autorise à s'introduire près d'eux (« parce que cette manière de procéder, dit la Cour de cassation, est également contraire à la publicité des débats, à la liberté et au secret de la délibération du jury, et au droit de défense ») (Cass. 3 mars 1826). Et si le ministère public était instruit de la violation du secret, il pourrait, avant le prononcé de la déclaration, demander l'annulation de la délibération à la Cour d'assises qui devrait faire droit à son réquisitoire. Toutefois si l'accusé avait été acquitté, il n'y aurait pas lieu de déclarer la délibération nulle.

III. *Discussion.* — Le chef du jury lira successivement chacune des questions telles qu'elles ont été posées; puis il sera procédé au vote par scrutin secret (345 L. du 9 sept. 1835).

D'après cet article, il semblerait que, la lecture des questions faite, on doive immédiatement procéder au vote secret;

effectivement la loi ne dit pas que le président avertira les jurés qu'ils ont autre chose à faire ; — mais dans son rapport sur la loi du 9 septembre 1835 relative au jury, *M. Parant* convient que les jurés peuvent délibérer, c'est-à-dire qu'ils sont maîtres seuls de le faire ou de ne le pas faire. Au reste voici les termes du rapport lu à la Chambre des députés , le 11 août 1835 : « La délibération antérieure au vote est quelquefois inutile ; mais dans bien des cas elle est indispensable, elle peut éclaircir ; elle fait ressortir des preuves à charge ou à décharge, elle résout des doutes et tranquillise la conscience des jurés. Aussi le gouvernement a-t-il déclaré, dans l'exposé de ses motifs, qu'il entendait bien conserver au jury la liberté de discussion dans la chambre des délibérations : non-seulement il le dit, mais cela résulte de l'ensemble de notre législation sur cette matière. Le projet pour lequel on demande votre assentiment n'est pas destiné à former une loi isolée : il doit se fondre dans le Code d'inst. crim., dont il remplace plusieurs dispositions : or dans le nombre de celles qui sont conservées est l'art. 344, ainsi conçu : « Les jurés délibéreront sur le fait principal et ensuite sur chacune des circonstances. » — C'est précisément dans le but de les mettre en situation de délibérer, que la remise leur est faite des pièces du procès, aux termes de l'art. 341. — Les jurés sont donc bien avertis de leurs droits, *ils peuvent délibérer*, et ce n'est qu'après leurs délibérations que , suivant l'art. 345 modifié par le projet, ils sont appelés à voter sérieusement. Le Code d'inst. crim. sera donc, sur ce point, des plus explicites, il n'est pas possible de conserver le moindre doute sur le droit du jury. »

Et, en effet, il est nécessaire que les jurés s'éclairent :

lorsqu'un procès a été compliqué, que des séances longues et fatigantes se sont succédé pendant plusieurs jours, qu'après l'instruction, la plaidoirie pour l'accusation, celle pour la défense, ont elles-même occupé des séances entières, il arrive souvent que le jury a oublié l'état réel de la cause; c'est alors que la discussion devient nécessaire. Elle rappelle les débats, les fait revivre et réveille la mémoire qui, rentrant en possession des détails déjà effacés, ramène l'esprit des jurés vers la vérité des faits qui doivent seuls former leur conviction.

Il paraît cependant que ces raisons, toutes puissantes qu'elles sont, ne suffirent pas. Postérieurement à la loi du 9 sept. 1835 et sous l'empire de l'ordonnance qui vint régler le mode de voter, un président des assises du ressort de la Cour royale de Bourges déclara aux jurés que, par suite du scrutin secret, la faculté de délibérer leur était interdite. Un pareil système blessait évidemment tous les principes d'humanité et de justice. Il enlevait à l'accusé sa dernière garantie, au juré le droit d'examiner et de s'éclairer. Aussi, lorsqu'à la Chambre des députés on discuta la loi qui devait remplacer l'ordonnance réglementaire du vote des jurés, M. Parant, le député dont déjà nous avons, tout à l'heure, rapporté les paroles, a-t-il blâmé énergiquement ce système inique. « Le président de la Cour d'assises, a-t-il dit, qui a répondu à des jurés qu'ils n'avaient pas la faculté de délibérer, a méconnu ses devoirs. Il s'est mis à côté de la loi; je n'hésite pas à le déclarer nettement, et je désire que cette critique parvienne jusqu'à lui, afin qu'il ne retombe pas dans la même faute. »

Quoi qu'il en soit, et pour éviter toute espèce de doute

sur le droit de discussion appartenant aux jurés, un député a proposé, à la séance du 29 avril 1836, un amendement placé en tête de l'article 1er de la loi appelée à remplacer l'ordonnance du 9 sept. 1835, et conçu en ces termes : « Après la discussion prescrite par l'article 342 du Code d'intruction criminelle... »

Cet amendement ne fut pas adopté parce qu'il fut considéré comme inutile. L'importance de la difficulté nous oblige de citer ce qu'a dit, sur ce point, M. Hébert, rapporteur :

« Messieurs, au nom de la commission, je ne viens pas repousser l'amendement comme mauvais, mais comme inutile. Lorsque vous avez eu à discuter la loi du 9 septembre 1835 la question de savoir si la faculté de délibérer était maintenue pour les jurés s'est élevée devant vous; elle a été traitée par M. Parant, dans son rapport, et dans toutes les parties de cette chambre on est demeuré d'accord (le procès-verbal de la discussion en fait foi) qu'on n'avait porté ni voulu porter aucune atteinte au droit de délibération. Alors même que le résultat de la discussion n'aurait pas été positif, il suffirait de lire la loi et les modifications que vous y avez apportées pour être convaincu, le texte à la main, que la délibération des jurés a été maintenue.

» En effet, que porte l'art. 342 du Code d'instruction criminelle ? « Les questions étant posées et remises aux jurés, ils se rendront dans leur chambre pour y délibérer. » Quels sont les articles que la loi du 9 septembre 1835 a eu pour objet de modifier? Est-ce l'art 342? Non; en tête de la loi nous lisons : « Les art. 341 et 345 du Code d'instruction criminelle sont modifiés ainsi qu'il suit. » Il a donc été bien entendu, lors de la discussion, et il résulte nettement du texte de la loi du 9 septembre mis en regard des art. du Code d'instruction criminelle, que le droit de délibérer est maintenu, en vertu de ce principe que, lorsqu'on modifie une loi, tous les articles qui ne sont pas modifiés restent avec leur force et leur vertu. — Est-il nécessaire en présence de résultats aussi positifs d'ajouter en tête de la loi que le droit de délibérer est maintenu?... Ne serait-il pas à craindre, si l'on ajoutait à la loi la disposition proposée, que quelques personnes n'eussent la pensée que l'obligation est imposée à tout juré de prendre nécessairement part à la discussion? Ce n'est pas évidemment l'intention de l'auteur de l'amendement : ce qu'il veut, c'est que la loi soit exécutée comme elle l'a toujours été, c'est-à-dire que les jurés puissent lire les pièces, échanger des interpellations et des réponses, engager, en un mot, une délibération. Sous ce rapport, il ne veut donc que l'exécution de la loi telle que nous l'entendons ; je persiste à penser que l'amendement doit être rejeté comme inutile. »

M. Parant, qui avait été rapporteur de la loi du 9 septembre 1836, a ajouté « qu'il avait toujours été bien entendu que l'on conservait dans le Code d'instruction criminelle les dispositions qui autorisent la délibération ; que la loi actuelle ne faisait que se rattacher à l'art. 345 et régler la manière dont les jurés devront voter au scrutin ; qu'il était donc parfaitement inutile de dépasser le but et l'objet de la loi, de dire ce qui se trouve déjà dans le Code d'instruction criminelle. » Ce fut d'après ces explications que l'amendement, considéré comme superflu, ne fut pas adopté.

Il est donc maintenant bien clair, bien évident, sans qu'un

doute puisse être élevé à cet égard, que le jury a le droit, mais non pas l'obligation, de discuter et de délibérer; et que si un président d'assises, faussant la loi, prétendait que les jurés n'ont pas la faculté de délibérer, ils ne devraient avoir aucun égard à cette recommandation, et délibérer ou discuter s'ils le jugeaient convenable.

Aux termes de la loi nouvelle, le vote doit avoir lieu au scrutin secret, tant sur le fait principal et les circonstances aggravantes que sur les circonstances atténuantes. — Il est procédé de même et au scrutin secret sur les questions qui seraient posées sur les faits d'excuse et de discernement (345 et 346).

Sous l'empire de la loi de 1827, et sous le Code d'instruction criminelle, voici comment se recueillait l'opinion de chaque juré, après la délibération :

Le chef du jury interrogeait les jurés d'après les questions posées, et chacun d'eux répondait ainsi qu'il suit :

1° Si le juré pensait que le fait ne fût pas constant, ou que l'accusé n'en fût pas convaincu, il disait : Non, l'accusé n'est pas coupable. En ce cas, le juré n'avait rien de plus à ajouter.

2° S'il pensait que le fait était constant, et que l'accusé en fût convaincu, il disait : Oui, l'accusé est coupable d'avoir commis le crime avec toutes les circonstances comprises dans la position des questions.

3° S'il pensait que le fait était constant, que l'accusé en était convaincu, mais que la preuve n'existait qu'à l'égard de quelques-unes des circonstances, il disait : Oui, l'accusé est coupable d'avoir commis le crime, avec telle circonstance; mais il n'est pas constant qu'il l'a fait avec telle autre.

4° S'il pensait que le fait était constant, que l'accusé en était convaincu, mais qu'aucune des circonstances n'était prouvée, il disait : Oui, l'accusé est coupable, mais sans aucune des circonstances.

C'était de la même manière que le juré répondait, s'il y avait lieu, sur les questions d'excuse et de discernement (444—445). Ses réponses se faisaient à haute voix; le chef du jury les recueillait, puis il rédigeait la déclaration.

Ainsi le secret du vote n'existait que des jurés au public, mais non entre eux, puisqu'ils prononçaient à haute voix le résultat de leur opinion sur l'interprétation du jury. La loi du 9 septembre 1835 a modifié ce système en consacrant d'une manière générale et complète le principe du vote secret. Le législateur a pensé que ce délai, seul moyen de protéger l'indépendance du jury, était d'assurer toutes ses prérogatives, d'écarter de lui toutes les craintes, toutes les faiblesses, et de faire arriver à sa conscience toute la vérité, sans qu'aucune influence du dedans ou du dehors de l'enceinte des délibérations puisse la refouler.

C'est pour assurer l'exécution de ce système qu'a été rendue la loi du 13 mai 1836, qui, remplaçant l'ord. du 9 sept. 1835, règle maintenant d'une manière définitive les formes du vote du jury au scrutin secret; chaque jour, dans chaque affaire, il importe que cette loi soit examinée dans toutes ses dispositions; car si elle présente quelques avantages, elle offre aussi des inconvéniens, et fait naître des difficultés que les jurés ne peuvent apprécier, prévoir ou éviter sans une étude préalable assez approfondie.

Nous avons pensé qu'il nous était permis de changer le mode que nous avons suivi jusqu'à présent, et qu'un commentaire analytique de la loi, non-seulement concourrait au but que nous nous sommes proposé en faisant cet ouvrage, mais devenait même, dans l'état actuel des choses, une véritable nécessité.

Pour plus de facilité, sous chaque article nous avons placé l'explication du texte, les controverses qu'il a soulevées, les difficultés que ses dispositions présentent, et les solutions qui peuvent leur être appliquées.

§ II.

LOI DU 13 MAI 1836

RÉGLANT LE MODE DU VOTE DU JURY AU SCRUTIN SECRET.

ARTICLE PREMIER.

Le jury votera par bulletins écrits et par scrutins distincts et successifs, sur le fait principal d'abord, et, s'il y a lieu, sur chacune des circonstances aggravantes, sur chacun des faits d'excuse légale, sur la question de discernement, et enfin sur la question des circonstances atténuantes, que le chef du jury SERA TENU *de poser toutes les fois que la culpabilité de l'accusé aura été reconnue.*

SOMMAIRE.

Vote par boules. — Vote par bulletins secrets. — Motifs du rejet du premier système et de l'adoption du second. — Qu'entend-on par scrutins distincts et séparés. — Le chef du jury est tenu de poser la question de circonstances atténuantes.

I. Deux moyens étaient proposés pour exprimer le résultat de la volonté des jurés : le vote par boules et le vote par bulletins écrits. Le premier mode a paru, même en l'environnant de tous les moyens propres à parler aux sens et à l'attention du juré, tels que l'inscription sur les boules des mots *oui* et *non*, ou *pour* et *contre*, la différence dans leur forme, dans leur couleur, ne pas offrir la certitude complète que la distraction, le trouble, la précipitation n'amèneraient point une méprise funeste ; on a craint qu'un juré ne se trompât de boule, et la possibilité d'une erreur toujours très-grave a fait rejeter cette forme de voter.

Le vote par bulletin écrit, à la vérité, assurait moins le secret que le vote par boule, mais il donnait plus de garantie sous le rapport de la certitude, et entre cette garantie et celle du secret, il n'y avait pas à balancer ; car la certitude est un principe fondamental en matière criminelle. On a en effet pensé que, obligé d'écrire *oui* ou *non*, le juré ne risquerait pas plus de se tromper que dans le vote oral, puisqu'il a besoin de méditation. A l'instant où il écrit le résultat de son opinion, il traduit sur le papier la pensée de sa conscience. Il y a donc dans ce mode certitude entière, et le court instant que le juré met à tracer son vote est encore un temps de plus donné à sa délibération intime. C'est une dernière occasion et de se recueillir et de réfléchir.

II. Les mots par scrutins *distincts* et *successifs* signifient qu'à chaque question il devra s'opérer un scrutin séparé, qu'une réponse seule ne pourra être commune au fait principal et aux circonstances. Mais les bulletins séparés pourront être écrits en même temps et par tous les jurés à la fois. C'est là le sens de la loi (1).

(1) Toutefois il a été décidé que, lorsque à la question de savoir

III. Une modification fort importante a été apportée par la loi du 13 mai 1836 à l'ordonnance du 9 septembre 1835, en ce qui concerne les circonstances atténuantes.

Par l'article 3 de cette ordonnance, les circonstances atténuantes ne devaient être mises en délibération dans le sein du jury qu'autant que la demande en aurait été faite par un ou plusieurs jurés. La crainte de manifester son opinion, un oubli, pouvaient donc empêcher un juré de demander que la question de ces circonstances atténuantes fût soumise au jury, et l'intérêt de l'accusé se trouvait gravement compromis, puisque personne n'était spécialement chargé de le défendre. La nouvelle loi, plus généreuse et plus prévoyante que l'ordonnance qu'elle remplace, donne à l'accusé une dernière ressource en prescrivant au chef du jury de poser la question des circonstances atténuantes, toutes les fois que la culpabilité aurait été reconnue. Si, dans le cas prévu par la loi, le chef du jury, qui est *tenu de poser* la question de circonstances atténuantes, omettait de le faire, la défense de l'accusé ne serait plus complète, les

si l'accusé est coupable, avec les circonstances que ce vol a été commis 1° par plusieurs personnes; 2° dans une maison habitée; 3° avec violence, le jury répond : à la majorité, oui l'accusé est coupable avec toutes les circonstances comprises dans la position de la question, on ne peut soutenir que d'une pareille réponse résulte la preuve que le jury n'a procédé qu'à un seul et même scrutin sur le fait principal et sur les circonstances aggravantes, et qu'ainsi il y a eu violation des lois du 9 septembre 1835 et du 13 mai 1836. (V. ci-dessus, page 222, les arrêts de Cass. des 2 juillet, 3 août, 9-28 sept. et 8 nov. 1837 qui ont jugé la question de division du vote).

jurés devraient réclamer contre cette omission et sur leur déclaration unanime que cette question n'a pas été posée, il devrait y avoir lieu à annuler la délibération du jury.

—

ART. 2.

A cet effet, chacun des jurés, appelé par le chef du jury, recevra de lui un bulletin ouvert, marqué du timbre de la Cour d'assises, et portant ces mots : SUR MON HONNEUR ET MA CONSCIENCE, MA DÉCLARATION EST.... il écrira à la suite, ou fera écrire secrètement par un juré de son choix, le mot OUI ou le mot NON, sur une table disposée de manière à ce que personne ne puisse voir le vote inscrit au bulletin. Il remettra le bulletin écrit et fermé au chef du jury, qui le déposera dans une urne ou une boîte destinée à cet usage.

SOMMAIRE.

Inconvéniens qui peuvent survenir quand le juré ne sait pas lire. — Et quand il ne sait ni lire ni écrire —Pourrait-on écarter des listes électorales le juré illettré,— Y a-t-il obligation pour un juré d'écrire le vote d'un juré illettré. — Le bulletin, déposé dans l'urne peut-il en être retiré.

I. Cet article désigne les formes et la manière de voter, il prévoit le cas où un juré ne pourrait pas écrire son bulletin, et alors il l'autorise à emprunter la main d'un juré de son choix. Remarquons, en passant, que cette formalité ne devient rigoureusement nécessaire que quand le juré, qui ne peut ou ne sait écrire, est d'avis de la condamnation ; car s'il veut acquitter, il peut se dispenser d'écrire ou de faire écrire son opinion; il lui suffira, ainsi que nous le verrons plus bas, de déposer un bulletin blanc.

Si le juré qui est dans la nécessité d'avoir recours à un autre juré pour formuler sa pensée sait lire, le mode indiqué par l'art. 2 n'entraîne d'autre inconvénient qu'une atteinte légère portée au secret du vote. Dans ce cas, en effet, le juré pourra vérifier si son opinion a été fidèlement exprimée.

II. Mais si le juré qui ne peut écrire ne sait pas lire non plus, la difficulté se complique; il sera dans l'impossibilité de surveiller celui qui écrit pour lui, et de s'assurer si sa volonté a été accomplie. Or, n'est-il pas dans les choses possibles que le juré, dont le secours a été invoqué, écrive son opinion personnelle, au lieu de celle qu'on lui dicte, et change ainsi un vote de condamnation en un vote d'absolution, ou bien, chose terrible à supposer, un vote d'absolution en un vote de condamnation? Sans doute, si le juré illettré craint que son mandat n'ait pas été fidèlement exécuté, il pourra montrer le bulletin qu'il a fait écrire à d'autres jurés, et leur demander quel est le vote inscrit. Mais alors le secret du vote disparaît tout-à-fait, et la loi manque son principal but. Et si le juré illettré n'a conçu aucune défiance, s'il a cru que sa volonté avait été religieusement énoncée, la déception est complète, et les conséquences incalculables.

Ces cas se présenteront, sans doute, fort rarement; cependant comme la loi n'exige pas que le juré sache au moins lire, les hypothèses que nous venons d'indiquer peuvent naître, et nous sommes forcé d'avouer qu'il n'y a pas de solution complètement satisfaisante. On a dit que l'administration pourrait écarter le juré tout-à-fait illettré. Mais, dans l'état actuel des choses, les fonctions de juré ne sont pas seulement un droit, mais une charge. Il ne serait ni juste, ni légal, d'en exclure ou d'en affranchir une partie de la nation (1). Et cette partie illettrée est encore nombreuse dans certaines provinces. Il y aurait souvent, d'ailleurs, impossibilité de retrancher, de la liste des jurés, les citoyens illettrés : dans quelques départemens, si un tel re-

(1) A la séance de la chambre des députés, du 3 février 1838, une pétition qui avait pour but de déclarer inadmissible aux fonctions de juré et d'électeur tout individu ne sachant ni lire ni écrire fut écartée par l'ordre du jour.

« Lorsque la loi sur les élections et sur celle du jury, a dit le rapporteur, ont été rendues, le législateur ne s'est point dissimulé les inconvéniens signalés dans la pétition; mais il n'a pas cru devoir établir une exception au principe qui est la base de ces lois : ce principe, c'est que tous les citoyens qui sont intéressées par leur position de fortune au maintien de l'ordre et de la paix sont aptes à remplir les fonctions de juré et d'électeur... Il a pensé que l'homme illettré n'était pas dans l'impossibilité absolue de remplir le droit de juré et d'exercer le droit électoral..... S'il est quelques affaires qui, par leur nature, exigent plus de lumières que la plupart des questions de fait qui sont soumises au jury, au moyen du droit de récusation accordé à l'accusé et au ministère public, il n'est pas à craindre que leur décision soit remise à des hommes incapables de les juger.... »

Nous ferons observer que la raison de repousser la pétition, tirée du droit de récusation qui existe en faveur de l'accusé et du ministère public, est à peu près illusoire, car ce n'est guère que dans la chambre des délibérations, au moment même de voter, que l'ignorance d'un juré est connue, et on sait que le droit de récusation a dû être exercé avant la formation du tableau du jury de jugement.

tranchement s'opérait, les listes des jurés pourraient se trouver singulièrement réduites. — Il dépend des citoyens seuls de rendre facile et simple, sur ce point, l'exécution littérale de la loi. Maintenant les connaissances élémentaires sont mises à la portée de tout le monde, l'éducation publique est en progrès, l'instruction se propage, se popularise, et doit devenir, par suite de l'extension immense de la presse, familière à tous les citoyens indistinctement. Espérons donc que nous arriverons bientôt à cette époque où tous ceux qui sont appelés à remplir les augustes fonctions de jurés seront en état d'écrire, eux-mêmes, le vote que la loi leur demande, et qu'on n'en rencontrera plus parmi eux un seul qui ne sache ce que le plus pauvre habitant des États-Unis ou de la Prusse n'ignore pas, lire et écrire.

III. Avant de quitter cette matière, nous devons parler d'une circonstance qui, tout invraisemblable qu'elle est, peut se présenter, puisque déjà elle a eu lieu et qu'elle a été rappelée à la chambre des pairs lors de la discussion de la loi que nous commmentons. A l'audience de la Cour d'assises de la Creuse, du 29 octobre 1835, un incident remarquable s'est élevé. Avant d'entrer dans la salle des délibérations, un juré ayant demandé s'il y avait pour lui obligation d'écrire le vote d'un de ses collègues, dans le cas où il en serait requis, le président répondit que la loi n'autorisait aucun moyen coercitif, et que c'était affaire de pure convenance. Précisément un des jurés siégeans, s'étant trouvé dans l'impossibilité d'écrire lui-même son vote, s'adressa successivement à plusieurs de ses collègues, qui déclinèrent la mission d'écrire un autre vote que le leur, et ce ne fut pas sans peine qu'il en trouva un qui voulut bien venir à son secours. La nouvelle loi, sous l'empire de laquelle cet incident a eu lieu, ne dit rien sur ce point; qu'arriverait-il si, dans un cas semblable, aucun des jurés ne voulait écrire le vote de son collègue illettré? — On est obligé d'avouer qu'ici la loi est insuffisante, puisqu'il n'existe aucun moyen coercitif. Heureusement cette insuffisance perd de sa gravité en raison de l'extrême rareté du cas et de la juste confiance qui doit toujours être accordée à des citoyens appelés à exercer un ministère aussi auguste que celui de juré.

IV. Aussitôt que le bulletin est déposé dans l'urne, il est acquis soit à l'accusation soit à l'accusé; le juré qui l'a déposé ne peut demander que son bulletin lui soit rendu, sous le prétexte, par exemple, qu'il aurait inscrit une réponse contraire à son intention; en effet la recherche de ce bulletin, que rien ne distingue des autres, pourrait donner naissance à des fraudes, ou à des erreurs. Cependant si ce bulletin était le seul qui fût encore déposé dans l'urne, il n'y aurait aucun danger réel à permettre qu'il en fût retiré.

—

Art. 3.

Le chef du jury dépouillera chaque scrutin en présence des jurés, qui pourront vérifier les bulletins. — Il en consignera sur-le-champ le résultat en marge ou à la suite de la question résolue, sans néanmoins exprimer le nombre des suffrages, si ce n'est lorsque la décision affirmative, sur le fait principal, aura été prise à la simple majorité. — La déclaration du jury, ou ce qui concerne les circonstances atténuantes, n'exprimera le résultat du scrutin qu'autant qu'il sera affirmatif.

SOMMAIRE.

En prescrivant le dépouillement du scrutin *en présence* des jurés, la loi crée une garantie pour l'accusé. — Chaque juré a le droit de contrôler l'opération de dépouillement en inspectant les bulletins à mesure qu'ils sont ouverts, et de s'assurer que chaque bulletin porte bien le vote proclamé par le chef du jury.

Voici comment s'opère le dépouillement : le chef du jury retire les scrutins des boîtes où ils ont été jetés, il en fait l'énumération, afin de s'assurer qu'ils sont en nombre égal à celui des votans ; il les ouvre successivement et lit en même temps et à haute voix les réponses contenues dans chacun, sépare les votes affirmatifs de ceux négatifs, les compte, et enfin consigne le résultat définitif du dépouillement à la suite de la question résolue. — Pour chaque question la même opération a lieu.

S'il résulte du vote des jurés que la culpabilité de l'accusé a été reconnue, le chef du jury est *tenu* de provoquer un scrutin sur les circonstances atténuantes, et il y est procédé de la même manière que pour les questions posées.

La culpabilité reconnue, si les circonstances atténuantes sont admises, la déclaration du jury devra contenir le résultat du scrutin. Il n'y a en effet aucun inconvénient à ce que l'accusé sache à quelle majorité il doit l'adoucissement de sa peine ; mais si les circonstances atténuantes ne sont pas admises, le résultat du scrutin ne doit pas être connu. Le motif qui a porté le législateur à décider en ce sens est une disposition de bienveillance et d'humanité. On n'a pas voulu que la réponse négative fût mentionnée dans la déclaration du jury pour ne pas aggraver la situation du condamné lors de l'application de la peine.

Nous expliquons en détail dans le chapitre suivant les questions de majorité.

ART. 4.

S'il arrivait que, dans le nombre des bulletins, il s'en trouvât sur lesquels aucun vote ne fût exprimé, ils seraient comptés comme portant une réponse favorable à l'accusé. Il en serait de même des bulletins que six jurés, au moins, auraient déclarés illisibles.

SOMMAIRE.

Bulletins blancs. — Bulletins portant *oui* et *non*. — Bulletins illisibles. — Qui peut déclarer un bulletin illisible ou non. — Comment doit être résolue la question. — Qu'arriverait-il si parmi les jurés il s'en trouvait plusieurs illettrés. — Erreur grave d'un juré illettré.

I. Les dispositions de cet article reposent sur ce principe de justice éternelle, à savoir, que tout ce qu'il y a de douteux, d'incertain, d'inexplicable dans un vote, duquel dépend soit la vie, soit l'honneur, soit la liberté des citoyens, doit être interprété en faveur de l'accusé. — Lors de la discussion de l'article 4, on proposa un amendement qui consistait à dire que, s'il se trouvait des bulletins blancs ou illisibles qui empêchassent de constater une majorité suffisante pour ou contre l'accusé, il serait procédé à un nouveau tour de scrutin, lors duquel les bulletins blancs ou illisibles seraient comptés comme portant une réponse favorable à l'accusé. Cet amendement fut repoussé et avec raison. En effet c'était faire subir une seconde épreuve à l'accusation, et enlever à l'accusé ou à la société des droits acquis par le résultat de la première délibération. — Dès que la discussion est terminée, dès que les jurés ont délibéré, que le vote a eu lieu, tout est fini ; qu'il y ait des bulletins blancs ou illisibles, qu'il y ait doute ou inadvertance, qu'importe? tout ce qui n'est pas expliqué s'interprète dans l'intérêt de l'accusé. Sous la législation du Code d'inst. crim. où les jurés devaient répondre à chaque question à haute voix, s'il arrivait qu'un juré ne pût ou ne voulût pas se décider à dire *oui* ou *non*, dans cet état d'incertitude les autres jurés disaient : « Votre voix doit compter pour l'acquittement, » et ils acquittaient. Il n'y a jamais eu deux manières d'interpréter le doute quand il s'agit d'un procès criminel. Ainsi donc quand un bulletin n'exprime aucune opinion, il doit être compté en faveur de l'accusé.

II. Sous l'ordonnance du 9 septembre, le bulletin blanc (il n'était pas parlé des bulletins illisibles) était considéré comme portant une réponse négative à la question posée, c'est-à-dire que, s'il s'agissait de l'existence du fait principal, d'une question de discernement ou de circonstances aggravantes, il était favorable à l'accusé, et défavorable s'il s'agissait d'excuse légale ou de circonstances atténuantes.

Cette interprétation n'a paru ni logique ni équitable. On a pensé, avec raison, que le bulletin blanc, signe du doute, ne pouvait s'interpréter, tantôt pour, tantôt contre l'accusé, selon que la formule de l'interrogation variait et qu'il devait toujours s'interpréter en faveur de l'accusé, puisqu'en définitive c'est toujours de son sort dont il s'agit; et par analogie on a décidé que le bulletin illisible, n'exprimant en réalité aucune opinion, devait, quant à ses effets, être assimilé au bulletin blanc et produire le même résultat. L'article 4 de la loi du 13 mai 1836 a consacré ce système conforme aux principes fondamentaux de toute législation criminelle, qui veulent que le doute soit interprété en faveur de l'accusé, sous quelque forme qu'il se présente.

Ainsi, s'il s'agit de circonstances atténuantes, sept voix contre six sont nécessaires pour les faire admettre, six suffisent pour les faire rejeter. Supposons qu'il se trouve six bulletins portant une réponse favorable et non douteuse et un bulletin blanc : dans ce cas il y a nécessité de donner à ce bulletin une signification, sous peine de faire résoudre la question par onze jurés. On se trouve dans l'alternative inévitable de le compter *pour* ou *contre* ; or de quel droit inscrirait-on ce bulletin niuet parmi ceux dont le résultat serait de faire appliquer la peine la plus forte? Non-seulement pour être humain, mais encore pour être juste, il a fallu décider qu'il ne pourrait nuire à l'accusé et dès lors il a été considéré comme favorable.

S'il s'agit de l'excuse légale, l'art. 347 du Code d'inst. crim. veut que, comme sur le point principal, la division du jury contre l'accusé se forme à la majorité. Le nombre de voix pour rejeter l'excuse est donc le même que pour la déclaration de culpabilité. Lorsque six voix seulement ont voté contre l'accusé sur le fait principal, et qu'il se trouve en outre un billet blanc, cela ne suffit pas pour le faire condamner;

or si le bulletin blanc ajouté aux six voix contre l'accusé ne peut rien pour le faire condamner sur le fait principal, il ne peut davantage contre lui quand il se réunit aux six voix qui rejettent l'excuse légale.

III. Qu'il nous soit permis de faire ici une réflexion. La loi (art. 342-345 Code d'inst. crim.) ordonne aux jurés de répondre aux questions qui leur sont posées, s'ils ont ou non l'intime conviction de la culpabilité de l'accusé. L'attention la plus scrupuleuse, la plus soutenue, devient donc nécessaire pour former et établir cette conviction. Or, pour celui qui peut écrire sa pensée, le billet blanc ne saurait jamais être le fruit de la conviction, puisqu'il n'exprime rien. Il n'est que l'expression du doute, peut-être même le résultat de l'inattention, de la paresse, ou de la crainte. C'est donc manquer au devoir le plus sacré que de jeter dans l'urne, dont doit sortir pour l'accusé la vie ou la mort, un bulletin sans manifestation de la volonté de celui qui l'a déposé ; c'est se soustraire à l'obligation imposée par la loi ; on conçoit très-bien que le juré illettré, qui veut absoudre et qui en même temps veut conserver son vote secret, mette volontairement un bulletin blanc, qui, dans ce cas exceptionnel, n'est pas le résultat du doute, mais bien une manifestation légale de sa volonté. Mais le juré qui, avec tous les moyens d'exprimer sa pensée, espère se soustraire à la responsabilité de son vote par l'émission d'un bulletin blanc, ce juré, sans mettre à l'abri sa conscience, puisque le résultat de ce qu'il fait est prévu, agissant sans courage ou sans conviction, est indigne des hautes fonctions que la loi lui confère (1).

(1) Le bulletin portant les mots *oui* et *non* doit être considéré comme n'exprimant aucun vote, et mis au rang des bulletins blancs.

IV. L'ordonnance du 9 septembre 1835 n'avait pas prévu le cas d'un bulletin illisible. C'est une des principales modifications apportées par la nouvelle loi. Le bulletin illisible est assimilé à celui sur lequel aucun vote n'a été exprimé, et, comme nous l'avons dit plus haut, il doit avoir le même effet que le bulletin blanc; en conséquence il comptera en faveur de l'accusé. Mais le jury peut être divisé sur le point de savoir si le bulletin mal écrit est illisible : à qui appartiendra-t-il de décider ? — Au jury lui-même, car lui seul a le droit de faire l'appréciation du bulletin.

En effet le chef du jury n'a pas plus de pouvoir que les autres jurés, il est leur organe pour proclamer leur volonté quand elle est clairement et régulièrement formulée; mais il n'est point l'interprète des votes ambigus.

La Cour d'assises ni son président n'ont pas plus droit que le chef du jury, car la loi leur refuse toute intervention dans la délibération du jury.

Considérer la délibération comme incomplète et admettre que les jurés, soit de leur propre mouvement, soit par l'ordre de la Cour, procéderont à un nouveau scrutin, c'eût été enlever à l'accusé et à la société des droits acquis par le résultat de la première délibération, leur faire courir les hasards d'un changement dans les votes que le premier scrutin aurait révélés; dans ce cas d'ailleurs rien n'aurait garanti que le bulletin illisible ne serait pas représenté.

C'est donc avec raison que l'interprétation du bulletin illisible a été remise à la décision du jury seul (1).

(1) Sous le régime de l'ordonnance du 9 septembre 1835, la Cour

Mais quel est le nombre de jurés nécessaire pour que le bulletin soit déclaré illisible ?

Il a été décidé que six jurés suffisaient. En effet, dès qu'il y a six jurés qui ont déclaré le bulletin illisible, il devient impossible de compter ce bulletin contre l'accusé, puisque la majorité n'est pas contre lui. Il y a un simple partage qui, toutes les fois qu'il s'agit de condamner, ne peut être interprété défavorablement à l'accusé.

Il y a encore un motif plus déterminant : si parmi les douze bulletins il en existe un illisible, il y a par cela seul présomption que sur les douze jurés il y en a un qui ne sait pas écrire ; or, le nombre de ceux qui peuvent examiner sérieusement le bulletin et décider de sa signification se réduit à onze, dont la majorité est six.

V. De ce qui vient d'être dit, il résulte que le bulletin reconnu illisible par six jurés devra s'ajouter aux voix favorables, qu'il s'agisse de décider du fait principal, de circonstances aggravantes ou atténuantes, du fait d'excuses légales ou de discernement.

En un mot, pour que le bulletin soit compté contre l'accusé, il faut qu'il y ait plus de six jurés qui aient déclaré non-seulement qu'il était lisible, mais encore qu'il portait un vote contre l'accusé. Donc toutes les fois qu'il se trouvera six jurés qui, sur la question d'illisibilité, seront fa-

d'assises du Gers (Auch) ordonna, le 28 novembre 1838, dans une affaire où se trouvait un bulletin illisible de juré, que le jury rentrerait dans la chambre du conseil, que les bulletins seraient détruits et qu'il serait procédé à un vote nouveau. Une telle décision serait maintenant illégale et entraînerait la nullité de la délibération.

vorables à l'accusé, soit en déclarant le bulletin illisible, soit à plus forte raison en disant que le bulletin comprend le mot *non*, toutes les fois que ce cas se rencontrera, il y aura acquisition en faveur de l'accusé des bulletins contestés.

Ainsi, supposons que sur douze jurés sept ou plus aient déclaré un bulletin lisible, cela ne le place pas immédiatement au nombre de ceux qui sont contre l'accusé ; reste une nouvelle opération à faire pour savoir ce qu'il porte. Les voix des jurés qui seront d'avis que ce bulletin porte une réponse favorable s'ajouteront à ceux qui, ayant déclaré le bulletin illisible, le considéraient comme favorable à l'accusé.

Une difficulté se présente ici : les jurés se trouvent, dans l'hypothèse prévue, obligés de se livrer à une sorte de vérification ; comment se formera la majorité pour savoir si un bulletin est lisible ou non, lorsque dans le jury il se trouvera une ou plusieurs personnes ne sachant pas lire ? ne pourrait-il pas arriver que le juré illettré déclarât un bulletin lisible, et dît qu'il portait telle ou telle réponse, de telle sorte qu'il se trouverait parmi les experts un homme qui aurait la puissance de juger sans en avoir l'aptitude.

La loi ne contient aucune disposition applicable à cette circonstance, qui heureusement ne peut se présenter que très-rarement. Ce que l'on peut dire, c'est que le juré qui ne sait pas lire, appelé à se prononcer sur l'illisibilité d'un bulletin, n'hésitera pas sans doute à le déclarer illisible, puisqu'il le sera pour lui, et qu'en conscience il ne pourrait agir autrement. La loi n'a point fait de catégorie, et elle a laissé à chaque juré son droit et sa conscience ; et rien ne doit faire penser qu'il s'en trouvera qui abuseront de l'un ou n'écouteront pas l'autre (1).

VI. Toutes les difficultés que nous venons de soulever seraient évitées si, au nombre des conditions voulues pour être capable d'être juré, la loi exigeait celle de savoir lire et écrire. Peut-être serait-ce le véritable moyen de dégager

(1) Un fait tout récent (*National* du 25 mai 1836) et qui, plus que tous les raisonnemens, justifie les hypothèses précédentes, vient de se passer dans une des Cours royales du nord de la France. A l'occasion d'une affaire de presse, il se trouva un bulletin illisible, dont le chef du jury crut devoir demander l'explication au juré qui l'avait écrit. Ce juré, qui, par une mauvaise honte, avait tenté d'écrire pour la première fois de sa vie, répondit au chef du jury, qui croyait avoir pu découvrir le mot *oui*, que c'était là en effet le mot qu'il avait voulu écrire. Le chef du jury lui ayant alors demandé quelle avait été sa pensée en écrivant ce mot, le juré répondit : *Oui, l'accusé n'est pas coupable.* On lui fit comprendre qu'il avait exprimé un vote contraire à sa pensée. Heureusement le prévenu n'avait que cette voix contre lui. Mais peut-on penser sans frémir à ce qui serait arrivé si le ..s de simple majorité s'était présenté, si le chef du jury avait lu sans hésiter le mot oui, et s'il n'avait point cru devoir demander d'explication ? Sous la législation antérieure aux lois de septembre 1835, la réponse orale du juré devant être explicite ne pouvait exciter aucune incertitude de ce genre.

En adoptant le système nouveau du secret et du bulletin écrit, le législateur a dû prévoir le cas d'ignorance de quelques jurés, et par suite simplifier, le plus possible, la réponse écrite. Mais le fait que nous venons de citer prouve que la simplification opérée n'est pas sans danger, et que, si on eût pu le faire, il eût été bien plus prudent, aussi bien dans l'intérêt de l'accusé que dans celui de la société, d'exiger une réponse explicite, et qui n'eût jamais besoin d'interprétation.

la nouvelle loi de tous les embarras d'exécution qui l'environnent; mais nous nous sommes expliqué sur ce point plus haut; et nous avons dit que, dans l'état présent des choses, une exclusion d'une classe de citoyens avait paru impossible.

Art. 5.

Immédiatement après le dépouillement de chaque scrutin, les bulletins seront brûlés en présence du jury.

Art. 6.

La présente loi sera affichée en GROS CARACTÈRES *dans la chambre des délibérations du jury.*

SOMMAIRE.

Affiche de la loi.— Elle n'a pas de sanction.—Comment empêcher des irrégularités d'être commises. —[Droit des jurés.

La loi doit être affichée dans la chambre des délibérations des jurés, afin qu'elle puisse les guider dans leur vote, et leur servir comme de manuel, et aussi afin qu'ayant continuellement sous les yeux le texte même de la loi, il leur soit impossible de s'écarter involontairement de ses dispositions.

Mais si les jurés n'exécutent pas la loi, s'ils ne votent pas en secret, par bulletins écrits, quel sera le résultat de cette infraction à la loi?

La loi nouvelle, pas plus que l'ordonnance qu'elle remplace, ne s'est occupée de cette question. Les jurés restent maîtres de divulguer leur vote, et il n'existe aucun moyen de coercition qui les oblige à l'écrire. Comment d'ailleurs s'assurer que la loi n'a pas été exécutée ? Les délibérations des jurés sont secrètes, nul ne peut pénétrer près d'eux : seuls ils ont la police de la chambre des délibérations, et leur chef est préposé pour la faire observer. Disons-le donc, la loi n'a pas de sanction, et les irrégularités qui seraient commises contre ses dispositions, en ce qui concerne le vote secret et l'inscription des bulletins, resteront impunies, parce qu'aucune nullité n'est prononcée dans ces cas pour défaut d'exécution, et que d'ailleurs il y a impossibilité de constater le fait qui aura donné lieu à la contravention.

« Toutefois, a dit le rapporteur de la loi à la chambre des députés, si, par suite d'irrégularités graves dans la délibération du jury, une déclaration défavorable à l'accusé était donnée, si les jurés qui veulent l'absolution sont en nombre suffisant, ils feront, à l'audience, la déclaration publique de ce qui s'est passé à la chambre des délibérations, et dans ce cas le Code d'inst. crim. a donné les moyens à la Cour de renvoyer le jury dans la chambre des délibérations, et de faire substituer une nouvelle déclaration à celle contre laquelle il s'élevait de justes réclamations. »

CHAPITRE XVI.

§ I.

I. De la majorité. — Il y en a deux sortes. — Majorité simple. — Absolue. — Gradation dans la garantie donnée aux accusés en matière criminelle. — Exécution de la loi de 1835. — Elle a un effet rétroactif. — Quand la majorité doit-elle être exprimée. — Fait principal. — Circonstances aggravantes. — Questions d'excuse, — Circonstances atténuantes. A quoi elles s'appliquent. — II. Formes de la déclaration. — Modèle de déclaration du jury.

———

I. La décision du jury doit être l'expression d'une majorité réelle, et qui ne peut être contestée.

Il y a deux majorités : la majorité simple et la majorité absolue. — La première se forme d'une seule voix en sus de la moitié ; — la seconde, de deux voix au moins au-dessus de cette moitié.

En matière civile, la majorité simple a toujours suffi, parce que, les deux parties étant en présence, il faut bien que l'une des deux gagne son procès. Mais en matière criminelle, comme c'est la société qui accuse et qui demande une peine; qu'il s'agit des intérêts les plus précieux, et que l'erreur qui condamne est bien autrement à craindre que l'erreur qui absout, il a généralement été reconnu qu'il fallait, pour qu'un accusé fût condamné, les preuves les plus certaines; la loi de 1831 est venue consacrer ce principe, en refusant d'admettre une condamnation qui n'aurait été prononcée qu'à la simple majorité, c'est-à-dire de sept contre cinq.

Une remarque qui n'est pas sans intérêt, c'est la sollicitude de la loi pour graduer sur ce point la garantie des accusés. — S'il s'agit d'une simple contravention, le juge de paix, un seul homme prononce. — S'il s'agit d'un délit, c'est le tribunal de police correctionnelle, composé de trois juges, qui doit décider à la majorité. A la vérité, la peine peut s'élever à cinq ans de prison; mais il y a appel, qui offre à l'accusé une ressource dont il peut profiter. Si c'est un crime qu'il faut punir, la juridiction et les formes de la décision changent. Il y a le juge du fait et le juge du droit : le juge du fait, c'est le jury, composé de douze citoyens ; le juge du droit, c'est la Cour d'assises, composée de magistrats inamovibles, et pour suivre cette gradation, la majorité, selon la loi de 1831, ne pouvait se former qu'aux deux tiers des voix, ou à huit contre quatre. — La loi du 9 septembre 1835 a changé ce système, en appliquant au jugement des crimes les règles suivies pour le jugement des délits. Ainsi elle a décidé que la simple majorité, c'est-à-dire la moitié des voix plus une, suffirait pour une condamnation. — « La décision du jury, dit l'art. 347 modifié, tant *contre* l'accusé que sur les circonstances atténuantes, se formera à la majorité, à peine de nullité; la déclaration du jury constatera la majorité, à peine de nullité, sans que le nombre de voix puisse y être exprimé, si ce n'est dans le cas où l'accusé serait déclaré coupable sur le fait principal à la simple majorité. » — De cette disposition il résulte qu'au lieu de huit voix qui étaient, sous la loi de 1831, nécessaires pour la condamnation, sept suffiront maintenant ; pour l'acquittement, il en faudra six au lieu de cinq. Seulement, si, sur la question du fait principal, la majorité n'est que de sept voix, la Cour pourra renvoyer l'affaire à une session suivante, ainsi que nous le verrons plus bas.

On comprend facilement que les accusés ont moins de chance d'acquittement, sous le règne de la loi actuelle, que sous la loi de 1831. Aussi, à peine promulguée, la loi nouvelle a-t-elle donné naissance à une question qui n'est pas sans importance. Il s'agissait de savoir si le prévenu, dont le procès avait été instruit avant la loi du 9 septembre 1835, devait être soumis aux dispositions de cette même loi, en ce qui concernait la majorité; par arrêt du 13 nov. 1835, la Cour de cassation a décidé que la loi du 9 sept. 1835, qui réduit à sept voix la majorité nécessaire pour la condamnation, était applicable aux affaires commencées et instruites avant la promulgation de cette loi.

L'art. 3 de la loi du 13 mai 1836, portant que le chef du jury consignera en marge ou à la suite de la question résolue le résultat de chaque scrutin, sans néanmoins exprimer le nombre des suffrages, si ce n'est lorsque la discussion affirmative aura été prise à la simple majorité, a besoin, pour être bien compris et régulièrement appliqué, d'être rapproché de l'art. 347 que nous venons de citer plus haut. — L'art. 347 exige, *à peine de nullité*, que la décision du jury tant *contre* l'accusé que sur les circonstances atténuantes se forme à la majorité, et que cette majorité soit *constatée* dans la déclaration du jury.

« Le jury, dit la Cour de cassation, doit, à toutes les questions qui lui sont posées, ajouter, en y répondant, *à la majorité*, quand la réponse est contraire à l'accusé. Et si la Cour d'assises prononce une condamnation sur une déclaration où les réponses contraires à l'accusé ne mentionneraient pas la majorité, il y aurait lieu de casser l'arrêt qui serait la conséquence d'une pareille déclaration (Cass. 5 février 1838; — *Gazette des Tribunaux*, 16 du même mois).

Il résulte de ces dispositions que la solution de chaque question *posée* au jury sur le fait principal ainsi que sur les circonstances servant à qualifier ou atténuer le crime ou le délit n'a d'effet (si cette solution est *contre* l'accusé, qu'elle soit négative ou affirmative), qu'autant qu'il y a énonciation formelle de l'existence de la *majorité*. Ainsi la réponse du jury à une question d'excuse *posée*, soit à la demande de l'accusé, soit d'office par le président, lorsqu'elle est négative, constituant une décision *contre l'accusé*, puisque le refus légal de l'excuse le prive du bénéfice des dispositions de l'art. 326 du Code pénal qui prononce des atténuations de peine lorsque le fait excusable est admis, doit, à peine de nullité, exprimer qu'elle a été prise à la majorité, et l'omission de cette énonciation entraîne la nullité de la réponse affirmative sur le fait principal et les circonstances aggravantes (Cass. 28 janv.; 8 juillet 1836. — Sirey, 36-1-512-37-1-135).

La déclaration du jury doit être rendue, sur les circonstances atténuantes, comme s'il s'agissait d'une condamnation; à la majorité si la déclaration est affirmative, elle doit être faite en ces termes : *à la majorité,* il y a des circonstances atténuantes en faveur d'un tel : s'il y avait partage, cela ne suffirait pas ; ce n'est que quand on vote sur le fait principal que le partage est en faveur de l'accusé.

Nous devons dire, pour être justes, que la nouvelle loi est plus favorable sur ce point que l'ancienne ; car il fallait, pour les circonstances atténuantes, comme pour la condamnation, une majorité de plus de sept voix, c'est-à-dire de huit. Maintenant sept suffisent pour l'admission des circonstances atténuantes.

Aucune question écrite n'est posée au jury à l'égard des circonstances atténuantes. C'est le chef du jury qui doit interroger les jurés sur l'existence de ces circonstances, et s'il arrivait qu'il négligeât cette partie importante de ses fonctions, il serait du devoir des jurés de réclamer et de provoquer un scrutin à cet égard (1).

Les circonstances atténuantes ne résultent pas d'un fait déterminé, mais elles ressortent de l'ensemble des débats, des impressions plus ou moins favorables qu'ont éprouvées les jurés à l'égard de l'accusé et s'appliquent à toute l'accusation, quel que soit d'ailleurs le fait incriminé. Cependant

(1) Après que le président a paraphé et signé, ainsi que le greffier, la déclaration du jury, qu'il en a été donné lecture à l'accusé et que le ministère public a pris des conclusions tendantes à ce qu'il soit fait application de la peine, le président peut encore renvoyer les jurés dans la chambre des délibérations si, sur la réclamation unanime des jurés, il est constant qu'ils ont oublié de s'occuper de la question des circonstances atténuantes (C. d'ass. de la Seine-Inférieure, *Gazette des Tribunaux,* 9 déc. 1833).

si la loi n'empêche pas formellement que le jury délibè
sur chacun des chefs de l'accusation, il suit de là que loi
que le jury a déclaré d'une manière générale qu'il exis
des circonstances atténuantes en faveur d'un accusé, le b
néfice de cette déclaration s'étend à toutes les questio
résolues contre lui ; mais si le jury restreint les circonstai
ces atténuantes à l'un des faits de l'accusation il y a lieu d'a
pliquer aux autres, sans modification, les peines prononcée
par la loi (Cour d'ass. de la Seine, 17 septembre 1836)

Toutefois ce dernier mode de délibération est vicieu
en ce qu'il est sans résultat pour l'accusé; car si des cir
constances atténuantes sont admises seulement sur un de
faits de l'accusation, les autres, restant avec toute leur gra
vité, entraînent une condamnation entière.

Les jurés ne sont tenus de s'expliquer sur les circonstances atténuantes que dans le cas où ils les admettent ; s'ils
disent qu'ils les écartent, leur déclaration ne doit point, à
peine de nullité, être suivie de cette mention à la majorité
(5 décembre 1837); attendu que ce n'est qu'à l'égard des
questions *posées* que l'énonciation de la majorité, s'il y a
déclaration *contre* l'accusé, doit être constatée à peine de
nullité (347) (1).

Si l'accusé a été déclaré coupable sur le fait principal, à

---

(1) Dans le cas où la loi prononce le maximum d'une peine afflictive, si le jury admet des circonstances atténuantes, la Cour doit
appliquer le minimum de la peine ; elle peut même descendre la
peine inférieure au minimum, et ce principe est applicable même
dans le cas où le condamné est en état de récidive (C. 22 juillet
1836).

la simple majorité, les jurés ne doivent pas oublier de le mentionner en tête de leur déclaration. Nous verrons plus bas quelle est l'importance de cette mention (1).

Si le jury énonçait que sa déclaration a été prise à l'unanimité, il y aurait nullité (art. 749 Code instr. criminelle), dans le cas de condamnation contre l'accusé; et si, sur plusieurs questions, le jury avait déclaré que sa délibération a été prise sur quelques-unes à la majorité, et sur d'autres, à l'unanimité, il n'y aurait de nullité qu'à l'égard de ces dernières (Cass. 13 janvier, 1832).

La loi n'a pas voulu que l'on connût quelle majorité s'est formée contre l'accusé. Elle a voulu que l'on sût seulement qu'il y avait une majorité suffisante pour condamner; et l'expression *unanimité* ferait connaître quelles sont les voix qui ont voté pour la culpabilité.

S'il y avait partage, le jury devrait rendre un verdict d'acquittement (347).—Les réponses du jury doivent être claires, précises et concordantes, avec les questions, sans cependant qu'il soit nécessaire d'employer les expressions déterminées par le Code; et qu'il nous soit permis de le répéter,

(1) Dans le cas où la réponse du jury est sur le fait principal défavorable à l'accusé, il doit être fait *mention expresse* de la majorité à laquelle a été rendue la décision. La réponse du jury qui ne contiendrait que ces mots : *Oui, les accusés sont coupables,* autoriserait la cour à renvoyer les jurés à la chambre des délibérations pour compléter leur déclaration (C. d'ass. de la Seine, 28 sept. 1838; C. d'ass. d'Ille-et-Vilaine, 1er février 1836).

Lorsque la déclaration du jury n'exprime pas si elle a été prise à la *majorité simple* ou à la *majorité,* il y a nullité, et, en conséquence, la déclaration doit être considérée comme nulle et non avenue, et le jury, renvoyé dans la chambre des délibérations, a le droit et le devoir de procéder à une nouvelle déclaration qui seule doit avoir effet, quand elle serait tout à fait différente de la première (Cass. 6 janvier 1837).

car ce point est fort important. La réponse : « *Oui, l'accusé est coupable* » ne peut être remplacée que par une phrase qui exprime d'une manière bien nette que l'accusé est *auteur* du crime, et qu'il l'a commis dans une intention criminelle ; car la déclaration : « Oui, l'accusé est auteur du fait, ou bien a commis le fait », exclut l'un des élémens de la culpabilité, le caractère moral du fait, et ne constitue ni crime ni délit.

II. *Formes de la déclaration.* — Le résultat de la délibération et du vote doit être rédigé par écrit (349) ; il n'est pas nécessaire que ce soit le chef du jury qui l'ait écrit : il suffit qu'il soit signé de lui (Cass. 24 décembre 1829). Et cette signature peut être apposée soit dans la chambre des délibérations, soit à l'audience, même après la lecture, pourvu que les jurés soient présens (Cass. 25 août 1831). L'omission de la date ne serait pas une cause de nullité, le procès-verbal et l'arrêt de la Cour d'assises la constatant suffisamment (Cass. 10 août 1826) ; et si la date était erronée, la Cour pourrait renvoyer le jury dans la salle des délibérations pour la rectifier (Cass. 28 mai 1830). — La rédaction en est livrée à l'honneur du chef du jury qui a dû consigner en marge, ou à la suite de chaque question résolue, le résultat du scrutin. — Les jurés ont le droit d'élever des réclamations s'ils croient reconnaître des inexactitudes, et ces réclamations peuvent être élevées et admises même après la lecture de la délibération tant qu'elle n'est signée ni par le président, ni par le greffier.

Pour plus d'intelligence nous plaçons un modèle de déclaration de jury, avec des notes explicatives de chaque solution.

Déclaration du jury dans le procès contre l   nommé

QUESTIONS.	RÉPONSE. *Le Chef du jury debout, la main sur le cœur, dit :* Sur mon honneur et ma conscience, devant Dieu et devant les hommes, la déclaration du jury est :	
	FAITS PRINCIPAUX AVEC LEURS CIRCON-STANCES.	CIRCONSTANCES ATTÉNUANTES.
N., accusé présent, est-il coupable d'avoir volontairement porté des coups et fait des blessures à M..., qui ont occasioné la mort de ce dernier?	Quel que soit le nombre de voix, s'il y a huit bulletins, ou plus, portant *oui*. — La réponse doit être : *OUI, à la majorité.* S'il n'y en a que sept, la réponse doit être : *OUI, à la simple majorité.* S'il y a moins de sept bulletins portant *oui*, ou s'il y a égalité de voix pour ou contre l'accusé. — La réponse doit être : *NON, l'accusé n'est pas coupable.* La décision en faveur de l'accusé ne doit pas exprimer à quelle majorité elle a été rendue.	La loi exige formellement que si les circonstances atténuantes sont admises on indique qu'elles l'ont été à la majorité. — Dans ce cas, la réponse sera : *À la majorité il y a des circonstances atténuantes.*
L'accusé a-t-il donné des coups et fait des blessures dans l'intention de donner la mort?	Ce n'est que pour le fait principal qu'il doit être fait mention de la majorité simple, mais pour toutes les circonstances de ce fait décidées *contre* l'accusé, dès qu'il y a sept voix portant *oui*, la réponse exprimera qu'il y a majorité et sera : *OUI, à la majorité.* Ou, s'il y a moins de sept voix ou partage : *NON, l'accusé n'est pas coupable.*	(Si les circonstances atténuantes sont repoussées, il n'est fait aucune mention à cet égard.)
L'accusé avait-il, avant l'action, formé le projet d'attenter à la personne de M... (préméditation)?	*Mêmes réponses.*	
L'accusé a-t-il attendu ledit sieur M... dans tel endroit (guet-apens)?	*Mêmes réponses.*	
L'action ci-dessus qualifiée a-t-elle été provoquée par des coups ou violences de la part de M...?	La réponse *contre* l'accusé, affirmative ou négative, énoncera l'existence de la majorité. — La réponse devra être donc : *NON, à la majorité.* Ou *OUI. . . . . .*	
(*Question subsidiaire* posée par le président d'office ou à la demande de l'accusé.) L'accusé est-il coupable d'avoir, par maladresse ou par imprudence, inattention, négligence ou inobservation des réglemens, commis un homicide volontaire sur la personne de M...?	Cette question ne peut être résolue affirmativement qu'autant que la première l'a été négativement. Dans ce cas, elle devient fait principal. — La réponse sera donc : *OUI, à la majorité.* ou *OUI, à la simple majorité.* ou *NON, l'accusé n'est pas coupable.*	

§ II.

I. *Lecture et signature.* — La délibération et le vote terminés, la déclaration rédigée, les jurés préviennent le président qu'ils sont prêts à donner leur décision. — Le président lève l'interdit qui s'opposait à leur sortie de la chambre des délibérations, et ils rentrent immédiatement dans l'auditoire où ils reprennent leurs places. — La Cour aussitôt après reprend séance.—Le président demande ensuite aux jurés quel est le résultat de leur délibération, et c'est le chef du jury qui est chargé de présenter la déclaration et d'accomplir les formalités qui doivent l'accompagner.

Au moment de lire la déclaration, le chef du jury (1) se lève et la main sur le cœur doit dire : « Sur mon honneur et » ma conscience, devant Dieu et devant les hommes, la dé- » claration du jury est, oui, l'accusé, etc., non, l'accusé, » etc. » (348). — La formule tracée par la loi est de rigueur, ce sont des termes sacramentels qu'il n'est pas permis de changer ; mais il ne résulterait pas de nullité de ce

(1) La loi n'impose qu'au chef du jury l'obligation de se lever ; cependant il est d'usage que tous les jurés se lèvent au moment de la lecture de leur déclaration, comme pour montrer que le chef du jury n'est que leur organe, et que ce qu'il lit est le fait de tous et approuvé par tous.

que, au moment de lire la déclaration, le chef du jury n'aurait pas placé sa main sur le cœur (Cass. 24 novembre 1832).—La formule, sur mon honneur et ma conscience, ne doit pas indispensablement être écrite en tête de la déclaration; il suffit qu'il soit constaté par le procès-verbal qu'elle a été prononcée à l'audience (Cass. 10 mai 1832).

En règle générale, c'est le chef du jury qui doit lire la déclaration; cependant cette formalité peut être remplie par un autre juré, si le jury y consent; et le consentement à ce remplacement résulte d'une manière suffisante aux yeux de la loi, s'il ne s'élève aucune réclamation (Cass. 3 mai 1834).—Il ne saurait résulter de nullité de ce que le chef du jury, se trouvant dans l'impossibilité de lire à l'audience la déclaration, l'aurait signée en la chambre des délibérations sous les yeux des jurés, et ensuite qu'il aurait désigné, parmi ses collègues, un d'entre eux pour faire la lecture publique; ce dernier a pu valablement lire la déclaration et la remettre au président, surtout s'il n'y a aucune manifestation d'opinion contraire de la part des autres jurés (Cass. 9 mai 1834).—Il y a plus; si, au moment de lire la déclaration, le chef du jury, à raison de la faiblesse de sa vue ou par suite d'une grande émotion, se trouvait dans l'incapacité de faire cette lecture, la Cour d'assises pourrait ordonner qu'il serait remplacé immédiatement par le second juré, sans que, pour cela, il y eût obligation de renvoyer le jury dans la salle des délibérations (Cass. 15 septembre, 9 octobre 1834).—C'est aussi le chef du jury qui doit signer la déclaration des jurés. L'omission de cette formalité entraînerait la nullité de toute la procédure. Les signatures que doivent plus tard apposer au bas de cette dé-claration le président et le greffier de la Cour, ne servant en quelque sorte que de légalisation, ne remplaceraient en aucune manière celle du chef du jury qui seul donne de l'authenticité au résultat de la délibération des jurés (Cass. 15 juillet 1826).—Cependant il peut se présenter des circonstances où le chef du jury serait dans l'impossibilité de signer ; rien ne s'oppose alors à ce que la déclaration soit signée par un des jurés, pourvu que le signataire exprime que ce dernier a agi du consentement du chef du jury, et qu'il n'existe aucune opposition de la part des autres jurés (Cass. 16 septembre 1831).

Il y a nécessité que la déclaration soit signée et lue en présence de tous les jurés (348 Code d'inst. crim.). Conséquemment tous doivent suivre le chef du jury et rentrer avec lui à l'audience : l'absence d'un seul, au moment de la lecture et de la signature, annulerait la déclaration.

En effet, le nombre de douze jurés (393 Inst. crim.) est substantiel pour donner un caractère légal aux fonctions que la loi attribue au jury. Il ne peut y avoir de délibération valable lorsqu'elle a été prise sans le concours des douze jurés. Or, la lecture et la signature de cette délibération en sont inséparables et en forment le complément. Cette lecture et cette signature doivent donc être faites avec le concours et la présence des douze jurés (348), et l'absence de l'un d'eux détruit l'existence légale du jury, lui ôte son caractère, et l'acte qui émane des jurés présens, n'étant plus la déclaration d'un jury complet et légal, est un acte sans authenticité et frappé d'une nullité radicale (Cass. 2 nov. 1811).

Ce qui prouve que la mission du juré ne finit pas au moment où la délibération du jury est prise, c'est que le président demande, non pas au chef du jury, mais à tous quel est le résultat de leur délibération. Le chef du jury, ou celui qui le remplace, organe de ses collègues, répond pour tous, tellement que s'il rapportait mal le résultat de la délibération, ce serait, non pas un droit, mais un devoir pour les jurés, d'avertir la Cour, et d'élever des réclamations. pour redresser les erreurs ou les inexactitudes. Si l'art. 349 (inst. crim.) dispose que la déclaration sera signée par le chef et remise par lui au président, en présence des jurés, c'est afin qu'il soit bien constant que c'est leur vœu qui est consigné dans cette déclaration (1).

Lorsque le président la Cour d'assises a reçu des mains du chef du jury ou de celui qui le remplace la déclaration des jurés, il la signe et la fait signer au greffier (349 inst. crim.). La présence des jurés n'est pas requise sous peine de nullité, pour la signature du greffier, puisque cette signature leur est entièrement étrangère.

Les lecture, signature et remise de la déclaration au président ont lieu en l'absence de l'accusé (2); ce n'est que

____

(1) Tout juré dont l'absence volontaire, avant ou pendant la lecture de la déclaration, annulerait toute la procédure, devrait être frappé de l'amende prononcée par l'art. 396, et, en outre, condamné aux frais du renvoi de l'affaire à une autre session. Selon CARNOT, la cour pourrait décerner un mandat d'amener contre le juré qui s'absenterait et le forcer ainsi à revenir à l'audience, l'article 396 ne s'étant occupé que du juré qui ne se rend pas à son poste.

(2) Immédiatement avant le retour de l'accusé dans la salle d'au-

quand toutes ces formalités ont été remplies, que le président fait comparaître l'accusé et que le greffier lit en sa présence et en présence des jurés la déclaration du jury (357 inst. crim.).

La lecture de la déclaration du jury par le greffier de la Cour d'assises à l'accusé, après que le président l'a fait rentrer dans l'auditoire, est une formalité substantielle dont l'omission restreint essentiellement le droit de défense. En effet tant que la déclaration n'a pas été lue officiellement en présence de l'accusé, elle n'est pas irréfragable et définitivement acquise; l'accusé peut élever des réclamations conre elle, avant les conclusions du ministère public; et les fonctions des jurés n'ont pas entièrement cessé, puisque sur la demande de l'accusé ils peuvent être renvoyés dans la chambre des délibérations, pour expliquer, compléter et rectifier leur déclaration; d'où il résulte que c'est nécessairement en présence du jury que la formalité dont s'agit doit recevoir son exécution. La nullité résultant du défaut de lecture à l'accusé de cette déclaration ne peut être couverte par l'interpellation que le président lui ferait s'il n'a rien à dire pour sa défense. Pour que l'accusé puisse être mis à même de plaider que le fait déclaré n'est pas défendu, qu'il n'est pas qualifié délit par la loi, ou qu'il n'emporte pas la peine requise, il est indispensable qu'il lui ait été

dience, son défenseur a le droit de présenter des observations sur la déclaration du jury; refuser dans ce cas la parole au défenseur, lorsque le ministère public, présent à l'audience, peut lui-même parler, ce serait violer les principes de la justice et de l'humanité et contrevenir aux dispositions de l'art. 388, C. instr. crim. (Cass. 28 janv. 1830).

donné connaissance de la déclaration sur laquelle se basent les réquisitoires du ministère public. — La nullité résultant de l'omission de la lecture de la déclaration à l'accusé entraîne la cassation de l'arrêt de la Cour d'assises et des débats.

Le défaut de constatation de cette formalité, par le procès-verbal des assises, entraînerait la nullité, attendu que toute formalité non constatée par le procès-verbal est légalement présumée omise (Cass. 29 nov. 1834) ; et la mention que le ministère public a faite des réquisitions, après la déclaration du jury et que l'accusé y a répondu, ne suffirait pas pour constater que la lecture a eu lieu (Cass. 15 sept. 1836).

III *Surcharges, ratures*, etc. — La déclaration du jury n'est point soumise à une forme rigoureuse et à des expressions uniformes. L'art. 345 ne doit être considéré que comme démonstratif ; mais pour être à l'abri de toute critique, il faut qu'elle soit claire et précise. S'il s'y rencontrait des surcharges ou des ratures qui présentassent de l'incertitude, la déclaration ne pourrait servir de base à une condamnation. Si donc des surcharges et des ratures ont été faites, elles doivent expressément, à peine de nullité, être approuvées par le chef du jury, autrement elles vicient la réponse du jury, de manière que cette réponse doit être totalement annulée (Cass. 15 mars et 25 nov. 1833 ; et 16 juillet 1835) (1). Cependant, si la surcharge était la répara-

(1) Lorsque le jury est renvoyé dans la salle des délibérations pour ajouter à sa réponse une date ou l'indication d'une pièce, cette addition fait corps avec la réponse qui a été signée et n'a besoin ni d'approbation ni d'une nouvelle signature (C. cass. 28 août 1837).

tion d'une erreur matérielle ; qu'au lieu, par exemple, de :
« Oui, les accusés sont coupables », la déclaration contînt :
« Oui, l'accusé est coupable », comme on ne pourrait attribuer à la surcharge qu'un but rectificatif, le défaut d'approbation n'occasionerait pas de nullité (Cass. 16 janvier 1835). En tous cas, si l'accusé était acquitté, la déclaration lui serait acquise en vertu de la maxime que le doute s'interprète en faveur de l'accusé.

IV, *Ce qui donne à la déclaration le caractère d'un jugement.* — La déclaration du jury, pour être tout-à-fait complète, doit porter, outre la signature du chef du jury, celles du président de la Cour d'assises et du greffier (349). Ces formalités sont indispensables ; le jugement du jury n'est parfait qu'autant qu'elles ont été accomplies; car ce sont elles qui lui donnent l'authenticité légale, et lui impriment le caractère de vérité, d'irrévocabilité et de foi dont la loi a voulu qu'il fût investi. Si donc la signature du président ou du greffier manque, la déclaration ne se trouve pas légalement certifiée, et elle est conséquemment imparfaite et nulle dans sa forme, et ne peut servir de base à une condamnation. Quelques doutes se sont élevés sur l'importance de la signature du président; il a même été décidé, le 3 octobre 1833, par la Cour de cassation, que l'omission de cette signature n'entraînait pas la nullité de la déclaration ; mais quant à la signature du greffier, la jurisprudence est d'accord sur ce point : Il y a nullité en cas d'omission, et même le greffier est passible de tous les frais de la procédure à recommencer (Cass. 23 avril 1835).

§ III.

I. Effets de la déclaration du jury. — Faits nouveaux connus postérieurement aux débats. — II. Résultats de la cassation d'un premier arrêt. — Décision de la Cour d'assises où l'affaire est renvoyée.

I. *Effets de la déclaration du jury.* — La déclaration du jury sert de base, soit à un acquittement, soit à une absolution, soit à une condamnation, tant sur le fait principal que sur toutes les circonstances servant à lui donner son caractère légal, et qui sont comprises dans les questions. Si la déclaration est régulière, elle ne peut être soumise à aucun recours (350). Si elle est irrégulière ou insuffisante, la Cour renvoie les jurés dans leur chambre pour la régulariser ou la compléter. Si la Cour d'assises prononçait sur une déclaration irrégulière, il y aurait lieu de casser l'arrêt sur le pourvoi qu'aurait formé l'accusé ou le ministère public. Le pourvoi du ministère public, en cas d'acquittement, n'a de de résultat que dans l'intérêt de la loi.

La déclaration signée par le chef du jury, le président et le greffier, lue publiquement à l'accusé, devient irréfragable et ne peut plus être restreinte, ni modifiée par le jury ni par aucune autre autorité, sans blesser la chose jugée, parce que la décision du jury a cessé d'être un acte particulier, et appartient maintenant à l'accusé et à la société ; mais il en est autrement s'il survient, avant que la Cour soit dessaisie et qu'elle ait prononcé l'application de la loi pénale, des faits nouveaux jusqu'alors ignorés, et qui paraîtraient de nature à exercer de l'influence sur la preuve des faits de l'accusation, ou sur la peine qu'ils doivent faire encourir. Il appartient à la Cour, qui n'a pas encore épuisé ses pouvoirs, de juger si l'influence des faits nouveaux est réelle, et, en cas d'affirmative, elle doit annuler la clôture des débats et ce qui les a suivis, et ouvrir un nouveau débat sur les faits récemment découverts ; le président fera sur ce nouveau débat un nouveau résumé, posera de nouvelles questions ; et les jurés ont encore qualité pour répondre sur les faits nouveaux, qui pourraient détruire la preuve ou la criminalité de ceux soulevés aux débats, ou modifier la peine que ceux-ci auraient pu entraîner (Cass. 26 juin 1820).

Il en est de même s'il n'a pas été prononcé sur toutes les questions et sur leurs circonstances. Si le jury a gardé le silence sur l'une des circonstances soumises à ses délibérations, et que le vice de la déclaration ne soit reconnu qu'après qu'elle a été signée par le président et le greffier, et lue à l'accusé, l'accomplissement de ces dernières formalités ne faisant point disparaître les lacunes et les contradictions qui peuvent exister, la Cour se trouve dans l'impossibilité de faire une juste application de la loi, et elle doit, à peine de nullité, renvoyer les jurés délibérer de nouveau (Cass. 5 mars 1835).

II. *Résultats de la cassation d'un premier arrêt.*—Les réponses négatives et régulières du jury sont acquises à l'accusé, et doivent être maintenues, quel que soit le résultat de l'arrêt (409 Inst. cr.). Si, sur le pourvoi de l'accusé, un arrêt de la Cour d'assises a été cassé, et que la Cour de cassation ait renvoyé pour statuer devant une autre Cour d'assises, une circonstance aggravante, écartée par le premier jury, ne peut plus être produite ; la délibération du nouveau jury ne doit porter que sur une question non résolue en faveur de l'accusé (1).

Ces principes exigent quelques explications. — La loi ne veut pas qu'un individu soumis aux chances et aux inquiétudes d'un procès criminel puisse être privé du bénéfice de l'acquittement par lui obtenu, quelles qu'aient été les nullités de procédure ou les vices d'incompétence sur lesquels il a été statué. Aussi, s'il y a eu tout à la fois déclaration de culpabilité sur un chef d'accusation, et déclaration de non-culpabilité sur un autre, les réponses négatives du jury équivalent à un acquittement sur les chefs d'accusation auxquels elles se rapportent. A leur égard il y a chose irrévocablement jugée ; mais pour que cette règle puisse être appliquée en son entier, il faut que les chefs d'accusation ou les circonstances aggravantes soient tellement distincts, qu'ils forment chacun, en quelque sorte, un chef d'accusation ; autrement, si les chefs d'accusation sont tellement connexes qu'il y ait indivisibilité entre eux, s'il y a impossibilité morale de les séparer dans l'examen qui doit en être fait par le jury, la cassation qui intervient pour vice de forme doit s'étendre à la totalité de l'arrêt, et entraîner l'annulation même de la déclaration du jury portant acquittement, en telle sorte que le renvoi devant une autre Cour doit avoir lieu pour le tout (Cass. 14 fév. 1835).

Si la nullité de l'arrêt de la Cour d'assises n'a été prononcée que pour fause application de la loi à la nature du

(1) Si, par arrêt cassé en son entier, un individu avait été acquitté sur le crime de faux et déclaré coupable de soustraction frauduleuse, la Cour d'assises de renvoi ne peut être appelée à statuer sur l'accusation de faux.

crime, la Cour d'assises à laquelle est renvoyée l'affaire ne peut la soumettre à un nouveau jury, et procéder à de nouveaux débats; elle ne peut qu'appliquer les peines de la loi au fait déclaré constant par le premier jury, quelque changement qu'ait subi la loi sur cette matière (434. — Cass. 31 août 1882).

CHAPITRE XVII.

I. Annulation de la déclaration du jury et renvoi à une autre session. — Renvoi à l'unanimité. — Renvoi à la majorité. — Lois de 1832 et 1835. — Ce système est-il nuisible à l'institution du jury ? — Discussion. — Quand ce renvoi peut-il avoir lieu. — Fait principal. — Circonstances aggravantes. — Vices de notre législation sur ce point.

I. *Annulation de la déclaration et renvoi.*—Nous avons dit que la déclaration du jury, complète et régulière, ne pouvait être soumise à aucun recours (art. 350 inst. crim).

Cette proposition, vraie en thèse générale, souffre deux exceptions.

L'art. 352, modifié par la loi sur le jury du 9 sept. 1835, porte les dispositions suivantes : « Si néanmoins les juges sont unanimement convaincus que les jurés, tout en obervant les formes, se sont trompés au fond, la Cour déclarera qu'il sera sursis au jugement et renverra l'affaire à un nouveau jury, dont ne pourra faire partie aucun des premiers jurés.

24.

» Lorsque l'accusé n'aura été déclaré coupable qu'à la simple majorité, il suffira que la majorité des juges soit d'avis de surseoir au jugement, et de renvoyer l'affaire à la session suivante, pour que cette mesure soit ordonnée par la Cour.

» Nul ne pourra provoquer cette mesure; la Cour ne pourra l'ordonner que d'office et immédiatement après que la déclaration du jury aura été proclamée publiquement, et dans le cas où l'accusé aurait été convaincu; jamais lorsqu'il n'aura pas été déclaré coupable.

»La Cour sera tenue de prononcer immédiatement après la déclaration du second jury, même quand elle serait conforme à la première. »

La première partie de l'article que nous venons de citer n'est rien autre chose que la réintégration des dispositions de l'article du Code 352 d'inst. crim. abrogé par les lois de 1831 et 1832, pour tous les cas dans lesquels le jury aura déclaré la culpabilité, au nombre de plus de sept voix. La deuxième partie est une modification nouvelle qui réduit l'unanimité voulue par cet article 352 à la simple majorité, pour les seuls cas où la culpabilité sera prononcée à sept contre cinq.

Ces dispositions sont de la plus haute importance et elles méritent que nous les examinions avec quelque attention.

II. *Renvoi à l'unanimité.* — Si la culpabilité est prononcée à la majorité absolue, c'est-à-dire à plus de sept voix, il y a condamnation définitive. Cependant à quelque nombre que soit rendue une décision, le serait-elle à l'unanimité, des erreurs, des injustices même peuvent être commises, et il serait cruel qu'il n'y eût aucun remède possible. Ce remède, l'article 352 le donne. A côté du jury se trouvent des magistrats chargés de diriger les débats, de faire respecter les formes, d'appliquer la loi ; ils ne partagent ni les passions, ni les entraînemens des jurés, puisqu'ils doivent rester étrangers au jugement du fait ; mais ils ont suivi les débats, entendu les témoins et les parties, l'accusation et la défense ; ils ont nécessairement une opinion bien établie sur la réalité du fait imputé à l'accusé, et savent si la condamnation est justement prononcée ; si donc ils ont la conviction que c'est un innocent qui est déclaré compable, à l'*unanimité*, ils peuvent annuler la décision du jury et renvoyer l'accusé à une autre session. — Remarquons qu'en décidant ainsi la Cour d'assises ne juge rien. L'accusé qui était condamné sera soumis à une seconde épreuve. C'est une voie de salut qui lui est ouverte ; il ne sera pas jugé par des juges inamovibles, mais par un second jury. La décision qui sera prononcée sera tout-à-fait indépendante de la première ; car aucun des jurés qui ont décidé ne pourra y intervenir. — Cette première disposition du nouvel article 352 est donc tout en faveur de l'accusé. En effet s'il est acquitté, la Cour n'a pas de révision à faire, tout est terminé ; ce n'est que lorsqu'il y a condamnation que la Cour peut annuler la délibération et renvoyer à une autre session.

Malgré la garantie que ces dispositions offrent aux accusés, de grandes difficultés s'élevèrent lors de leur admission. Il s'agissait de savoir si l'intervention de la Cour, investie du pouvoir d'annuler la décision du jury, ne viciait pas dans son essence cette institution ; si ce n'était pas agir contrairement à tous les principes des jugemens par jurés,

que d'enlever à ceux-ci le droit exclusif de juger d'une manière irrévocable et définitive les questions de fait. La forme
et le but de cet ouvrage s'opposent à ce que nous nous ex-
pliquions sur ce point; toutefois nous dirons qu'en Angleterre et en Amérique le même pouvoir appartient aux
Cours d'assises, et qu'il n'y a pas une seule occasion dans
laquelle, lorsque ce tribunal est convaincu que le jury s'est
trompé, il n'use du droit d'annuler le jugement du jury et
de renvoyer à une autre session.

III *Renvoi à la majorité.* — Si la culpabilité est prononcée à la simple majorité du jury, c'est-à-dire à sept voix
contre cinq, et que cette majorité ait été mentionnée en
tête de la déclaration, la majorité de la Cour suffira pour
annuler la délibération, et renvoyer à une autre session si
elle croit qu'il y a erreur ou injustice.

Cette seconde disposition est nouvelle, elle remplace
avantageusement l'article 351 du Code d'instruction criminelle.

Sous l'empire de ce Code, la majorité se formait,
comme maintenant, depuis la loi de 1835, par sept voix
contre cinq; mais dès lors on avait senti que cette majorité
formée d'une voix de plus que la moitié n'excluait pas entièrement le doute; que c'était une présomption de culpabilité, mais une présomption trop faible pour faire prononcer irrévocablement une condamnation qui entraînerait
après elle les peines les plus graves.

Pour offrir des garanties judiciaires à l'accusé et à la
société, on eut recours à l'adjonction des magistrats de la
Cour, qui, après délibération, se réunissaient aux jurés

et décidaient immédiatement la condamnation ou l'acquittement.

Cette adjonction avait des inconvéniens sans nombre. D'abord la Cour cessait d'être exclusivement juge du procès de droit : les magistrats devaient se préoccuper l'esprit de la pensée qu'ils pourraient être appelés à être juges de la question de fait, au lieu de n'être que les régulateurs de l'instruction, et de ne songer qu'à l'application de la loi pénale. Leur attention devait donc sans cesse se partager entre le fait et le droit; ensuite, la majorité des jurés pouvait, quelque grande que fût sa conviction, recevoir l'humiliation d'un démenti de la part d'hommes moins nombreux qu'eux. En tout cas, ce n'était jamais une déclaration qui était renforcée, c'était toujours une nouvelle décision rendue à la majorité de la Cour. Le jugement était en réalité transporté à la Cour, qui, en annulant le verdict du jury, mettait sa décision, résultat de deux magistrats contre un, à la place de celle des jurés, résultat de sept contre cinq. Ajoutons que, placés sous l'influence de cette adjonction, dans presque toutes les affaires délicates, celles politiques plus que toutes les autres, le jury se divisait par calcul, sept contre cinq, pour laisser prendre à la Cour une responsabilité d'une décision définitive.

La loi du 4 mars 1832 et celle du 28 avril 1832 abrogèrent ces dispositons en même temps que celles de l'article 352 du Code d'instruction criminelle, en déclarant purement et simplement que la majorité de huit voix était nécessaire pour entraîner la condamnation. Ces deux lois eurent le double avantage, d'une part, de faire arriver à une plus grande certitude dans les jugemens criminels, et de l'autre, de rendre le jury libre, indépendant, et tout-à-fait exempt de tout contact, et pur de tout élément étranger. Elles mirent entre les fonctions du juge du fait et celles du juge du droit une barrière qui ne put être franchie impunément; le jury connut d'une manière pleine, entière et irrévocable de tout ce qui avait rapport à la question du fait; et le juge, ne devant plus s'attacher uniquement qu'à voir si tout se passait conformément à la loi, devint, pour me servir des belles expressions de M. Dupin aîné, un pontife qui préside à ses nobles fonctions, un pontife qui officie, pour ainsi dire, tout occupé des rites de son culte, chargé de prononcer plus tard les oracles de la justice; de prononcer quelle est la force et la puissance de la loi, et de quelle peine elle punit le fait déclaré par d'autres, mais dont il n'a point à se préoccuper au même point. Voilà ce qui, sous ces lois, faisait la dignité du juge et l'indépendance du jury.

La loi de 1835 qui a repoussé le système adopté par les lois de 1831 et 1832 regarda comme inefficace la majorité de huit voix contre quatre, et rétablit celle du Code d'instruction criminelle, c'est-à-dire sept contre cinq. Toutefois il n'a pas été possible de méconnaître l'insuffisance de cette dernière majorité; on a senti la nécessité de rassurer les consciences, tout en évitant l'inconvénient déjà signalé, l'adjonction aux jurés des magistrats de la Cour d'assises, et l'on a cru avoir atteint ce but en plaçant dans la nouvelle loi la disposition qui nous occupe. En effet, les magistrats ne prononcent pas sur le fait; seulement, comme la simple majorité, pour une décision définitive, n'offre pas dans certains cas une certitude suffisante, un nouveau recours est admis, non devant la Cour, mais devant un jury ; c'est une espèce d'appel que forment les magistrats de la décision rendue par un premier jury à un autre. La Cour d'assises ne juge jamais, c'est le jury et le jury seul qui prononce en dernier ressort. — Ce n'est qu'en faveur de l'accusé que la décision peut être réformée par un second jury ; et s'il y a encore condamnation, en admettant que ce ne soit qu'à la même majorité, il y a alors en totalité quatorze voix contre dix : l'accusé aura été condamné deux fois, une première fois par la décision annulée, une seconde par une deuxième décision que personne n'a la puissance d'annuler. En résumé, ce nouveau système n'a pas les inconvéniens reprochés à l'adjonction de la magistrature, et cependant il a l'avantage de prévenir des erreurs qui peuvent se commettre ; c'est une garantie qui protégera celui qui aura été condamné à sept voix. Si l'accusé est acquitté par six voix contre six, ou par un plus grand nombre, le verdict est irrévocable. Lorsqu'il y a condamnation, que tout semble terminé, par crainte de sacrifier un innocent, la Cour intervient et ordonne un nouveau jugement par un nouveau jury.

Reste toujours à résoudre la grave question de savoir si le droit accordé à la Cour d'assises n'est pas une altération de l'institution du jury ; si la pureté de cette institution ne réside pas en ce qu'il soit seul juge du fait, et s'il n'est pas préférable, sans égard à la majorité, à part toute espèce d'intérêt, même celui de l'accusé, que, quand le jury a prononcé la culpabilité, le verdict rendu soit appliqué, sans aucun recours possible.

IV. *Fait principal.* — La première condition pour que la

Cour d'assises puisse exercer son droit d'intervention, c'est que la majorité n'ait été que de sept voix contre cinq, sur la question de savoir si l'accusé était coupable du fait principal, et que le jury ait fait mention de cette majorité en tête de cette délibération; le président, au reste, a dû, en lui remettant les questions, l'avertir de cette obligation.

Les jurés n'étant tenus d'annoncer le nombre de voix qui forme la majorité qu'autant que leur déclaration s'est formée à la majorité simple, il en résulte que si le nombre des votans n'est pas exprimé, il y a présomption légale que l'accusé a eu contre lui une majorité absolue, et dans ce cas la Cour d'assises n'a point le droit d'intervenir.

Les jurés doivent savoir que les mots de majorité, pluralité absolue, employés par eux dans leur déclaration, excluent toute majorité simple, et que c'est cette dernière expression qu'ils doivent exclusivement employer, pour ne pas compromettre les intérêts de l'accusé.

L'intervention de la Cour n'a lieu, comme nous l'avons dit plus haut, que dans le cas où l'accusé a été déclaré coupable du fait principal, à la majorité simple, et non lorsque le jury a voté à la simple majorité sur les circonstances aggravantes ou atténuantes. Il importe donc de bien connaître ce que l'on entend par fait principal.

Il faut entendre par là, non-seulement le fait matériel, mais encore le fait qualifié, constituant une infraction aux lois, et auquel la Cour d'assises peut appliquer une peine, de telle sorte que si le fait matériel pris isolément n'est passible d'aucune peine, il ne constitue pas le *fait principal*, et il ne prend ce caractère qu'autant que la circonstance de moralité, ou de gravité qui peut le rendre passible d'une peine, y est jointe. Ainsi lorsque sur une accusation d'homicide volontaire, le jury, après avoir déclaré l'accusé coupable d'homicide à la grande majorité, n'a ensuite résolu la question intentionnelle qu'à la majorité simple, la Cour d'assises pourra intervenir; cela se conçoit facilement parce que le fait principal du crime d'assassinat se compose de deux circonstances élémentaires, l'homicide et la volonté. — De même lorsqu'il s'agit d'un vol qualifié, ce n'est pas le fait matériel de soustraction qui forme le *fait principal*, mais la soustraction frauduleuse parce qu'elle est passible du premier degré de peine. Ainsi encore, le discernement est un élément constitutif de la criminalité du fait et en devient une partie substantielle; lorsque la question de discernement n'a été résolue qu'à la simple majorité, il peut y avoir lieu à l'intervention de la Cour. — En un mot le fait principal n'existe pas quand il a tous les caractères exclusifs du délit.

V. *Circonstances aggravantes*. — Les circonstances qui ne sont pas seulement constitutives du crime, mais qui tendent à aggraver la pénalité d'un fait, en lui-même également répréhensible, ou bien dont le résultat est de placer un simple délit au rang des crimes, ou d'attribuer à un même fait déjà qualifié crime par la loi, des caractères d'un autre crime plus sévèrement réprimés, ne sont considérés que comme aggravantes. Pour bien faire saisir la différence qui existe entre les élémens constitutifs du crime qui rentrent dans le fait principal et les circonstances aggravantes qui ajoutent seulement à la pénalité, posons un exemple : Un vol n'est qu'un délit passible de peine correctionnelle; s'il a été commis par deux ou plusieurs personnes pendant la nuit et à l'aide de violence, ou bien seulement s'il a été commis sur les chemins publics, c'est un crime punissable des travaux forcés à perpétuité; — s'il a eu lieu dans une maison habitée, avec effraction et escalade, c'est un crime punissable des travaux forcés à temps; enfin s'il réunissait les cinq conditions énoncées en l'article 381 du Code pénal, il entraîne la peine de mort, et cependant le fait seul du vol pourra donner à la Cour l'occasion d'intervenir, si la délibération du jury n'est résolue qu'à la simple majorité, et toutes les autres circonstances qui ne font qu'ajouter à la criminalité du vol seront irrévocablement jugées contre l'accusé à la majorité de sept contre cinq voix.

Il faut avouer qu'un pareil résultat blesse la raison et l'humanité, et qu'il est difficile de comprendre comment, après avoir abandonné la législation du Code d'instruction criminelle, et en avoir senti toute l'insuffisance, on en a adopté sur ce point les tristes conséquences.

Lors donc que la délibération du jury aura été rendue à la simple majorité, sur la question de culpabilité du fait principal, et que, chose indispensable, mention de cette majorité aura été faite en tête de la déclaration, les juges de la Cour d'assises pourront délibérer, et il suffira que la majorité d'entre eux soit d'avis de surseoir au jugement et de renvoyer l'affaire à la session suivante, pour que cette mesure soit ordonnée par la Cour. — Nul n'aura le droit de provoquer cette mesure (1). La Cour ne pourra l'ordonner que d'office

(1) Une indication de la faculté qu'a la cour de surseoir au jugement et d'annuler les débats faite par le défenseur de l'accusé dans sa plaidoirie n'est pas une provocation suffisante pour empêcher la cour d'exercer son droit (C. 13 octobre 1831).

et après que la déclaration du jury aura été prononcée publiquement, et dans le cas où l'accusé aura été convaincu, jamais lorsqu'il n'aura pas été déclaré coupable.

Nous ne devons pas oublier de dire que si une question soumise au jury portait à la fois sur le fait principal et sur les circonstances aggravantes, et que le jury eût déclaré, à la majorité simple, l'accusé coupable du fait, avec toutes les circonstances, la Cour ne pourrait ordonner de sursis que sur la partie de la décision qui concerne le fait principal.

CHAPITRE XVIII.

§ I.

I. Cas où le renvoi des jurés dans leur chambre peut être ordonné par la Cour d'assises. — II. Irrégularité, insuffisance, omission de l'indication de la *majorité* dans les réponses *contre* l'accusé. — Réponse à la question. — Le discernement doit indiquer l'espèce de *majorité*. — Surcharges non approuvées. — Déclaration incomplète acquise à l'accusé.

I. *Cas où le renvoi des jurés dans leur chambre peut être ordonné par la Cour d'assises.* — Lorsque la déclaration des jurés est incomplète, irrégulière, contradictoire, obscure ou inintelligible, qu'elle n'est pas revêtue des formes authentiques, la Cour d'assises peut et doit même renvoyer les jurés dans leur chambre pour rendre une nouvelle déclaration. — Ce renvoi étant une exception à la règle d'irrévocabilité de la déclaration du jury, il ne peut être ordonné qu'autant qu'il est indispensable, et le procès-verbal doit constater cette nécessité, en rapportant les termes de la déclaration. — Cette mesure est contentieuse par son objet ; c'est un acte de haute juridiction qui dépasse le pouvoir du président, il doit donc être ordonné, à peine de nullité, par la Cour d'assises tout entière (Cass. 11 mars 1830); à moins cependant qu'il ne s'agisse que d'une simple erreur matérielle, de date, par exemple ; dans ce cas, si l'accusé ou son défenseur ne s'y opposait pas, ainsi que le ministère public, le président pourrait ordonner ce renvoi (1).

II. *Irrégularité, insuffisance et déclaration.*—La déclaration est incomplète si, au lieu de répondre d'une manière entière et catégorique sur les circonstances caractéristiques du crime, telles qu'elles sont déterminées dans la question qui lui est soumise, le jury restreint ou modifie ces circonstances. Une telle déclaration ne peut servir de base à une condamnation, et il y a lieu de renvoyer les jurés dans la chambre des délibérations pour compléter leur décision (Cass. 16 janvier 1884); par exemple, si, interrogé sur un vol commis par un domestique, le jury ne fait pas mention de la domesticité; si, sur la question : l'accusé était-il coupable d'avoir homicidé volontairement et avec préméditation, le jury répond : oui, l'accusé est coupable avec les circonstances portées dans la question. Lorsque sur une question alternative, l'accusé est-il coupable d'être l'auteur ou le complice d'un crime, le jury répond : oui, il est coupable; si cette réponse était faite à chacune des parties de la question, elle ne déterminerait pas clairement la culpabilité de l'accusé, ni comme auteur, ni comme complice, et ne pourrait non plus servir de base à un arrêt.

(1) Toutefois, la Cour d'assises ne peut, sans excès de pouvoir, renvoyer les jurés pour délibérer sur les questions nouvellement posées, avant de s'assurer si les premières réponses étaient légales (C. 18 novembre 1835).

La Cour d'assises peut renvoyer un jury à délibérer de nouveau pour compléter sa déclaration sans exprimer en quoi la déclaration a besoin d'être complétée; lorsque d'ailleurs il est facile de reconnaître, par l'état matériel de la déclaration, en quoi elle était incomplète (C. 1er mars 1838. — Journal *le Droit* et *Gazette des Tribunaux*, 2 mars).

Nous avons dit que toute décision *contre* l'accusé, qu'il s'agisse du fait principal, des circonstances aggravantes ou des questions d'excuse, devait indiquer qu'elle avait été prise à la majorité. Pour le fait principal ou le fait qui le remplace, ainsi que pour la question de discernement, il faut en outre faire mention de la *simple majorité* si la décision a été prise à sept voix contre cinq. La réponse : *oui, les accusés sont coupables* est donc insuffisante, et le président doit renvoyer les jurés dans leur chambre pour rectifier leur réponse, et ajouter les mots à la *majorité* ou à la *simple majorité* (Cour d'ass. de la Seine, 26 sept. 1835).

Lorsque la déclaration du jury présente de l'ambiguité, de l'incertitude, de la confusion, la Cour d'assises doit en exiger une nouvelle. L'arrêt qui interviendrait sur une pareille déclaration serait nul; car ce n'est point sur ce qu'un jury a eu l'intention de dire, mais sur ce qu'il a dit réellement d'une manière claire et exempte d'équivoques, que les Cours d'assises peuvent valablement fonder leur décision; et comme les jurés peuvent seuls savoir bien précisément ce qu'ils ont voulu dire, c'est à eux de s'interpréter. Cependant, si le jury persistait dans sa déclaration, telle qu'il l'a donnée, la Cour devrait, si l'interprétation était facile, l'expliquer, condamner, absoudre ou acquitter, suivant qu'elle croirait que telle a été l'intention des jurés, sous la réserve, bien entendu, du droit de se pourvoir de la partie publique et de l'accusé; mais si l'ambiguité était telle que la déclaration du jury fût inintelligible ou non concordante avec les questions posées, et que le jury s'obstinât, par son refus, à rendre une condamnation impossible ou nulle, la Cour devrait annuler la déclaration, et renvoyer à une autre session (1); il pourrait même être dirigé contre les jurés ou les membres refusant une action directe pour les faire condamner aux frais de la procédure à recommencer, même à des dommages-intérêts envers la partie civile. Mais ce ne

(1) Lorsqu'une question comprend des faits distincts et alternatifs de complicité, il n'est pas nécessaire que dans la réponse affirmative le jury précise le fait sur lequel il fonde la culpabilité (C. 8 avril 1830).

Le jury saisi d'une accusation de meurtre ne peut, sans que la question de provocation soit posée, déclarer qu'il y a provocation; il y aurait de sa part excès de pouvoir et, en cas de cassation de la deuxième réponse, la première ne saurait être maintenue (C. 9 mai 1831).

La déclaration du jury, quoique incomplète, mais dont la lecture a été faite en présence de l'accusé, est définitivement acquise à ce dernier si elle lui est favorable et s'il s'oppose à sa ratification. La Cour ne peut, dans ce cas, renvoyer le jury délibérer de nouveau pour réparer son inexactitude (C. d'ass. de la Seine, 16 juin 1837. — *Gaz des Trib.*, 17 du même mois).

Si la déclaration du jury est contradictoire, que d'un côté elle écarte la culpabilité de l'accusé et de l'autre l'admette en reconnaissant la *complicité* et des circonstances atténuantes, elle n'est pas acquise à l'accusé si elle ne lui a pas été lue, et la cour a le droit de renvoyer le jury dans la chambre des délibérations. Dans ce cas, si le jury rapporte une réponse de culpabilité, il y a lieu à l'application de la peine (C. d'ass. de la Seine, 20 mai 1835).

La Cour d'assises peut renvoyer le jury à délibérer de nouveau pour rapporter une nouvelle déclaration lorsque dans sa première déclaration il a confondu les circonstances aggravantes et les circonstances constitutives du fait (C. 7 août 1835).

Les réponses affirmatives du jury, bien que surchargées sans approbation, peuvent servir de base à leur condamnation si la solution est au reste certaine (C. 1er mars 1838).

serait pas la Cour d'assises qui pourrait prononcer sur ces difficultés ; elle ne serait pas compétente. — Il y a lieu d'espérer que ces cas ne se présenteront que rarement ; il est difficile, en effet, de supposer qu'il se rencontrera un jury assez ennemi de la justice pour maintenir, par sa persistance, une déclaration évidemment nulle.

Les déclarations contradictoires du jury sont fréquentes ; elles ne peuvent non plus servir de fondement à une décision. On ne peut pas en effet dire qu'il y ait une déclaration lorsqu'une partie détruit l'autre. C'est encore le cas de renvoyer le jury dans la chambre pour y rectifier sa déclaration ; par exemple, lorsque le jury reconnaît qu'un accusé est coupable d'homicide volontaire, et ajoute ensuite qu'il a agi sans intention (Cass. 18 juin 1830), ou bien qu'un incendie a été commis à dessein, de nuit, mais qu'il ne l'a pas été dans une intention criminelle. Toutefois il est une remarque importante à faire, c'est que si les jurés ont déclaré la non-existence de circonstances aggravantes dans une première réponse, et que dans une seconde réponse ils déclarent, par contradiction avec la première, l'existence de ces mêmes circonstances, la première réponse est acquise à l'accusé, et la seconde ne peut lui porter préjudice sur ce point (Cass. 19 avril 1831). Si deux accusés sont poursuivis pour un crime de vol, et qu'après qu'une question a été posée d'abord sur la culpabilité en elle-même de chaque accusé, la question de savoir si le crime a été commis conjointement ait été ensuite posée à l'égard de tous les deux, le jury qui répondrait négativement sur la question principale à l'égard d'un des accusés, et affirmativement sur la deuxième question, donnerait une déclaration contradictoire. Il devrait être renvoyé dans la chambre des délibérations , mais seulement sur la dernière question, la solution de la première étant acquise à l'accusé (Cour d'ass. de la Seine, 25 sept. 1835) (1).

§ II.

Arrêt. — Prononciations auxquelles donne lieu la déclaration du jury. — *Acquittement. — Condamnation. — Absolution.* — Condamnation avec circonstances atténuantes. — L'accusé acquitté peut obtenir des dommages-intérêts. — L'acquittement met à l'abri de toute poursuite pour le même crime ou délit. — Discussion sur ce point. — Réquisition du ministère public. — Délibération de la Cour. — Absence d'un juge. — Signature de l'arrêt. — Omission. — Procès-verbal des séances de la Cour d'assises. — Différens délais du pourvoi. — Exécution de l'arrêt.

Mais lorsque la déclaration du jury est complète, régulière, sans équivoques et sans contradictions, elle doit produire tout son effet, et n'est soumise à aucun recours ; on a le droit d'attaquer l'arrêt qui est basé sur la déclaration, mais non pas la déclaration exclusivement. La Cour ne peut commenter la déclaration régulière des jurés, l'étendre ou la restreindre (31 janvier 1828), ni leur en demander une nouvelle, sans s'exposer à une cassation (2).

(1) Il n'y a pas contradiction dans une déclaration portant 1° que l'accusé n'est pas coupable de tentative de meurtre, et que cette tentative a été commise sans préméditation ; 2° que l'accusé est coupable de complicité de cette même tentative, et que cette tentative a été commise avec préméditation (C. 12 octobre 1837. — *Gazette des Tribunaux,* 21 octobre 1837).

(2) Après la lecture de leur déclaration, les jurés ne peuvent être interpellés par le président des assises sur la question de savoir s'ils ont fait attention aux conséquences de leur réponse, qui aurait pour résultat l'acquittement de l'accusé : ce serait une prova-

La déclaration du jury donne lieu à quatre modes de prononciations :

1° Si l'accusé est déclaré non coupable, le président prononce l'ordonnance d'*acquittement*, sans consulter les autres juges et ordonne sa mise en liberté s'il n'est retenu pour autre cause. — La Cour d'assises prononce ensuite, s'il y a lieu, sur la demande de la partie civile ;

2° S'il est déclaré coupable d'un fait défendu par une loi pénale, la Cour le *condamne* à la peine portée par la loi (365), même dans le cas où ce fait punissable ne se trouverait plus de la compétence de la Cour d'assises ;

3° Si le fait dont l'accusé est déclaré coupable n'est pas défendu par une loi pénale, la Cour prononce l'*absolution* (364) ;

4° Si l'accusé est déclaré coupable avec des circonstances atténuantes, la Cour baisse la peine d'un ou deux degrés ; s'il est déclaré excusable, la Cour prononcera conformément à l'art. 323 du Code pénal (1).

En cas de conviction de plusieurs crimes ou délits, la peine la plus forte est celle à prononcer. — Et une condamnation,

cation à violer l'article 342 du Code d'instruction criminelle (Cass. 28 janvier 1830).

Il ne peut non plus, après cette lecture, être posé de nouvelles questions (C. 16 juin 1820), et si une omission avait été faite par les jurés, même préjudiciable à l'accusé, elle ne pourrait être réparée ; une comparution au greffe par le président et les jurés, pour donner des explications, serait sans effet (C. 28 janvier 1830 ; 2 janvier 1834).

(1) Si le jury reconnaît l'existence de circonstances atténuantes, la peine doit descendre au *minimum*, quand même le coupable serait en état de récidive (463 Code pénal) (C. 1er mars 1838).

suivie de grâce, peut servir de base à l'application des peines de récidive, la grâce ne remettant que les peines et laissant subsister le fait de la condamnation (C. 1er juillet 1837).

L'accusé acquitté peut obtenir des dommages-intérêts 1° contre son dénonciateur ; 2° contre la partie civile. Mais la loi donne à la Cour le droit d'apprécier la demande en dommages-intérêts, de sorte qu'elle peut non-seulement en refuser à l'acquitté, mais encore en adjuger contre lui. — L'accusé forme sa demande devant la Cour, avant la fin de la session, s'il connaît ses dénonciateurs, sinon il les peut actionner devant le tribunal civil (350). — Il peut demander des dommages-intérêts 1° contre un témoin dénonciateur présent à l'audience, et contre un co-accusé ; — 2° contre l'individu dont la dénonciation n'est pas revêtue des formes légales (Cass. 8 août 1835. — V. ci-dessus pag. 161, Ch. X, § VI *de la partie civile*).

Toute personne acquittée légalement ne peut être ni reprise ni inquiétée à raison du même fait (360). Par les termes dont il s'est servi, le législateur a suffisamment manifesté l'intention de donner à l'art. 360 la plus grande latitude possible, puisque par le mot *reprise*, le plus générique qui pût être employé, on doit entendre toutes recherches investigatoires et toutes poursuites de la vindicte publique, et par le mot *à l'occasion*, on doit entendre les rapports même les plus indirects que ces recherches ou poursuites pourraient avoir avec le fait suivi d'un acquittement. La déclaration du jury a purgé complètement l'accusation, elle a résolu la question qui était posée sur la matérialité et sur la moralité du fait, dans toute la portée que ce fait pouvait avoir, de telle sorte qu'une nouvelle inculpation dirigée contre l'accusé, pour le même crime, mais avec de nouvelles circonstances, ne saurait avoir la puissance de redonner la vie à un fait qui a entièrement disparu. Ces principes qui sont élémentaires en droit ne sauraient être violés sans porter une grave atteinte à l'institution même du jury; car si une accusation anéantie pouvait, sous une nouvelle forme, reparaître et être l'origine d'un procès nouveau, il est clair que ce serait un moyen de revenir sur le verdict du jury, et d'en annuler les résultats. Si on admettait un tel système, le jury désarmé et sans force serait bientôt une magistrature illusoire; c'était donc un devoir pour nous d'en signaler les déplorables conséquences, afin que les magistrats, gardiens naturels de nos lois, le proscrivent sans relâche (1).

Lorsque l'accusé est déclaré *coupable*, le ministère public requiert l'application de la peine et la partie civile conclut à des dommages-intérêts. L'accusé peut encore se défendre, mais seulement en ce qui touche la peine et les dommages-intérêts (362-363). Et le président doit même, à peine de

(1) Dans le numéro du 14 février, *le Droit* contient, sur cette question criminelle, une discussion fort bien faite et dont les conclusions sont conformes aux nôtres (*V.* ce journal).

Le négociant failli, acquitté par la Cour d'assises sur le chef de banqueroute simple pour n'avoir pas tenu des livres réguliers, ne peut être traduit devant le tribunal correctionnel sous la prévention de banqueroute simple, pour n'avoir pas fait au greffe la déclaration prescrite par l'art. 440 du Code de commerce (C. royale d'Aix, 0 août 1837).

Et l'individu acquitté par le jury d'une accusation d'infanticide ne peut, à raison du même fait, être traduit en police correctionnelle sous la prévention d'homicide involontaire (C. roy. de Poitiers, 28 août 1837).

nullité, lui demander s'il n'a rien à dire pour sa défense (Cass. 17 mai et 6 août 1832, et 4 fév. 1836) (1), et le procès-verbal doit faire mention de cette interpellation.

Les juges composant la Cour d'assises délibèrent et opinent à voix basse (2); ils peuvent même, pour cet effet, se retirer

(1) Néanmoins, et bien que l'accusé n'ait pas été entendu, la nullité est couverte si le défenseur se lève avant la délibération de la cour et recommande l'accusé à la bienveillance des magistrats (C. 21 sept. 1837). Il n'y aurait pas non plus nullité si, malgré l'omission de la demande du président, l'accusé avait été condamné au minimum de la peine (Cass. 17 juin 1830).

Lorsqu'après la délibération de la Cour d'assises sur l'application de la peine et même après la lecture de l'arrêt commencé, le président s'aperçoit qu'il a omis de demander à l'accusé s'il n'avait rien à dire sur l'application de la peine, il a satisfait suffisamment au vœu de la loi par cette interpellation, si d'ailleurs, après cette interpellation, la cour délibère de nouveau (Cass. 2 février 1837). Le président des assises peut, dans le but de réparer l'omission commise dans un arrêt de condamnation, même pour y ajouter une disposition pénale, rétracter ou annuler la levée de l'audience qu'il avait prononcée (C. 20 mai 1837).

(2) Lorsqu'après la lecture de la déclaration du jury, un des juges qui ont assisté aux débats se retire et refuse de siéger sous un prétexte quelconque, si le président appelle un autre juge pour remplacer celui qui s'absente, la délibération qui a lieu par la cour ainsi composée est irrégulière; car l'arrêt ne peut être rendu que par des magistrats qui ont assisté à tous les débats, puisqu'ils peuvent avoir à délibérer sur la question de savoir si le jury n'a pas commis une erreur; mais il n'y a lieu d'annuler que l'arrêt; les débats et la déclaration du jury subsisteront, car ils sont acquis aux accusés, et le vice qui existe dans l'arrêt ne peut les affecter (V. *Gazette des Tribunaux*, 31 août et 1er sept. 1833).

dans la chambre du conseil ; mais l'arrêt doit être prononcé à haute voix par le président, en présence du public et de l'accusé. La minute de l'arrêt est signée par les juges qui l'ont rendu, à peine de 100 fr. d'amende contre le greffier, et s'il y a lieu de prise à partie, tant contre le greffier que contre les juges ; elle doit être signée dans les vingt-quatre heures de la prononciation de l'arrêt (370 inst. crim.). — Cette formalité n'est exigée que pour les arrêts définitifs, et un arrêt sur incident faisant partie du procès-verbal des débats peut n'être signé que par le président et le greffier (Cass. 29 mars 1832 ; 11 avril 1833) (1).

Après avoir prononcé l'arrêt, le président avertit l'accusé

(1) L'omission de la signature d'un des juges sur la minute de l'arrêt n'entraîne pas la nullité de l'arrêt ; pour obtenir cette nullité, il faudrait que l'arrêt n'eût pas été rendu par le nombre de juges exigé par la loi, et si, au contraire, il est établi que cinq juges y ont pris part, si leur nom est porté sur la minute, et si le greffier a constaté que la cour était complète, l'arrêt est inattaquable sur ce point (Cass. 27 août 1837).

Les amendes qu'une Cour d'assises prononce contre des accusés doivent être ajoutées aux frais du procès auxquels ils sont condamnés, et leur total doit servir de base à la fixation de la durée de la contrainte par corps ; l'omission de cette fixation entraînerait la nullité de l'arrêt (C. 28 septembre 1837).

Toutefois un arrêt de la Cour de cassation du 10 février 1836 (V. le journal *le Droit* du 11 du même mois), a décidé que si une Cour d'assises omettait de fixer la durée de la contrainte par corps pour les dommages-intérêts et frais, une autre Cour d'assises pourrait statuer sur ce point, la fixation de la durée de la contrainte par corps n'ayant été considérée que comme un mode d'exécution.

La Cour d'assises ne peut, d'elle-même, reconnaître des cir-

de la faculté qui lui est accordée de se pourvoir en cassation,
et du terme dans lequel cette faculté est circonscrite (369
et 371) (1).

Un procès-verbal des séances de la Cour d'assises doit être
dressé par le greffier, signé par lui et par le président, à
peine de nullité de la procédure et de cinq cents fr. d'amende
contre le greffier. Ce procès-verbal qui, d'après la loi du
1er mai 1832, ne peut plus être imprimé à l'avance (Cass.
28 juin 1832.—D. 32. r. 376), doit contenir, à peine de nullité, l'accomplissement de toutes les formalités essentielles,
et mentionner la présence du président, du procureur du
roi et des juges (Cass. 8 avril 1832). Si les débats d'une
affaire durent deux jours, le procès-verbal de la séance du
second jour ne serait pas nul, parce qu'il ne ferait pas mention des juges composant la Cour d'assises, pourvu que l'ar-

constances atténuantes et modifier arbitrairement la peine (Cass.
16 janvier 1834).

L'ordonnance d'acquittement et l'arrêt d'absolution ont le même
effet, quant à la chose jugée en faveur de l'accusé ; mais elle diffère
1o en ce que le délai pour attaquer l'arrêt est plus long que le
délai pour attaquer l'ordonnance ; 2o en ce que l'accusé absous n'est
pas élargi aussitôt après l'arrêt, et que son élargissement est sus-
pendu par le pourvoi du ministère public ; en ce que l'arrêt est
susceptible d'annulation par rappport à l'accusé absous, ce qui
peut conduire celui-ci à une nouvelle condamnation pénale, tandis
que l'ordonnance d'acquittement n'est passible de cassation que
dans l'intérêt de la loi. Cette dernière règle reçoit exception quand
l'ordonnance a été rendue sur une déclaration contradictoire (par
exemple, une déclaration d'où résulterait à la fois la culpabilité et la
non culpabilité) (V. Berr. St-Prix, p. 192).

rêt fût rendu ce même jour, et constatât que ces juges étaient les mêmes que ceux qui avaient siégé le premier jour (Cass. 6 juillet 1832).

La prestation de serment par les jurés, la publicité des débats, la lecture donnée à l'accusé de l'acte d'accusation et de l'arrêt de renvoi, l'attestation que les témoins ont prêté le serment prescrit par l'art. 317 du Code d'inst. crim., et s'ils se sont retirés après leur déposition; l'instant de la clôture des débats, le prononcé du résumé du président, la position des questions, la lecture de la déclaration du jury à l'accusé avant les conclusions du ministère public, la demande que fait à l'accusé le président, après le prononcé de la déclaration, s'il n'a rien à dire pour sa défense, la mention de la peine prononcée, celle de toutes les réquisitions faites pendant le cours des débats, soit par l'accusé, soit par le ministère public, et la décision intervenue sur ces réquisitions. — Toutes ces formalités doivent, à peine de nullité, être mentionnées au procès-verbal des débats : une formalité prescrite à peine de nullité est censée omise lorsqu'il n'en est pas fait mention expresse (Cass. 21 septembre 1832). Il y a plus, si la mention qu'en ferait le procès-verbal était irrégulière, comme s'il y avait des surcharges, des interlignes ou renvois non approuvés par le greffier et par le président, la formalité serait considérée comme omise ; et dans ce cas le greffier, rédacteur du procès-verbal, pourrait être condamné aux frais de la procédure à recommencer (Cass. 4 janvier 1821).

Le délai du pourvoi est, en cas de condamnation, de trois jours francs, à dater de celui où il a été prononcé au coupable; il est de vingt-quatre heures pour le ministère public et pour la partie civile en cas d'acquittement, ou d'absolution.

Pour se pourvoir le condamné n'a besoin que de le faire déclarer au greffier, par lui-même, par un avoué ou un mandataire spécial, sauf à s'appuyer plus tard d'une requête contenant ses moyens. Mais son pourvoi n'est recevable qu'autant qu'il s'est constitué prisonnier, s'il a été condamné à une peine emportant la privation de la liberté (421). Le recours a toujours un effet suspensif en matière criminelle en ce qui concerne l'exécution pénale, mais non en ce qui concerne les dommages-intérêts demandés (Cass. 16 janvier 1834).

Le ministère public et la partie civile doivent notifier leur pourvoi à l'accusé.

Dans les vingt-quatre heures après le délai accordé pour le pourvoi s'il n'a pas eu lieu, ou après la réception de l'arrêt de rejet le jugement est exécuté.

Le greffier doit assister à l'exécution, en dresser procès-verbal, envoyer à l'officier de l'état civil la liste des noms, profession, domicile de l'individu exécuté à mort, afin qu'il rédige son acte de décès. On ne fait pas mention dans cet acte du genre de mort du condamné, et son corps est rendu à sa famille si elle le réclame. (Décret du 21 Janv. 1790 — Code civil 85 — Code pénal 14).

§ III.

1° Indemnité due aux jurés.—2° De la corruption des jurés.—3° Clôture des assises.

I. *Indemnité.* — Ce n'est point comme salaire qu'une taxe est accordée aux jurés, mais comme moyen de rendre égale pour tous la charge que la loi impose : il y aurait en effet inégalité à l'égard des jurés éloignés du chef-lieu des assises. — Dans l'origine il était accordé au juré qui se déplaçait trois livres par chaque jour de séance, et de plus, quinze sous par lieue ; pour se rendre au tribunal, et autant pour retourner à son domicile.

La loi du 16 août 1793 étendit les avantages de l'indemnité de trois livres par jour à tous les jurés indistinctement, et de plus elle alloua quinze sous par lieue à ceux qui se déplaçaient, tant pour se rendre au tribunal que pour leur retour.

Le 6 ventôse an v fut rendue une autre loi qui abrogea celle de 1793, et rétablit l'ancien mode d'indemnité.

Le décret du 18 juin 1811 a apporté un changement sur cette matière, et réglé d'une manière générale l'indemnité due aux jurés. — « Les jurés qui auront été obligés de se transporter à plus de deux kilomètres de leur résidence habituelle pourront être remboursés des frais de voyage seulement, si toutefois *ils le requièrent*, et il ne sera rien alloué pour toute autre cause que ce soit, à raison de leurs fonctions (35). » Cette indemnité a été fixée par ce décret, pour chaque myriamètre parcouru en allant et en revenant à deux fr. 50 cent. L'indemnité se règle par myriamètre et demi-myriamètre, les fractions de huit et neuf kilomètres sont comptées pour un myriamètre, et celles de trois à sept kilomètres pour un demi-myriamètre. — Si les jurés étaient, dans le cours du voyage, arrêtés par force majeure, ils auraient droit, par chaque jour de séjour forcé, à une indemnité de deux francs, en faisant cependant constater par le juge de paix ou son suppléant, le maire ou ses adjoints, la cause du séjour forcé.

Par ce même décret l'indemnité était portée à 3 fr. par myriamètre, pendant les mois de novembre, décembre, janvier et février. — Le 7 avril 1813, un décret, modificatif du réglement sur les frais de justice criminelle, supprima l'augmentation de taxe accordée aux jurés pendant les mois que nous venons de citer.

Les jurés qui *le requerront* pourront donc obtenir, pour se rendre au chef-lieu où siége la Cour d'assises, une indemnité de deux francs cinquante centimes par myriamètre; mais il faudra que la distance soit de plus de deux kilomètres (1).

II. *Corruption des jurés.* — Il semble inutile de parler de ce crime, qui jusqu'à présent est resté sans exemple dans les annales judiciaires, et qui, nous l'espérons, ne sera jamais commis en France. Cependant, comme il est prévu

(1) Pour obtenir l'indemnité due, le juré doit remettre la citation qui lui a été notifiée, au greffier qui fait la taxe et la présente au président qui doit y apposer sa signature. Le juré met son acquit au bas de la taxe et va en toucher le montant au bureau du receveur de l'enregistrement (et à Paris, seulement, à un bureau établi pour cet objet, dans l'enceinte même du palais). Il n'est pas nécessaire que le juré se présente lui-même, il peut remettre le mandat acquitté à un tiers pour en aller recevoir le montant.

Lorsque par suite d'événemens de force majeure il y a lieu d'accorder une indemnité de séjour, les jurés doivent requérir la taxe pour le séjour en même temps que pour les frais de voyage; à cet effet, ils déposent avec leur citation le certificat qu'ils ont dû faire rédiger, constatant l'événement qui les a retenus en route,

par la loi, nous devons citer les dispositions qui s'y appliquent.

Si un juré s'est laissé corrompre, soit en faveur, soit au préjudice de l'accusé, il sera puni de la réclusion et de l'amende ordonnée par l'art. 177. (Cette amende doit être du double de la valeur des promesses agréées ou des choses reçues, sans que ladite amende puisse être inférieure à 200 fr.; 181 du Code pénal.)

Si, par l'effet de la corruption, il y a eu condamnation à une peine supérieure à celle de la réclusion, cette peine, quelle qu'elle soit, sera appliquée au juré coupable de corruption.

III. *Clôture des assises.* — Lorsque toutes les affaires qui étaient en état lors de l'ouverture des assises sont épuisées, le président prononce la clôture de la session.

La durée de la session est généralement de quinze jours; cependant, d'après le nombre des affaires, elle peut être plus ou moins longue; la loi disant textuellement que les assises cesseront quand il n'y aura plus d'affaires à juger, il est possible que la quinzaine ne soit pas atteinte ou soit dépassée.

§ IV.

Répression des outrages ou injures commises envers les jurés.

Les jurés, après avoir rempli leur mission, devaient être protégés par les lois contre toutes les conséquences des décisions rendues pendant l'exercice de leurs fonctions. Il fallait que la magistrature temporaire dont ils étaient revêtus, pour être remplie avec dignité et indépendance, ne les exposât ni à la haine ni à la vengeance.

La loi du 25 mai 1822, art. 6, porte que l'outrage fait publiquement d'une manière quelconque à un juré, à raison de ses fonctions ou envers un témoin à raison de sa déposition, sera puni d'un emprisonnement de dix jours à un an, et d'une amende de 50 fr. à 1000 fr. Si l'outrage a été accompagné d'excès ou violences prévus par l'art. 228 Code pénal, le coupable pourra être condamné à s'éloigner pendant cinq à dix ans du lieu où siége le juré, et d'un rayon de deux myriamètres (229 Code pénal), et à une amende de 100 fr. à 4,000 fr.; si l'outrage a été accompagné de blessures, la peine sera la réclusion; si la mort s'en est suivie, le coupable sera puni de mort (231, 232, 233, Code pénal). Les journaux qui, en rendant compte des séances d'une Cour d'assises, seraient injurieux pour les jurés ou les témoins, feraient encourir à leurs éditeurs un an à trois ans de prison, et 1000 fr. à 10,000 fr. d'amende (art. 13, loi du 25 mai 1822, et art. 10 de la loi du 9 juin 1819).

CHAPITRE XIX.

RÉSUMÉ. — Le jury est un tribunal national. — Son but. - Ce qu'est son verdict et quelle en est l'importance. — Nécessité de l'indépendance du jury. — Conditions de son existence morale. — L'amovibilité du jury en fait la force dans les affaires politiques et ordinaires. — La permanence serait une tyrannie. — Le droit de récusation est une garantie accordée à l'accusé. — Les jurés doivent se soustraire à toute influence extérieure. — Importance des témoignages. — Droit des jurés vis-à-vis de la Cour d'assises dans le cas où la défense serait entravée. — Notes à prendre pendant les débats. -- Comment doit se former la conviction du jury. -- Son omnipotence. -- Statistique pénale. -- Loi de septembre 1835. -- Derniers conseils aux jurés.

Nous avons raconté l'origine du jury, son organisation moderne, les modifications que lui ont fait subir les différens pouvoirs qui se sont succédé, en France, depuis 1792 jusqu'à l'époque présente, et en même temps indiqué quelle place importante il occupe parmi nos institutions politiques ou judiciaires, et combien sa conservation intéresse le bon ordre et les droits de tous les citoyens. — Nous avons ensuite expliqué la constitution et la compétence actuelle du jury, les élémens qui le composent, les changemens qu'il peut éprouver avant d'être apte à rendre un jugement, les formalités rigoureuses dont la loi entoure ses actes, les résultats et la gravité de chacun de ces actes eux-mêmes;

puis, développant et analysant ce tribunal complexe, formé du juge du fait et du juge du droit, la Cour d'assises, nous sommes successivement arrivés, par ordre de matières, depuis la formation du tableau du jury jusqu'à la déclaration du fait par les jurés, et l'arrêt définitif par la Cour. Chaque pas fait nous a familiarisés progressivement avec les formalités judiciaires et spéciales du jury, nous a fait apprécier de plus en plus l'excellence de cette institution, tout en nous faisant apercevoir les vices qui l'entachent encore, et les améliorations qu'elle réclame. — Partout, dans les diverses et nombreuses positions où s'est trouvé le jury, dans le cours de ces développemens, nous nous sommes appliqués à bien faire connaître aux jurés la nature de leurs fonctions, ce qu'ils étaient obligés et ce qu'ils avaient le droit de faire, les difficultés qui étaient à éviter et les devoirs qui étaient à remplir. Maintenant que le terme de notre travail approche, nous croyons utile de présenter réunis comme en un faisceau les principes fondamentaux et les règles générales qui ne doivent jamais cesser de guider les jurés, dans quelque circonstance qu'ils soient placés.

Le jury, tel que nous le comprenons, doit être considéré comme un tribunal national. Pour nous, c'est la justice du pays qu'il représente, autant que l'état actuel des choses le permet, par les élémens dont il est composé. Il est, au même titre que nos délégués à la chambre des députés, dépositaire de la souveraineté. Il n'est pas institué seulement pour juger les malfaiteurs, punir les délits et les crimes qui menacent la sûreté des citoyens ou leurs propriétés, mais encore pour veiller au maintien de nos libertés par la protection et la répression. — Son verdict, c'est son opinion manifestée légalement.—Par là, il défend les citoyens contre les violences juridiques, et si la législation est contraire à la raison publique, il en neutralise les effets en lui refusant son appui, de sorte que sans violence comme sans secousse, il l'oblige à subir les améliorations qui, nécessitées par le progrès des esprits, doit en faire l'expression de la volonté générale.

Mais pour que le jury conserve ce caractère de grandeur qui lui appartient, la première condition c'est qu'il soit indépendant.

Pris parmi les citoyens les plus intéressés au maintien de l'ordre social, les jurés ne sont point imposés au prévenu. C'est le sort qui les lui donne pour juges; c'est là déjà un des bienfaits de l'institution et une garantie qu'aucun autre tribunal ne saurait donner. Mais cela ne suffirait pas encore; il faut, avant tout, que le jury ne subisse aucune influence de la part du pouvoir ou de ses agens. Absolument neutre entre l'accusation et la défense, il doit être sans faiblesse pour l'une, sans prévention pour l'autre. Qu'il sache, en toute circonstance, avoir le courage de l'indépendance et de l'impartialité; que sa conscience seule lui indique ce qui est vrai et juste; qu'il apprécie avec calme, sans passion, sans crainte et sans esprit de parti le fait qui lui est soumis. Que sa décision ne soit jamais le résultat de l'entraînement ou de l'irritation; qu'avant de se déterminer, il se recueille en lui-même, et examine scrupuleusement si la justice, c'est-à-dire la vérité, exige une condamnation ou un acquittement, et que ce ne soit qu'après avoir mûrement réfléchi, qu'il prononce sa décision, qui doit alors être le fruit de sa conviction intime. Voilà les conditions de

l'existence morale du jury, voilà ce qui peut seul en faire
une garantie de sécurité pour le pays.

L'amovibilité du jury est une des causes principales de
son indépendance et de son impartialité. L'humanité est
constamment changeante, puisqu'elle est indéfiniment per-
fectible, et le jury, mobile lui-même comme l'humanité,
peut mieux qu'aucune autre institution judiciaire juger les
atteintes portées à l'ordre établi, puisqu'il ressent actuellement les besoins de la société et comprend les idées reçues. « Dans les affaires politiques, a dit M. Royer-Collard,
le délit échappe à la définition, l'interprétation est arbitraire, le délit lui-même est inconstant : ce qui est délit
dans un temps ne l'est pas dans un autre... Si les jugemens de la presse sont arbitraires, ils ne doivent pas être
confiés à un tribunal permanent; ce serait une tyrannie constituée ; si les délits de la presse sont mobiles, ils réclament
également un tribunal mobile, qui, se renouvelant per-
pétuellement, exprime sans cesse les divers états des esprits et les besoins changeans de la société. »

Dans les affaires ordinaires, l'amovibilité est aussi une
nécessité. Le jury, composé d'hommes étrangers entre eux,
divers par leur position sociale, leurs fonctions, leur in-
dustrie, et investis, pendant quelques jours seulement,
d'une magistrature momentanée, le jury représente de la
manière la plus exacte possible l'état normal de la société :
il apprécie avec justesse l'influence qu'un crime peut exercer; il ne croit pas nécessaire de respecter et de conserver l'opinion de ceux qui ont été appelés à juger un fait
analogue à celui qui lui est soumis. Différant par les idées,
les sensations, les élémens dont il se forme, de ceux qui

l'ont précédé ou qui le suivront, il ne saurait établir une jurisprudence, qui, en matière criminelle, ne pourrait être que dangereuse. « Les magistrats, dit un criminaliste distingué, ne sont pas indépendans par leur position ; ils ne sont pas inaccessibles à la crainte ou à la faveur, exempts de passions ou de faiblesse. Une belle carrière est ouverte à leur ambition ;…. ils peuvent être plus ou moins influencés par l'esprit de corps, et s'ils étaient constamment occupés à l'exercice de la justice criminelle, ils contracteraient à la longue une sorte de dureté de caractère qui ne leur permettrait pas de démêler facilement le caractère de l'innocence, et les exposerait à de cruelles méprises, — tandis que le juré, n'exerçant qu'une fonction gratuite, n'étant comptable de sa décision à personne, sans crainte comme sans espérance, ne peut avoir d'autre intérêt que celui du pays, c'est-à-dire l'intérêt de la justice. Son indépendance n'est pas dangereuse, parce qu'elle n'est qu'instantanée ; on ne saurait faire servir le pouvoir confié aux jurés amovibles à un système général d'oppression ou de tyrannie, puisque, pour les séduire, il faudrait séduire la masse entière des bons citoyens. Avec cette institution, le droit de punir, si redoutable parmi les hommes, est en activité sans que personne puisse en abuser, puisqu'il n'est entre les mains de personne. Il ne peut exister un seul individu dans la société dont un citoyen puisse dire en le voyant : Cet homme a le droit de décider de mon honneur et de ma vie. »

« Dans une compagnie permanente les erreurs font jurisprudence. La passion a aussi sa prudence ; l'esprit de corps n'exclut pas l'esprit de parti. L'un et l'autre souvent se confondent et se perpétuent pendant plusieurs années. L'instrument dont on avait cru se servir contre le peuple se tourne contre le pouvoir. C'est le roseau qui se brise et perce la main qui s'appuie.... Il faut le reconnaître et le dire hautement: sous un gouvernement tel que le nôtre, le jury, en matière criminelle et politique, est une institution nécessaire. Il s'impose et se place de lui-même dans les institutions politiques du pays, parce qu'avec lui il y a vérité dans ses institutions; sans lui il n'y a que mensonge.»

Si le jury offre pour les procès criminels plus de garantie que les juges permanens, on ne peut nier qu'il ne soit aussi sujet à l'erreur, et qu'il ne puisse être influencé par des préjugés ou des préventions, par la haine ou la vengeance. C'est pour mettre, autant que possible, l'accusé à l'abri de ces mauvaises passions, que la loi a établi le droit de récusation. Les récusations sont extrêmement limitées à l'égard des autres tribunaux, et elles doivent toujours être motivées ; mais vis-à-vis du jury les récusations sont nombreuses, et les motifs qui les déterminent n'ont pas besoin d'être articulés ni prouvés. C'est une sorte d'épuration légale qui rend le jury plus apte à saisir la vérité, plus digne de la mission de justice qu'il a à remplir et qui donne aux jugemens criminels plus d'efficacité et de certitude.

L'intérêt de la société est que le crime soit puni ; mais son intérêt bien plus grand est que l'innocence ne soit pas condamnée. Il est donc important que les jurés se garantissent de toute influence extérieure. Ils doivent n'accorder aucune confiance à des bruits qui ont circulé, à des articles préventifs de journaux; le crime s'est passé hors de leur présence, il doit leur rester moralement inconnu, tant que les débats ne leur ont pas appris si véritablement le crime a existé. Le nombre est grand des malheureux arrêtés sur des indices trompeurs, soumis à toutes les tortures de l'instruction criminelle, condamnés à l'avance sur la rumeur publique et acquittés ensuite.

Les témoignages exercent dans les procès criminels la plus grande influence : ce sont eux qui décident presque toujours du sort de l'accusé; c'est donc un motif pour les jurés d'examiner avec la plus scrupuleuse attention la moralité des témoins, qui par leur position sociale peuvent inspirer plus ou moins de confiance. La mission du jury consiste en effet principalement à se prononcer entre des assertions contradictoires; des accusés excipent d'un alibi et produisent des témoins qui l'attestent; des témoins cités à décharge démentent formellement les faits de l'accusation. Pour juger entre ces déclarations opposées le jury n'a que ses connaissances personnelles; sa raison de décider, c'est la moralité des témoins appréciés dans leurs rapports avec les circonstances de la cause. Si ceux de l'accusé lui paraissent suspects, si des témoins paraissent favoriser l'accusateur ou l'accusé, ou cacher une partie de la vérité, les jurés peuvent leur adresser des questions, leur faire sentir les contradictions ou les invraisemblances de leurs dépositions, leur faire lire par le président les dispositions de la loi pénale contre les faux témoins; ils peuvent se faire représenter les pièces de conviction, en accompagnant leur examen des observations capables de faire découvrir des renseignemens nouveaux ; en un mot, ils doivent maintenir l'équilibre entre l'accusation et la défense pour faire triompher la vérité. Et même, si les débats prenaient une direction qui leur semblât le résultat de la partialité; si des témoins étaient interrogés d'une manière peu franche; si enfin les intérêts de la justice étaient blessés, les jurés auraient le droit d'adresser au président des observations, et de le prier de changer la marche de l'instruction; mais, préalablement, ils sont obligés de demander la parole au président, qui ne peut la leur refuser sans excès de pouvoir, à moins toutefois que la question à faire ne soit tout-à-fait inutile. Sauf ce cas, le juré, à qui on refuserait le droit d'adresser une interpellation à un témoin ou un accusé, devrait insister, même se passer de la permission du président, si ce dernier persistait dans son refus.

Si un témoin se trouble, si son intelligence ne lui permet pas de répondre aux questions qui lui sont adressées, les jurés peuvent demander que les questions soient simplifiées, qu'elles soient posées séparément, et qu'il soit donné au témoin tout le temps nécessaire pour recueillir ses idées et formuler ses réponses. Ils doivent veiller aussi à ce qu'une entière liberté leur soit laissée pour exprimer leur pensée de la manière et dans la forme qui leur conviennent.

Lorsque la déposition d'un témoin est équivoque ou obscure, les jurés ont le droit de l'engager à la répéter, et de lui demander des explications sur ce qu'il a bien eu l'intention de dire. Il est fort difficile d'extraire de réponses diffuses, incohérentes, ce qui touche directement au procès, et cependant c'est une chose à laquelle les jurés doivent s'efforcer de parvenir; car c'est souvent le seul moyen d'arriver à la vérité. Pour cela ils peuvent provoquer des confrontations, de nouveaux interrogatoires, des éclaircissemens; en un mot, tout ce qui est capable de donner une certitude au résultat des dépositions. Il est bien important aussi de s'assurer si le témoin a personnellement entendu ou vu ce qu'il raconte, ou s'il ne l'a appris que par ouï-dire. On comprend facilement quelle différence doit exister entre le témoignage de celui qui a vu ou de celui qui ne sait que par transmission.

Une entière liberté doit être laissée à la défense, sans cependant qu'elle puisse sortir des bornes de la convenance. — L'accusé et son défenseur ont le droit de discuter les dépositions à mesure qu'elles sont faites; et les jurés, s'ils le croient utile, peuvent non-seulement encourager, mais même inviter l'accusé à s'expliquer sur une déposition, et à donner les renseignemens qu'il croira propres à établir sa justification. — La défense doit être écoutée avec attention et avec patience; et si le défenseur, par incapacité ou par toute autre cause, compromettait les intérêts de son client, les jurés devraient se rendre plus difficiles encore pour l'admission des preuves de l'accusation. L'accusé mal défendu doit trouver dans l'impartialité du jury un protecteur naturel.

Si le président des assises mettait des entraves réelles à la défense; s'il s'opposait à ses développemens, lui traçait forcément un chemin à suivre, les jurés auraient le droit de faire des observations, tout en conservant le respect dû à la magistrature. En effet ils sont, mieux que personne, juges et appréciateurs des moyens que présente l'accusé ou son défenseur, puisque c'est sur ces moyens qu'ils sont appelés à décider si un fait criminel a été commis et si l'accusé en est l'auteur. Le président au contraire n'a rien à juger; il n'a que l'ordre à maintenir, le respect et les convenances à faire garder et les débats à diriger, ces droits, rien ne peut les lui enlever; nous ne parlons que du cas où, entraîné par ses opinions personnelles ou la prévention, il violerait les droits de la défense, cas qui, nous l'espérons, ne se présentera que bien rarement, mais qui aux époques de mouvemens politiques n'a pas été sans s'offrir; eh bien! dans de telles circonstances, le jury a le droit de demander la continuation de la plaidoirie, d'insister avec fermeté; si le magistrat refuse et si les réclamations restent sans résultat, une dernière ressource lui reste, ressource extrême, mais unique, c'est de protester hautement contre l'usurpation du président et d'acquitter l'individu que l'on a privé de défense.

Pendant les débats et les plaidoiries, les jurés peuvent prendre note de tout ce qui les a frappés; et ils feront sagement d'en agir ainsi pour se rappeler dans la chambre des délibérations ce qu'auraient pu leur faire oublier les plaidoiries du ministère public ou des défenseurs. C'est un point fort important que de se prémunir contre les effets d'audience; le ministère public ne s'occupe presque jamais qu'à faire ressortir tout ce qui peut faire triompher l'accusation, et le défenseur de son côté s'efforce d'anéantir tout ce qui incrimine son client, et de mettre en relief tout ce qui peut le faire croire innocent; dans ce conflit d'intérêts opposés, il arrive quelquefois que les jurés, entraînés tantôt par l'accusateur, tantôt par le défenseur, finissent par tomber dans la perplexité sans pouvoir se former ensuite une opinion bien arrêtée. C'est alors que les notes sont un utile secours; elles raniment les débats, font revivre les preuves, les témoignages, et ramènent dans l'esprit du juré la vérité que des argumentations contraires, plus ou moins brillantes, en avaient fait disparaître.

Les jurés n'ont point à calculer les présomptions, les indices ou le nombre des témoignages, pour savoir si l'instruction a produit des preuves suffisantes. Ce qu'ils doivent faire, c'est de réunir les élémens suffisans pour former leur conviction. « La loi ne demande pas compte aux jurés des moyens par lesquels ils se sont convaincus ; elle ne leur prescrit point de règles desquelles ils doivent faire particulièrement dépendre la plénitude et la suffisance d'une preuve ; elle leur prescrit de s'interroger eux-mêmes dans le silence et le recueillement, et de chercher dans la sincérité de leur conscience quelles impressions ont faites sur leur raison les preuves rapportées contre l'accusé, et les moyens de défense ; la loi ne leur fait que cette seule question, qui renferme toute la mesure de leur devoir : « Avez-vous une intime conviction ? » (352 inst. crim.).

La conviction est un sentiment produit par l'évidence des faits telle que l'esprit l'a conçue, et non par telle vraisemblance, telle preuve ou telle probabilité.

La déclaration du jury est moins susceptible d'erreur que toute autre espèce de jugement, et elle donne à l'innocence la plus forte garantie ; car elle est le résultat du sentiment intime que l'accusé est ou n'est pas coupable, et une preuve morale peut faire sur l'esprit des jurés une impression plus profonde que tous les témoignages ensemble.

Au reste ce n'est pas la conviction précise de l'innocence que doit avoir le jury, pour acquitter, mais la conviction de la non-culpabilité. L'accusé n'a point à prouver son innocence ; il suffit que sa culpabilité ne soit pas évidente, pour que son innocence soit présumée. On ne demande pas au jury : l'accusé est-il innocent ; mais bien : l'accusé est-il coupable ; c'est la question seule de culpabilité qu'il a à résoudre.

Ce n'est pas d'après l'appréciation des faits tels qu'ils se présentent d'abord que le jury doit se décider, mais d'après l'intention et le motif qui ont déterminé le fait. En effet, alors même qu'il serait constant que le prévenu a commis le crime, qu'il l'a commis sciemment, l'existence de la culpabilité pourrait ne pas être admise. Les motifs qui ont déterminé l'agression, la position morale dans laquelle se trouvait l'accusé doivent exercer une grande influence sur le jury. Ainsi la jeune fille enceinte, qui, dans son désespoir, avait blessé grièvement, d'un coup de pistolet, son amant prêt à en épouser une autre (5 fév. 1826), a été acquittée avec raison, et les jurés en l'acquittant ont compris parfaitement la loi et leurs devoirs. — Les jurés doivent toujours, avant de prendre une décision, faire la part des préjugés, des usages, des habitudes et des faiblesses. Leur devoir est de descendre, autant que possible, dans le cœur de l'accusé et d'en scruter les secrètes intentions ; il ne faut pas qu'ils se bornent à les qualifier ; mais ils doivent, les rapprochant des termes de la loi, s'assurer si, réunies au fait reconnu constant, elles constituent bien le crime que le législateur s'est proposé de punir : qu'ils n'oublient pas que le délinquant est membre de cette société dont ils font eux-mêmes partie, et que, pour que la punition soit utile, il faut qu'elle ait l'assentiment général. Leur mission n'est pas de venger la société, mais de la préserver des maux auxquels l'impunité du coupable pourrait l'exposer.

Si la culpabilité est bien établie, mais que la punition qu'elle doit entraîner ne soit pas en proportion du délit, la conscience du juré se trouve en opposition avec la loi, qui lui défend de s'occuper du résultat pénal de la déclaration. Pour qu'une punition serve d'exemple il ne faut pas qu'elle dépasse le but ; il n'y aurait plus justice, mais cruauté. Nul doute alors que le juré en admettant des circonstances atténuantes, ou même dans certains cas, en prononçant un verdict de non-culpabilité, ne soit dans son droit. Ainsi que nous l'avons dit plus haut, dans le cours de cet ouvrage, s'il y a un vice, il est dans notre système de pénalité qui force à être plutôt faible qu'injuste (1).

(1) Plusieurs fois déjà, et dès 1830, des citoyens appelés à être jurés, ont appelé sur ce point l'attention du gouvernement. Voici les motifs qui faisaient alors et font encore aujourd'hui désirer une réforme dans notre législation criminelle. Le Code pénal, décrété sans discussion préalable, sans amendement, fut reçu avec une répugnance que la raison publique n'a fait qu'augmenter. On y remarque l'abus de la peine de mort, des peines perpétuelles, des peines afflictives et infamantes, et généralement une exagération dans les peines qui n'est presque jamais en harmonie avec les crimes ou délits. On s'afflige d'y voir prodiguées ces mesures de surveillance dont on entoure le malheureux qui vient de subir sa peine, et qui le rendent pour tous un objet de suspicion et de mépris, le forcent à recourir à un crime nouveau, parce qu'elles lui ôtent jusqu'à la ressource de bien faire. Des inconvéniens graves résultent d'un pareil système de répression ; l'exagération de la peine est presque toujours un obstacle à la conviction du juré : vainement la loi lui dit-elle que son premier devoir est de ne pas songer aux conséquences de la décision qu'il va rendre ; vainement veut-il soumettre sa raison à cette injonction, il est en lu'

Un des plus savans hommes de France, M. Arago, a dit à la tribune des députés que quand un jugement était rendu à la majorité de sept contre cinq, en faisant la part de toutes les nuances d'intelligence possible, et en ne considérant que les chances défavorables, sur seize condamnations il y en avait une d'erronée, et avec sa conviction d'honnête homme et de savant, il s'est écrié : « Lorsque vous attachez des malfaiteurs au poteau de l'infamie, il y aura, terme moyen, un innocent sur seize condamnés ! ».

Ces calculs sont aussi ceux de Condorcet et de Laplace. Tout en reconnaissant l'autorité de ces grands noms, il faut cependant se garder d'ajouter une confiance trop entière et de se laisser illusionner par des solutions qui se présentent avec l'autorité d'une vérité mathématique ; la puissance des chiffres ne peut être appliquée d'une manière rigoureuse à un ordre d'idées purement morales et intellectuelles ; ce serait courber tous les faits sous le même niveau, et ne les considérer que sous un point de vue d'ensemble, quoique chacun de ces faits renferme souvent et

une autorité plus puissante, sa conscience, qui unit toujours le délit à la peine, et si cette dernière n'est pas dans une juste proportion, le juré sent se soulever toutes les facultés de son âme pour repousser une conviction dont il ne peut méconnaître les funestes conséquences.... Ces considérations ont amené, en 1830, une modification heureuse, le droit d'admettre les circonstances atténuantes, et sur lequel nous nous sommes expliqué plus haut. Toutefois, cette extension favorable donnée au pouvoir des jurés n'a produit, sur la législation criminelle, qu'un adoucissement individuel, occasionel, si l'on peut parler ainsi. Les peines n'en sont pas moins restées les mêmes, et les vœux de 1830 n'ont point encore été exaucés.

nécessairement des circonstances morales et distinctes. Toutefois, si ces investigations ne sont pas des vérités complètes, si elles ne donnent pas la réalité, elles en approchent, et suffisent pour donner de la répugnance contre tout ce qui tend à augmenter la sévérité pénale et pour donner plus de force à ce principe, proclamé dans tous les temps, par tous les amis de l'humanité et par les magistrats les plus recommandables, « que mieux vaut l'impunité de cent coupables, que le sacrifice d'un innocent, et que le plus grand malheur qui puisse affliger la société, c'est la condamnation d'un innocent! »

On ne peut nier que les lois nouvelles n'aient, sur plusieurs points, diminué le nombre de chances favorables dans les procès criminels. Mais les garanties que la législation nouvelle ôte aux accusés, elles doivent se retrouver, dans le jury, pleines et entières. Que les jurés songent que maintenant dans bien des circonstances ils sont les premiers et les seuls juges du délit, et que l'accusé n'a-point eu la garantie d'une instruction préalable; et c'est surtout au moment où ils vont, par leur vote, déterminer une condamnation ou un acquittement, qu'ils ont besoin de tout leur sang-froid et de toute leur réflexion. La détermination d'un seul d'entre eux peut envoyer un homme à l'échafaud, ravir pour toujours la liberté à un citoyen, frapper son honneur et celui de sa famille, quoique innocente. —Que l'idée de la gravité de la peine les rende donc d'une sévérité extrême pour l'admission des preuves; que leur conviction ne se forme que par le résultat des débats, et qu'avant de déposer dans l'urne le vote, fruit d'une conviction intime, ils puisent dans la discussion de nouveaux renseignemens. La discussion est encore une garantie pour le prévenu ; qu'elle ne se perde donc pas, selon la puissante expression d'un orateur, obscurément dans l'urne qui ne doit point servir de refuge aux mauvaises passions. Le jury n'est pas un tribunal de muets, mais un tribunal d'hommes consciencieux et indépendans, à la décision desquels les plus grands intérêts sont confiés : c'est en suivant rigoureusement et en toutes circonstances ces principes et ces règles, que les jurés pourront conserver à leur institution le titre de justice du pays (1).

(1) Les jurés ne sont pas des juges dans le sens restrictif de la loi, et c'est parce qu'ils ne sont pas juges que leur déclaration est sans appel et sans recours ; ils n'appliquent pas la loi, ils ne constatent que l'existence et la criminalité d'un fait. La décision des juges est une œuvre de raisonnement, une opération logique soumise aux règles imposées par la loi ; celle des jurés est un fait de conscience, un acte de sentiment. Les premiers sont soumis à l'autorité de la loi écrite, les seconds ne doivent écouter que l'équité. Il suit de là que, quand le jury a prononcé, tout est fini sur l'accusation et sur la défense ; il n'est justiciable ni de la loi, ni de l'opinion ; son opinion n'appartient qu'à lui seul. Le droit de révision n'est dévolu à personne sur ce qu'il a proclamé, et son verdict, résultat d'élémens qui doivent rester inconnus, est souverain, absolu et doit être à l'abri de toute espèce de discussion et de blâme, quelle qu'en soit la forme ou la dénomination. L'institution du jury n'est puissante et tutélaire que parce qu'elle est indépendante, souveraine et inattaquable (*Gazette des Tribunaux* du 22 janvier 1832, et la brochure de M. MASSON, conseiller à la Cour royale de Nancy, citée plus haut),

APPENDICE

DES DÉLITS ORDINAIRES, ET DES DÉLITS POLITIQUES ET DE LA PRESSE.

TITRE PREMIER.

Des délits ordinaires.

§ I.

Leurs divisions et leurs caractères.

I. Dans l'acception la plus étendue du mot, un délit est toute espèce d'infraction à la loi. « Faire ce que défendent, ne pas faire ce qu'ordonnent les lois qui ont pour objet le maintien de l'ordre social et la tranquillité publique, est un délit. Aucun acte, aucune omission ne peuvent être réputés délits, s'il n'y a contravention à une loi promulguée antérieurement. — Un délit ne peut être puni des peines qui n'étaient pas prononcées par la loi, avant qu'il y fût compris » (Code de brum. an IV, art. 1, 2, 3).

II. Les délits se divisaient, sous l'ancienne législation, en délits publics et délits privés. — On appelait délits publics ceux dont la punition intéressait directement la société, et qui devaient être poursuivis par le ministère public. Tels étaient l'assassinat, l'empoisonnement, etc. — Les délits privés étaient ceux à la punition desquels la société n'avait qu'un intérêt secondaire; la poursuite n'en appartenait qu'aux personnes qu'ils blessaient directement. Telles étaient les injures verbales entre particuliers, etc.

Cette distinction, quoiqu'elle ne soit plus reçue dans notre nouvelle législation, n'en existe pas moins virtuellement, puisqu'il y a des délits dont la poursuite ne peut être intentée par le ministère public que sur la provocation de la partie intéressée; tels, par exemple, que l'adultère de la femme, la diffamation contre un particulier, etc.

Il y a deux classes de délits, les délits ordinaires, et les délits extraordinaires.

Les délits ordinaires sont ceux dont la connaissance appartient à la juridiction criminelle ordinaire.

Les délits extraordinaires sont ceux que la loi a retranchés de la juridiction ordinaire, pour les soumettre à des tribunaux particuliers, et à des formes particulières d'instruction et de jugement. Les seules juridictions extraordinaires que la constitution actuelle ait établies sont : La Cour des pairs, pour les jugemens des ministres et des pairs, pour les attentats à la sûreté de l'état, et pour les crimes prévus par la loi du 9 sept. 1835 ; et les tribunaux militaires pour les délits militaires prévus par les lois. Nous ne nous occupons ici que des délits ordinaires.

Les délits ordinaires se divisent suivant les peines que la loi prononce.

L'infraction que la loi punit des peines de police est une *contravention*.

L'infraction que la loi punit des peines correctionnelles est désignée par le seul mot de *délit*.

Enfin l'infraction que la loi punit des peines afflictives ou infamantes est un *crime* (Code pén. 1er).

III. Les contraventions proprement dites sont : les infractions aux lois et aux réglemens de police, lorsqu'ils ont été faits ou publiés par l'autorité administrative ou municipale; comme la négligence d'entretenir, de réparer ou de nettoyer les fours, cheminées ou usines, le défaut d'éclairage de la part de ceux qui y sont obligés, le refus d'exécuter les réglemens ou arrêtés concernant la petite voirie, etc. (471 Code pénal).

Les peines de police sont : l'emprisonnement de un à cinq jours; l'amende de 1 franc à 15 francs, et dans certains cas la confiscation des objets saisis.   Les contraventions de police se poursuivent, par une citation donnée, soit à la requête d'un adjoint, soit à la requête des particuliers, devant le juge de paix, qui quitte dans ce cas son caractère civil, pour se constituer en tribunal de police. — Les jugemens des tribunaux de police, lorsqu'ils prononcent un emprisonnement ou des amendes pécuniaires excédant cinq francs outre les dépens, sont soumis à l'appel, et c'est devant les tribunaux de première instance, jugeant correctionnellement, qu'il doit être porté. La loi appelle les maires au partage des attributions des juges de paix en matière de police, lorsqu'il s'agit d'un délit commis dans une commune non chef-lieu de canton, que les délinquans ont été pris en flagrant délit, ou qu'ils résident dans la commune, ainsi que les témoins, et que la partie civile ne réclame que 15 francs pour ses dommages-intérêts,

IV. Les délits de pol... correctionnelle sont ceux dont la peine n'est ni infamante ni afflictive, et dont l'amende excède 15 fr., ou l'emprisonnement cinq jours.

Ces délits sont jugés par les tribunaux civils de première instance, constitués en tribunaux de police correctionnelle; l'appel des jugemens est porté aux Cours royales ou aux tribunaux des chefs-lieux du département suivant les localités.

Les délits de police correctionnelle peuvent être poursuivis, soit sur le renvoi qu'en fait le tribunal de première instance à son audience correctionnelle, soit sur le renvoi qu'en fait la chambre d'accusation de la Cour à la même audience (130, 230 inst. crim.), soit sur la citation donnée directement par la partie plaignante ou par le ministère public.

Les outrages publics contre les mœurs, le vagabondage, le vol non accompagné de circonstances aggravantes, les filouteries, larcins, escroqueries, diffamations, injures dans un lieu public, etc., sont des délits de la compétence des tribunaux correctionnels.

V. Les crimes, sont les infractions que la loi punit des peines afflictives et infamantes.

La poursuite des crimes appartient spécialement à l'action publique; l'action privée n'y joue qu'un rôle accessoire et subordonné. Celui qui est victime d'un crime a bien le droit de le dénoncer, et de requérir le ministère public d'agir et de poursuivre ; mais sa réquisition ne peut avoir qu'un effet excitatif et non un effet obligatoire. Si le ministère public refuse d'acquiescer à sa réquisition, la partie privée peut dénoncer ce refus au magistrat supérieur; mais elle ne peut rien de plus. Ce n'est que lorsque le ministère public consent à agir, que la partie privée peut agir aussi en s'associant à ses poursuites; mais elle ne peut être que partie accessoire; jamais elle ne peut être partie principale.

Nous avons dit, au titre des Cours d'assises, quels étaient les tribunaux compétens pour juger les crimes, et quelles peines ils entraînaient.

VI. Les crimes se divisent en crimes contre la chose publique, et crimes contre les particuliers.

1° Les crimes contre la chose publique, dont quelques-uns sont devenus crimes politiques, sont ceux qui attaquent ou menacent la sûreté extérieure ou intérieure de l'état; tels, par exemple, que le port d'armes contre la France, les machinations ou intelligences avec les puissances étrangères ou leurs agens, l'attentat ou le complot contre la personne du roi et sa famille, ou tendant à allumer la guerre civile, la dévastation et le pillage. Sont encore qualifiés crimes contre la chose publique, ceux qui ont pour but de priver les citoyens de l'exercice de leurs droits civiques; les attentats à la liberté individuelle; la coalition des fonctionnaires pour mettre un obstacle à l'exécution des lois ou des mesures ordonnées par le gouvernement; les empiétemens des autorités administratives et judiciaires; la fabrication ou falsification de la monnaie, la contrefaçon des sceaux de l'état, des billets de banque, des effets publics et des poinçons, timbres et marques du gouvernement, les faux en écriture publique, authentique, de commerce ou de banque; des crimes de fonctionnaires publics, comme la soustraction des derniers par des dépositaires publics, la concussion, la corruption, les abus d'autorité; le trouble apporté à l'ordre public par les ministres des cultes; la résistance envers l'autorité publique, la rébellion, les outrages et violences envers les agens de l'autorité; l'évasion des détenus, etc.

2° Les crimes contre particuliers se subdivisent en crimes contre les personnes et en crimes contre les propriétés.

Parmi les premiers, la loi place : le meurtre, l'assassinat, le parricide, l'infanticide, l'empoisonnement, la menace de ces crimes, les blessures et coups volontaires ayant causé une incapacité de travail de plus de vingt jours. Les attentats aux mœurs : tels que le viol, la bigamie, l'enlèvement de mineurs ; les coups portés par un enfant à ses père et mère ou autre ascendant ; les séquestrations de personne et arrestations illégales ; la supposition d'un enfant à une femme qui ne serait pas accouchée, le faux témoignage, etc.

La préméditation consiste dans le dessein formé, avant l'action, d'attenter à la personne d'un individu déterminé, ou même de celui qui sera trouvé ou rencontré, quand même ce dessein serait dépendant de quelque circonstance ou de quelque condition (Code pénal 297). — Le guet-apens consiste à attendre plus ou moins de temps, dans un ou divers lieux, un individu, soit pour lui donner la mort, soit pour exercer sur lui des actes de violence (290 Code pénal). — Le meurtre est l'homicide commis volontairement ; l'assassinat et le meurtre commis avec préméditation ou guet-apens.

L'homicide, les blessures ou les coups commis involontairement, par maladresse, imprudence, inattention, négligence ou inobservation des règlemens, perdent leur qualité de crimes, et dégénèrent en simples délits punissables des peines correctionnelles (319 Code pénal).

Si l'homicide a été commis, les blessures faites, ou les coups portés à la suite de provocation par coups et violences, ou bien en repoussant, pendant le jour, l'escalade ou l'effraction de clôtures, murs ou entrée d'une maison ou appartement habité ou de leurs dépendances, ces crimes et délits sont excusables (321 — 322 Code pénal). — Ils cessent même d'être considérés comme crimes et comme délits s'ils sont provoqués par les actes dont nous venons de parler, et si ces actes ont eu lieu pendant le jour, ou s'ils ont été commis en se défendant contre les auteurs de vols et de pillages exécutés avec violence (229 ; s'ils étaient ordonnés par la loi et commandés par l'autorité légitime (327); enfin, s'ils étaient exigés par la nécessité actuelle de la légitime défense de soi-même ou d'autrui (328).

Le parricide n'est jamais excusable (323). Le meurtre commis par l'époux sur l'épouse, ou par celle-ci sur son époux, n'est excusable qu'autant que la vie de l'époux ou de l'épouse qui a commis le meurtre a été mise en péril dans le moment même où le meurtre a eu lieu. Néanmoins le meurtre commis par le mari sur son épouse et sur son complice surpris en *flagrant délit d'adultère, dans la maison conjugale*, est excusable (324). — L'excuse n'est admise que dans l'intérêt du mari; la femme qui surprendrait son mari en flagrant délit d'adultère dans la maison conjugale, et qui le tuerait, ne pourrait être excusée.

Le crime de castration, s'il a été immédiatement provoqué par un outrage violent à la pudeur, est considéré comme meurtre ou blessure excusable (316).

Les crimes contre la propriété comprennent les vols qualifiés, les banqueroutes frauduleuses; les destructions, dégradations d'édifices par incendie, pillage ou autrement.

Les vols qualifiés sont ceux qui sont accompagnés de circonstances aggravantes, sans lesquelles ils ne seraient considérés que comme délits.

Les circonstances aggravantes existent lorsque le vol a été commis la nuit, par deux ou plusieurs personnes, avec des armes apparentes, cachées; à l'aide d'effraction, d'escalade ou de fausses clés; dans une maison, appartement ou logement habités, ou servant d'habitation, ou de leurs dépendances, ou même dans un édifice, parc ou enclos, non servant à l'habitation; en prenant le titre d'un fonctionnaire public, ou en revêtant son uniforme, ou en alléguant un faux ordre de l'autorité; avec violence ou menaces de faire usage d'armes, ou bien encore si le vol a été commis sur un chemin public; si le voleur est un commis à gages, un aubergiste, hôtelier, voiturier, batelier, ou un de leurs préposés, etc. (379—463). Les larcins, escroqueries, abus de confiance et autres faits non qualifiés, sont du ressort des tribunaux correctionnels.

On répute *maison habitée* tout bâtiment, logement, loge, cabane, même mobile, qui, sans être actuellement habité, est destiné à l'habitation, et tout ce qui en dépend, comme cours, basses-cours, granges, écuries, édifices qui y sont enfermés, quel qu'en soit l'usage, et quand même ils auraient une clôture particulière dans la clôture ou enceinte générale (390).

Est réputé *parc* ou *enclos*, tout terrain environné de fossés, de pieux, de claies, de planches, de haies vives ou sèches, ou de murs, de quelque espèce de matériaux que ce soit, quelle que soit la hauteur, la profondeur, la vétusté, la dégradation de ces diverses clôtures, quand il n'y aurait pas de portes, fermans, clés ou autrement, ou quand la porte serait à claire-voie et ouverte habituellement (891). — Les parcs, mobiles, destinés à contenir du bétail dans la campagne, de quelque nature qu'ils soient faits, sont aussi réputés enclos ; et lorsqu'ils tiennent aux cabanes mobiles, ou autres abris destinés aux gardiens, ils sont réputés dépendant des maisons habitées (392).

Est qualifié *effraction*, tout forcement, rupture, dégradation, démolition, enlèvement de murs, toits, planches, portes, serrures ou clôtures, opérés, soit pour s'introduire dans les maisons, cours, basses-cours, enclos, aisances ou dépendances et édifices quelconques, soit pour pénétrer dans l'intérieur des appartemens (373—396).

Est qualifiée *escalade*, toute entrée dans les maisons, dépendances, exécutée par-dessus les murs, portes, toitures, ou toute autre que celle qui a été établie pour servir d'entrée en une circonstance de même gravité que l'escalade.

Par chemins publics on doit entendre non-seulement les grandes routes, mais encore les chemins vicinaux, dont l'entretien est à la charge des communes. Les sentiers et les chemins de desserte ne sont pas compris sous cette désignation, non plus que les rues et places publiques des bourgs, villes et villages (Cass. 23 avril 1812).

Il y a deux espèces de banqueroutes : la banqueroute simple et la banqueroute frauduleuse.

La première est du ressort du tribunal correctionnel, et n'est que le résultat de la négligence ou d'opérations ruineuses, de pertes au jeu, de dépenses de maison excessives, de mauvaise tenue de livres ; — la seconde existe quand le commerçant failli a supposé des dépenses ou des pertes, qu'il ne justifie pas de l'emploi de toutes ses recettes, quand il a détourné des sommes d'argent, soit des ventes, négociations supposées, etc., (586—593 du Code de commerce). Dans ce dernier cas, ce sont les Cours d'assises qui connaissent du crime.

§ II.

De la complicité et des peines qu'elle entraîne. — Vol entre époux, entre alliés.
— De la tentative d'un crime.

I. L'auteur d'un crime est celui qui agit directement et personnellement ; le complice, celui qui participe directement ou indirectement, avec connaissance de cause, à un fait coupable dont un autre est l'auteur principal. — La complicité est morale ou matérielle.—La complicité morale consiste dans la provocation au délit, par promesses, dons, menaces, abus de pouvoir ou d'autorité, machinations, artifices coupables, et dans les instructions données pour l'exécuter.

La complicité matérielle résulte de l'aide ou assistance donnée à l'auteur pour préparer ou faciliter le crime, et dans l'action de procurer des armes, des instrumens, ou tout autre moyen devant servir à l'action, et sachant qu'ils doivent y servir.

La loi considère aussi comme complices ceux qui fournissent logement, lieu de retraite ou de réunion à des malfaiteurs ; mais il faut que les trois circonstances suivantes se rencontrent, savoir : Que celui qui donne le logement *connaisse* la conduite criminelle des malfaiteurs ; que ce logement leur soit fourni *habituellement ;* enfin que les malfaiteurs exercent des *violences et des brigandages.*

Ceux qui recèlent *sciemment* des objets volés, détournés, ou obtenus à l'aide d'un crime, deviennent aussi complices.

Les complices d'un crime ou d'un délit doivent être punis de la même peine que les auteurs mêmes de ce crime ou de ce délit. Néanmoins les receleurs ne pourront subir la peine de mort, des travaux forcés à perpétuité ou la déportation, qu'autant qu'ils seront convaincus d'avoir eu, au temps du recelé, connaissance des circonstances auxquelles la loi attache les peines de ces trois genres : sinon, ils ne subiront que la peine des travaux forcés à temps (59--63).

En disant que le complice sera puni de la même peine que l'auteur principal, la loi veut dire que la peine infligée au complice ne doit pas être d'un autre genre, ni d'une plus longue durée que celle qui frappe le crime lui-même; mais les tribunaux ont toujours la faculté d'appliquer le *maximum* de la peine au complice, et le *minimum* à l'auteur principal, pourvu que le genre de la peine ne soit pas changé, et que le maximum fixé par la loi ne soit pas dépassé (Cour de Paris, 2 fév. 1815).

Pour qu'il y ait complicité, il faut qu'il y ait un crime principal de commis : pour qu'il y ait déclaration légale de complicité, il faut qu'il y ait déclaration que le fait principal existe. — Ainsi le suicide et le duel n'étant pas considérés comme crimes, le complice d'un suicide ou le témoin d'un duel ne peut être puni.

Quoique l'auteur d'un crime reste inconnu, ou qu'il soit absent, où qu'il soit décédé, le complice n'en est pas moins passible de la peine portée par la loi (Cass. 3 juin 1830). On peut le poursuivre seul et directement.

On peut punir le complice, quoique le coupable principal soit acquitté sur l'intention, ou qu'il échappe à sa peine à cause de son âge, ou par tout autre privilège.

L'anéantissement du crime ne fait pas disparaître la criminalité de l'action. Par suite de ce principe, le complice de l'enlèvement d'une mineure âgée de moins de seize ans a pu être poursuivi, quoique le crime principal ait été anéanti par le mariage avec la personne enlevée (assises de la Seine, 26 mars 1834).

La loi ne punit pas la tentative de complicité.

Le suborneur, qui n'est autre chose que le complice par provocation, promesse, etc., du faux témoin, ne peut être puni qu'autant que l'existence du faux témoignage aura été déclaré. — Si le faux témoignage n'a pas eu lieu, le fait de subornation reste sans qualification et sans punition.

Il est inutile de dire que les parens, les maîtres, les commettans ne peuvent jamais être, à raison de leurs qualités ou de leurs relations journalières, considérés comme complices des crimes commis par leurs enfans, leurs domestiques ou leurs préposés; mais ils sont civilement responsables des dommages-intérêts, si leurs enfans sont mineurs, ou s'ils habitent avec eux, ou si le crime ou délit a été commis par leurs domestiques ou préposés, dans le cours des fonctions auxquelles ils sont employés.

II. Pour qu'un vol soit punissable, il faut qu'il y ait eu intention de s'emparer de la propriété d'autrui, et la loi ne considère pas comme faites au préjudice d'autrui les soustractions commises par le mari au préjudice de sa femme, par la femme au préjudice de son mari, par un veuf, une veuve, quant aux choses qui ont appartenu à l'époux décédé, par des enfans et autres descendans, au préjudice de leurs pères ou mères, ou autres ascendans, et ceux-ci au préjudice de leurs enfans et autres descendans, ou par des alliés au même degré. Ces délits ne donnent lieu qu'à des réparations civiles.—Mais les autres individus qui auraient recelé ou appliqué à leur profit tout ou partie des objets volés doivent être punis comme coupables de vol (Code pénal, 380).

Toutefois il est inutile de remarquer que la loi ne déclare les personnes dont nous venons de parler non punissables qu'à l'égard du vol. S'il s'agissait d'un autre délit, elles devraient subir les peines qui seraient applicables.

III. Celui qui conçoit le dessein d'un crime n'est pas encore criminel aux yeux de la loi, la morale le repousse; mais il ne doit pas compte de ses pensées ni de ses projets à la société, qui ne peut être troublée que par des faits. Ce sont donc les faits seuls que les tribunaux peuvent punir.

La volonté bien arrêtée d'exécuter un projet criminel ne

soumet pas encore à la culpabilité légale, quoique l'exécution n'en ait été empêchée que par un événement étranger à cette même volonté, s'il n'a existé aucun fait pour réaliser ou commencer à réaliser le délit.

L'exécution elle-même, bien que commencée par des actes préparatoires, ne constitue pas un délit, si par le repentir, la crainte ou tout autre motif personnel, et résultant de la volonté de l'auteur, elle a été arrêtée avant l'accomplissement du fait principal.

Mais si un individu, persistant dans son projet criminel, a fait tout ce qu'il était en son pouvoir pour le mener à fin, et s'il n'a été arrêté dans son exécution que par des circonstances fortuites, indépendantes de sa volonté, la loi le considère comme aussi coupable que s'il était parvenu à l'entier accomplissement du crime. La peine devient la même, et la différence des résultats, n'ayant été produite que par un accident ou un cas fortuit, ne saurait modifier la criminalité.

« Toute tentative de crime, dit l'art 2 du Code pénal, qui aura été manifestée par *des actes extérieurs*, et suivie d'un *commencement d'exécution*, si elle n'a été suspendue ou n'a manqué son effet que par des *circonstances fortuites et indépendantes* de la volonté de l'auteur, est considérée comme le crime lui-même. — Les tentatives de délit (art. 3 du Code pénal) ne sont considérées comme délits que dans les cas déterminés par la loi.

Pour que la tentative existe et puisse être punie, trois conditions sont donc exigées par la loi : 1° Manifestation par actes extérieurs, par exemple, l'introduction dans une maison pour y voler; — 2° Commencement d'exécution; si l'individu introduit dans une maison a déjà brisé quelques portes, ou forcé quelques meubles; — 3° Circonstances fortuites : l'arrivée de personnes qui forcent le voleur à s'enfuir avant d'avoir pu rien prendre. — On comprend qu'il peut y avoir complicité de tentative dans un crime, et dans ce cas la complicité s'établit comme pour celle du crime même. Ainsi, sans participer au commencement d'exécution de la tentative, si on a provoqué le coupable, si on lui a fourni des armes, si on l'a aidé ou assisté dans les faits qui ont préparé ou facilité cette tentative, on se rend complice, et l'on encourt la même peine que l'auteur de la tentative elle-même.

TITRE II.

Des délits politiques et de la presse

Les délits politiques se composent de tous ceux qui ont pour but de troubler l'ordre public et la sûreté de l'état; par des conspirations, complots, manœuvres, etc., contre la France, le roi ou sa famille; par des excitations à la guerre civile, l'emploi de la force armée, les dévastations des propriétés de l'état, soit en bande, soit individuellement; des réunions séditieuses, des trahisons de fonctionnaires au profit de l'ennemi, des critiques, des censures ou provocations dirigées publiquement contre l'autorité publique dans des écrits ou discours pastoraux des ministres des cultes, des associations illicites, etc. (Code pénal, art. 75 à 131, et 201 à 294, et loi du 10 avril 1834).

Les délits de la presse sont tous ceux qui sont commis par l'un des moyens énoncés en l'art 1er de la loi du 17 mai 1829, rapportée plus bas.

La loi du 26 mai 1819 avait la première (art. 13) ordonné le renvoi des crimes et délits commis par la presse, devant le jury. — La loi du 25 mars 1822, après avoir abrogé ces dispositions, décida (art. 17) que les délits de la presse seraient poursuivis devant la police correctionnelle.

Les délits politiques continuèrent d'être jugés dans les formes prescrites par le Code d'instruction criminelle, et conformément à la loi du 17 mai 1819.

La Charte de 1830 (art. 69) plaça au nombre des objets auxquels il devait être pourvu dans un bref délai, l'application du jury aux délits de la presse et aux délits politiques. L'art. 28 réserve à la Chambre des pairs les crimes de haute trahison et les attentats.

La loi du 8 oct. 1830 vient remplir cet engagement : « La connaissance de tous les délits commis soit par la presse, soit par tous autres moyens de publication indiqués en l'art. 1er de la loi du 17 mai 1819, est attribuée aux Cours d'assises (art. 1er) — La connaissance des délits politiques est pareillement attribuée aux Cours d'assises (art. 6).

La loi de septembre 1835 modifia gravement les dispositions de la loi précédente, en transportant la connaissance facultative de certains délits à la Cour des pairs, en changeant des crimes en attentats, et en augmentant la pénalité. Le but n'a pas été de punir, mais de supprimer. « Nous sommes venus vous dire expressément, oui, il y a une presse que nous regardons comme inconstitutionnelle, comme radicalement illégitime, comme infailliblement fatale au pays et au gouvernement de juillet ; nous voulons la supprimer, c'est la presse carliste, la presse républicaine, voilà le but de la loi. » (M. Guizot, séance du 18 août.)

LOI

SUR LES CRIMES, DÉLITS ET CONTRAVENTIONS DE LA PRESSE ET DES AUTRES MOYENS DE PUBLICATION (1).

TITRE PREMIER.

Des crimes, délits et contraventions.

Art. 1er. Toute provocation, par l'un des moyens énoncés en l'article premier de la loi du 17 mai 1819, aux crimes prévus par les art. 86 et 87 du Code pénal, soit qu'elle ait été ou non

(1) Présentation de la loi et des motifs à la Chambre des députés, par M. Persil, garde-des-sceaux, à la séance du 4 août 1835. — Nomination de la commission le 8. — Rapport de M. Sauzet le 18. — Discussion du 21 au 22. — Adoption le 29.
Présentation à la Chambre des pairs le 1er septembre.—Rapport de M. de Barante le 5. — Discussion du 8 au 9. — Adoption le 9.—Promulgation le même jour.

suivie d'effet, est un attentat à la sûreté de l'état (1). — Si elle a été suivie d'effet, elle sera punie conformément à l'article 1er de la loi du 17 mai 1819. — Si elle n'a pas été suivie d'effet, elle sera punie de la détention et d'une amende de dix mille à cinquante mille francs (2). — Dans l'un comme dans l'autre cas, elle pourra être déférée à la Chambre des pairs conformément à l'art. 28 de la Charte (3).

2. L'offense au roi, commise par les mêmes moyens, lorsqu'elle a pour but d'exciter à la haine et au mépris de sa personne ou de son autorité constitutionnelle, est un attentat à la sûreté de l'état.

Celui qui s'en rendra coupable sera jugé et puni conformément aux deux paragraphes de l'article précédent.

3. Toute autre offense au roi sera punie conformément à l'article 9 de la loi du 17 mai 1819 (4).

4. Quiconque fera remonter au roi le blâme ou la responsabilité des actes de son gouvernement sera puni d'un emprisonnement d'un mois à un an, et d'une amende de cinq cents à cinq mille francs.

5. L'attaque contre le principe ou la forme du gouvernement établi par la Charte de 1830, tels qu'ils sont définis par la loi du

(1) Art. 1er de la loi du 17 mai 1829. Quiconque, soit par des discours, des cris ou des menaces proférés dans des lieux ou réunions publics, soit par des écrits, des imprimés, des dessins, des gravures, des peintures ou emblèmes vendus ou distribués, mis en vente ou exposés dans les lieux ou réunions publics, soit par placards et affiches exposés aux regards du public, aura provoqué l'auteur ou les auteurs de toute action qualifiée crime ou délit à le commettre, sera réputé complice et puni comme tel.

Art. 86 du Code pénal. L'attentat contre la vie ou contre la personne du roi est crime de lèse-majesté ; ce crime est puni comme parricide. — Art. 87. L'attentat ou le complot contre la vie ou la personne des membres de la famille royale ; l'attentat ou le complot dont le but sera de détruire ou de changer le gouvernement ou l'ordre de la successibilité au trône, soit d'exciter les citoyens ou habitans à s'armer contre l'autorité royale, sera puni de la peine de mort.

(2) Quiconque aura été condamné à la détention sera renfermé dans l'une des forteresses situées sur le territoire continental du royaume, qui auront été déterminées par une ordonnance du roi, rendues dans les formes des réglemens d'administration publique. Il communiquera avec les personnes placées dans l'intérieur du lieu de la détention ou avec celles du dehors, conformément aux règlemens de police établis par une ordonnance du roi. La détention ne peut être prononcée pour moins de 5 ans ni pour plus de 20 ans, sauf le cas du banni rentré (20 Code pénal).

(3) La Chambre des pairs connaît des crimes de haute trahison et des attentats à la sûreté de l'état, qui seront définis par la loi (28 Charte de 1830).

(4) La peine sera d'un emprisonnement qui ne pourra être de moins de six mois ni excéder cinq années, et d'une amende qui ne pourra être au-dessous de 500 francs ni excéder 10,000 francs. — Le coupable pourra en outre être interdit de l'exercice des droits civiques, civils et de famille suivans : du vote et d'élection ; de l'éligibilité, d'être appelé ou nommé aux fonctions de juré ou autres fonctions publiques ; et aux emplois de l'administration ou d'exercer des fonctions ou emplois ; du port d'armes ; du vote et du suffrage dans les délibérations de famille ; d'être tuteur, curateur, si ce n'est de ses enfans, et sur l'avis seulement de la famille ; d'être expert ou employé comme témoin dans les actes ; de témoignage en justice, autrement que pour y faire de simples déclarations.

29 novembre 1830, est un attentat à la sûreté de l'état, lorsqu'elle a pour but d'exciter à la destruction ou au changement de gouververnement.

Celui qui s'en rendra coupable sera jugé et puni conformément aux deux derniers paragraphes de l'art. 1er.

6. Toute autre attaque prévue par la loi du 29 novembre 1830 continuera d'être punie conformément aux dispositions de cette loi (1).

7. Seront punis des peines prévues par l'article précédent ceux qui auront fait publiquement acte d'adhésion à toute autre forme de gouvernement, soit en attribuant des droits au trône de France aux personnes bannies à perpétuité par la loi du 10 avril 1832, ou à tout autre que Louis-Philippe Ier et sa descendance;

Soit en prenant la qualification de républicain ou toute autre incompatible avec la Charte de 1830;

Soit en exprimant le vœu, l'espoir ou la menace de la destruction de l'ordre monarchique constitutionnel, ou de la restauration de la dysnastie déchue.

8. Toute attaque contre la propriété, le serment, le respect dû aux lois; toute apologie de faits qualifiés crimes et délits par la loi pénale; toute provocation à la haine entre les diverses classes de la société, sera punie des peines portées par l'art. 8 de la loi du 17 mai 1819 (2).

Néanmoins, dans les cas prévus par le paragraphe et par l'art. 8 de la loi précitée, les tribunaux pourront, selon les circonstances, élever les peines jusqu'au double du maximum.

9. Dans tous les cas de diffamation prévus par les lois, les peines qui sont portées pourront, suivant la gravité des circonstances, être élevées au double du maximun, soit pour l'emprisonnement, soit pour l'amende. Le coupable pourra, en outre, être interdit, en tout ou en partie, des droits mentionnés par l'art. 48 du Code pénal, pendant un temps égal à la durée de l'emprisonnement (3).

10. Il est interdit aux journaux et écrits périodiques de rendre compte des procès pour outrages ou injures et des procès en diffamation, où la preuve des faits diffamatoires n'est pas admise par la loi; ils pourront seulement annoncer la plainte sur la de-

---

(1) La punition est d'un emprisonnement de 3 mois à 5 ans, et d'une amende de 30 à 6,000 francs.

(2) Emprisonnément d'un mois à un an, et amende de 16 à 500 francs.

(3) Les peines portées contre les diffamations envers les cours, tribunaux, corps constitués, autorités ou administrations, sont un emprisonnement de 15 jours à 2 ans et une amende de 50 francs à 400 francs. — Envers les dépositaires ou agens de l'autorité publique pour faits relatifs à leurs fonctions; emprisonnement de 8 jours à 18 mois; amende de 50 à 3,000 francs. — Envers les ambassadeurs et agens diplomatiques, même punition. — Envers les particuliers, emprisonnement de 5 jours à un an, et amende de 25 à 2,000 francs.

mande du plaignant ; dans tous les cas ils pourront insérer le jugement. — Il est interdit de publier les noms des jurés, excepté dans le compte rendu de l'audience où le jury aura été constitué. — Il est interdit de rendre compte des délibérations intérieures, soit des jurés, soit des Cours et tribunaux. — L'infraction à ces diverses prohibitions sera poursuivie devant les tribunaux correctionnels, et punie d'un emprisonnement d'un mois à un an, et d'une amende de cinq cents à cinq mille francs.

11. Il est interdit d'ouvrir ou annoncer publiquement des souscriptions ayant pour objet d'indemniser des amendes, frais, dommages et intérêts prononcés par les condamnations judiciaires. Cette infraction sera punie comme il est dit à l'article précédent.

12. Les dispositions de l'art. 10 de la loi du 9 juin 1819 sont applicables à tous les cas prévus par la présente loi. En cas de seconde ou ultérieure condamnation contre le même gérant ou contre le même journal dans le cours d'une année, les Cours et tribunaux pourront prononcer la suspension d'un journal pour un temps qui n'excédera pas deux mois, suivant la loi du 18 juillet 1828. Cette suspension pourra être portée à quatre mois si la condamnation a eu lieu pour crime (1). — Les peines prononcées par la présente loi et par les lois précédentes sur la presse et autres moyens de publication, ne se confondront point entre elles, et seront toutes intégralement subies lorsque les faits qui y donneront lieu seront postérieurs à la première poursuite.

TITRE II.

Du gérant des journaux et écrits périodiques.

Art. 13. Le cautionnement que les propriétaires de tout journal ou écrit périodique sont tenus de fournir sera versé, en numéraire, au trésor, qui en paiera l'intérêt au taux réglé pour les cautionnemens (2). — Le taux de ce cautionnement est fixé comme il suit : Si le journal ou écrit périodique paraît plus de deux fois par semaine, soit à jour fixe soit par livraison et irrégulièrement,

(1) Art. 10. Loi du 9 juin 1819. En cas de condamnation, les mêmes peines seront appliquées aux éditeurs de journaux, auteurs ou rédacteurs. Toutefois les amendes pourront être élevées au double, et en cas de récidive portées au quadruple sans préjudice des peines de la récidive prononcées par le Code pénal.

(2) En vertu des lois de juin 1819, de juillet 1828, le cautionnement devait être fourni en rentes qui, par la loi du 14 décembre 1830, avaient été fixées à 2,400 fr. (50,000 fr. de capital), pour les journaux ou écrits périodiques paraissant plus de deux fois par semaine ; pour les autres journaux le cautionnement avait été réduit d'après l'époque de leur publication et progressivement jusqu'à 250 fr. de rentes (5,000 fr. de capital).

le cautionnement sera de cent mille francs. — Le cautionnement sera de soixante-quinze mille francs, si le journal ou écrit périodique ne paraît que deux fois par semaine. — Il sera de cinquante mille francs si le journal ou écrit périodique ne paraît qu'une fois par semaine. — Il sera de vingt-cinq mille francs si le journal ou écrit périodique paraît seulement plus d'une fois par mois. — Le cautionnement des journaux quotidiens, publiés dans les départemens autres que ceux de la Seine, Seine-et-Oise, Seine-et-Marne, sera de vingt-cinq mille francs dans les villes de cinquante mille âmes et au-dessus. — Il sera de quinze mille francs dans les villes au-dessous, et respectivement de la moitié de ces deux sommes pour les journaux et écrits périodiques qui paraissent à des termes moins rapprochés. — Il est accordé aux propriétaires des journaux ou écrits périodiques actuellement existans un délai de quatre mois pour se conformer à ces dispositions.

14. Continueront à être dispensés de tout cautionnement les journaux et écrits périodiques mentionnés en l'art. 3 de la loi du 18 juillet 1828 (1).

15. Chaque gérant responsable d'un journal ou écrit périodique devra posséder, en son propre et privé nom, le tiers du cautionnement. — Dans le cas où soit des cessions totales ou partielles de la portion du cautionnement appartenant à un gérant, soit des jugemens passés en force de chose jugée, prononçant la validité de saisies-arrêts formées sur ce cautionnement, seraient signifiés au trésor, le gérant sera tenu de rapporter, dans les quinze jours de la notification qui lui en sera faite, soit la rétrocession, soit la main-levée de la saisie-arrêt; faute de quoi le journal devra cesser de paraître, sous les peines portées en l'article 6 de la loi du 9 juin 1819 (2).

16. Conformément à l'article 8 de loi du 18 juillet 1818, le gérant d'un journal ou écrit périodique sera tenu de signer, en minute, chaque numéro de son journal. — Toute infraction à cette disposition sera poursuivie devant les tribunaux correctionnels, et punie d'une amende de cinq cents à trois mille francs.

17. L'insertion des réponses et rectifications prévues par l'article 11 de la loi du 25 mars 1822 devra avoir lieu dans le numéro qui suivra le jour de la réception; elle aura lieu intégralement et sera gratuite; le tout sous les peines portées par ladite loi. — Toutefois, si la réponse a plus du double de la longueur de l'article

(1) Il s'agit de journaux non politiques, ou ne paraissant qu'une fois par mois ou plus rarement.

(2) La peine est d'un emprisonnement d'un mois à six mois et d'une amende de 200 francs à 1,200 francs, et ce sont les tribunaux correctionnels qui sont compétens pour l'appliquer.

auquel elle sera faite, le surplus de l'insertion sera payé suivant le tarif des annonces (1).

18. Tout gérant sera tenu d'insérer, en tête du journal, les documens officiels, relations authentiques, renseignemens et rectifications qui lui seront adressés par tout dépositaire de l'autorité publique ; la publication devra avoir lieu le lendemain de la réception des pièces, sous la seule condition du paiement des frais d'insertion.— Toute autre insertion réclamée par le gouvernement, par l'intermédiaire des préfets, sera faite de la même manière, sous la même condition, dans le numéro qui suivra le jour de la réception des pièces. — Les contrevenans seront punis par les tribunaux correctionnels, conformément à l'article 11 de la loi du 25 mars 1822.

19. En cas de condamnation contre un gérant pour crime, délit ou contravention de la presse, la publication du journal ou écrit périodique ne pourra avoir lieu, pendant toute la durée des peines d'emprisonnement et d'interdiction des droits civils, que par un autre gérant remplissant toutes les conditions exigées par la loi. — Si le journal n'a qu'un gérant, les propriétaires auront un mois pour en présenter un nouveau, et, dans l'intervalle, ils seront tenus de désigner un rédacteur responsable. Le cautionnement entier demeurera affecté à cette responsabilité.

TITRE III.

Des dessins, gravures, lithographies et emblèmes.

20. Aucun dessin, aucunes gravures, lithographies, médailles et estampes, aucun emblème, de quelque nature et espèce qu'ils soient, ne pourront être publiés, exposés ou mis en vente sans l'autorisation préalable du ministre de l'intérieur à Paris, et des préfets dans les départemens. — En cas de contravention, les dessins, gravures, lithographies, médailles, estampes ou emblèmes pourront être confisqués, et le publicateur sera condamné, par les tribunaux correctionnels, à un emprisonnement d'un mois à un an, et à une amende de cent francs à mille francs, sans préju-

(1) Les propriétaires ou éditeurs de journaux étaient tenus d'y insérer dans les trois jours de la réception, ou dans le plus prochain numéro, s'il n'était pas publié avant l'expiration des trois jours, la réponse de toute personne nommée ou désignée dans le journal ou écrit périodique, sous peine d'une amende de 50 a 500 francs, sans préjudice des autres peines et dommages-intérêts auxquels l'article incriminé pourrait donner lieu. — Cette insertion devait être gratuite, et la réponse ne pas excéder le double de la longueur de l'article auquel elle était faite. (Loi du 25 mars 1822, art. 11).

dice des poursuites auxquelles pourraient donner lieu la publication, l'exposition et la mise en vente desdits objets.

TITRE IV.

Des théâtres et des pièces de théâtre.

Art. 21. Il ne pourra être établi, soit à Paris, soit dans les départemens, aucun théâtre, ni spectacle, de quelque nature qu'ils soient, sans l'autorisation préalable du ministre de l'intérieur, à Paris, et des préfets, dans les départemens. — La même autorisation sera exigée pour les pièces qui y seront représentées. — Toute contravention au présent article sera punie, par les tribunaux correctionnels, d'un emprisonnement d'un mois à un an, et d'une amende de mille francs à cinq mille francs, sans préjudice, contre les contrevenans, des poursuites auxquelles pourront donner lieu les pièces représentées.

22. L'autorité pourra toujours, pour des motifs d'ordre public, suspendre la représentation d'une pièce, et même ordonner la clôture provisoire. — Ces dispositions et celles contenues en l'article précédent sont applicables aux théâtres existans.

23. Il sera pourvu, par un règlement d'administration publique, qui sera converti en loi dans la session de 1837, au mode d'exécution des dispositions précédentes, qui n'en demeurent pas moins exécutoires à compter de la promulgation de la présente loi.

TITRE V.

De la poursuite et du jugement.

Art. 24. Le ministère public aura la faculté de faire citer directement à trois jours les prévenus devant la Cour d'assises, même lorsqu'il y aura eu saisie préalable des écrits, dessins, gravures, lithographies, médailles ou emblèmes. Néanmoins la citation ne pourra être donnée, dans ce dernier cas, qu'après la signification, au prévenu, du procès-verbal de saisie (1).

25. Si, au jour fixé par la citation, le prévenu ne se présente pas, il sera statué par défaut. — L'opposition à cet arrêt devra

(1) La loi du 8 avril 1831 donnait aussi au ministère public le droit de porter à la connaissance des Cours d'assises les délits de la presse sur simple citation donnée directement au prévenu (art. 1); mais il fallait qu'il n'y eût pas de *saisie* préalable d'opérée.

être formée dans les cinq jours, à partir de la signification, à peine de nullité.

L'opposition emportera, de plein droit, citation à la première audience.

Toute demande en renvoi devra être présentée à la Cour avant l'appel et le tirage au sort des jurés.

Lorsque cette dernière opération aura commencé en présence du prévenu, l'arrêt à intervenir sur le fond sera définitif et non susceptible d'opposition, quand même il se retirerait de l'audience après le tirage du jury ou durant le cours des débats (1).

26. Le pourvoi en cassation contre les arrêts qui auront statué tant sur les questions de compétence que sur des incidens ne sera formé qu'après l'arrêt définitif et en même temps que le pourvoi contre cet arrêt.

Aucun pourvoi formé auparavant ne pourra dispenser la Cour d'assises de statuer sur le fond.

27. Si, au moment où le ministère public exerce son action, la session de la Cour d'assises est terminée, et s'il ne doit pas s'en ouvrir d'autre à une époque rapprochée, il sera formé une Cour d'assises extraordinaire par ordonnance motivée du premier président. Cette ordonnance prescrira le tirage au sort des jurés, conformément à l'article 388 du Code d'instruction criminelle, et elle désignera le conseiller qui doit présider.

Dans les chefs-lieux des départemens où ne siègent pas les Cours royales, le président du tribunal de première instance sera, de droit, président de la Cour d'assises, si le ministre de la justice ou le premier président n'en ont pas désigné un autre.

Disposition générale.

28. Les dispositions des lois antérieures qui ne sont pas contraires à la présente continueront d'être exécutées selon leur forme et teneur.

(1) Ces points ont été discutés dans le cours de l'ouvrage.

LOI

SUR LES COURS D'ASSISES (1).

Art. 1er. Les crimes prévus dans le paragraphe 1er de la section IV du chapitre III du titre 1er du livre III du Code pénal, ou dans la loi du 24 mai 1834, seront jugés selon les formes déterminées dans la présente loi (2).

Art. 2. Le ministre de la justice pourra ordonner qu'il soit formé autant de sections de Cours d'assises que le besoin du service l'exigera, pour procéder simultanément au jugement des prévenus.

Art. 3. Lorsque, sur le vu de la procédure communiquée conformément à l'art. 61 du Code d'instruction criminelle, le procureur-général estimera que la prévention est suffisamment établie contre un ou plusieurs inculpés, il se fera remettre les pièces d'instruction, le procès-verbal constatant le corps du délit, et l'état des pièces de conviction, qui seront apportées au greffe de la Cour royale.

Art. 4. Dans le cas prévu par l'article précédent, le procureur-général pourra saisir la Cour d'assises, en vertu de citations données directement aux prévenus en état d'arrestation.

Art. 5. A cet effet, le procureur-général adressera son réquisitoire au président de la Cour d'assises, pour obtenir indication du jour auquel les débats devront s'ouvrir. Ce réquisitoire sera rédigé dans la forme établie par l'article 241 du Code d'instr. crim.

Art. 6. Le réquisitoire et l'ordonnance contenant indication du

(1) Présentation à la Chambre des députés, le 4 août 1835, de la loi et de ses motifs. — Rapport de M. Hébert le 11. — Discussion et adoption le 13.
Présentation à la Chambre des pairs le 17 août. — Rapport de M. Tripier le 22. — Discussion et adoption le 27.

(2) Ce paragraphe traite des crimes pour rébellion, soit individuelle, soit par une réunion depuis trois jusqu'à vingt personnes ou au-dessus, armées ou non armées, etc. — La loi du 24 mai 1834 frappe de peines les détenteurs ou fabricans d'armes, de munitions de guerre, ainsi que tous les faits qui se rattachent à une insurrection.

jour de l'audience seront signifiés aux prévenus, dix jours au moins avant l'ouverture des débats, par un huissier que le président de la Cour d'assises commettra. Il leur en sera laissé copie.

Art. 7. Le pourvoi en cassation contre les arrêts qui auront statué, tant sur la compétence que sur les incidens, ne sera formé qu'après l'arrêt définitif et en même temps que le pourvoi contre cet arrêt. — Aucun pourvoi formé auparavant ne pourra dispenser la Cour d'assises de statuer sur le fond.

Art. 8. Au jour indiqué pour la comparution à l'audience, si les prévenus ou quelques-uns d'entre eux refusent de comparaître, sommation d'obéir à la justice leur sera faite au nom de la loi par un huissier commis à cet effet par le président de la Cour d'assises, et assisté de la force publique. L'huissier dressera procès-verbal de la sommation et de la réponse des prévenus.

Art. 9. Si les prévenus n'obtempèrent point à la sommation, le président pourra ordonner qu'ils soient amenés par la force devant la Cour; il pourra également, après lecture faite à l'audience du procès-verbal constatant leur résistance, ordonner que, nonobstant leur absence, il soit passé outre aux débats. — Après chaque audience, il sera, par le greffier de la Cour d'assises, donné lecture, aux prévenus qui n'auront point comparu, du procès-verbal des débats, et il leur sera signifié copie des réquisitoires du ministère public, ainsi que des arrêts rendus par la Cour, qui seront tous réputés contradictoires.

Art. 10. La Cour pourra faire retirer de l'audience et reconduire en prison tout prévenu qui, par des clameurs ou par tout autre moyen propre à causer du tumulte, mettrait obstacle au libre cours de la justice; et, dans ce cas, il sera procédé aux débats et au jugement, comme il est dit aux deux articles précédens.

Art. 11. Tout prévenu ou toute personne présente à l'audience d'une Cour d'assises qui causerait tumulte pour empêcher le cours de la justice sera, audience tenante, déclaré coupable de rébellion, et puni d'un emprisonnement qui n'excédera pas deux ans, sans préjudice des peines portées au Code pénal contre les outrages et violences envers les magistrats.

Art. 12. Les dispositions des art. 8, 9, 10 et 11 s'appliquent au jugement de tous les crimes et délits devant toutes les juridictions (1).

(1) Toutes les dispositions de cette loi ont été analysées et expliquées dans le corps de l'ouvrage.

LOI

QUI RECTIFIE LES ART. 341, 345, 346, 347 ET 352 DU CODE D'INSTRUCTION CRIMINELLE, ET L'ART. 17 DU CODE PÉNAL (1).

Art. 1er. Les articles 341, 345, 346, 347 et 352 du Code d'instruction criminelle sont et demeurent rectifiés ainsi qu'il suit :

Art. 341. En toute matière criminelle, même en cas de récidive, le président, après avoir posé les questions résultant de l'acte d'accusation et des débats, avertira le jury, à peine de nullité, que, s'il pense, à la majorité, qu'il existe, en faveur d'un ou plusieurs accusés reconnus coupables, des circonstances atténuantes, il devra en faire la déclaration en ces termes : « A la majorité, il y a des circonstances atténuantes en faveur de tel accusé. » Ensuite le président remettra les questions écrites aux jurés dans la personne du chef du jury, et il leur remettra en même temps l'acte d'accusation, les procès-verbaux qui constatent les délits, et les pièces du procès autres que les déclarations écrites des témoins. Le président avertira le jury que son vote doit avoir lieu au scrutin secret. Il avertira également les jurés que, si l'accusé est déclaré coupable du fait principal à la simple majorité, ils doivent en faire mention en tête de leur déclaration. Il fera retirer l'accusé de l'auditoire.

345. Le chef du jury lira successivement chacune des questions posées, comme il est dit en l'article 336, et le vote aura lieu ensuite au scrutin secret, tant sur le fait principal et les circonstances aggravantes que sur l'existence des circonstances atténuantes.

346. Il sera procédé de même, et au scrutin secret, sur les questions qui seraient posées dans les cas prévus par les articles 339 et 340.

347. La décision du jury, tant contre l'accusé que sur les cir-

<hr>

(2) Présentation du projet et des motifs à la Chambre des députés, le 4 août 1835. — Rapport de M. Parant, le 11. — Discussion du 13 au 20. — Adoption le 20.

Présentation à la Chambre des pairs le 25 août. — Rapport de M. Gilbert des Voisins le 29. — Discussions et adoption le 1er septembre.

Les trois modifications quant à l'introduction du vote par scrutin secret, la réduction de la majorité et l'aggravation de peine pour certains délits politiques, ont été appréciées et analysées dans le corps de cet ouvrage.

constances atténuantes, se formera à la majorité, à peine de nullité.
La déclaration du jury constatera la majorité, à peine de nullité, sans que le nombre de voix puisse y être exprimé, si ce n'est dans le cas prévu par le quatrième paragraphe de l'article 341.

382. Si néanmoins les juges sont unanimement convaincus que les jurés, tout en observant les formes, se sont trompés au fond, la Cour déclarera qu'il est sursis au jugement, et renverra l'affaire à la session suivante, pour être soumise à un nouveau jury dont ne pourra faire partie aucun des premiers jurés. — Lorsque l'accusé n'aura été déclaré coupable qu'à la simple majorité, il suffira que la majorité des juges soit d'avis de surseoir au jugement, et de renvoyer l'affaire à la session suivante, pour que cette mesure soit ordonnée par la Cour. — Nul n'aura le droit de provoquer cette mesure : la Cour ne pourra l'ordonner que d'office et immédiatement après que la déclaration du jury aura été prononcée publiquement, et dans le cas où l'accusé aura été convaincu ; jamais lorsqu'il n'aura pas été déclaré coupable. — La cour sera tenue de prononcer immédiatement après la déclaration du second jury, même quand elle serait conforme à la première.

Disposition transitoire.

Il sera fait, sur le mode du vote au scrutin secret, un règlement d'administration publique, qui sera convertie en loi dans la session prochaine.

2. L'article 17 du Code pénal est et demeure rectifié ainsi qu'il suit :

17. La peine de la déportation consistera à être transporté et à demeurer à perpétuité dans un lieu déterminé par la loi, hors du territoire continental du royaume. Si le déporté rentre sur le territoire du royaume, il sera, sur la seule preuve de son identité, condamné aux travaux forcés à perpétuité. — Le déporté qui ne sera pas rentré sur le territoire du royaume, mais qui sera saisi dans les pays occupés par les armées françaises, sera conduit dans le lieu de sa déportation. — Tant qu'il n'aura pas été établi un lieu de déportation, le condamné subira à perpétuité la peine de la détention, soit dans une prison du royaume, soit dans une prison située hors du territoire continental, dans l'une des possessions françaises, qui sera déterminée par la loi, selon que les juges l'auront expressément décidé par l'arrêt de condamnation. — Lorsque les communications seront interrompues entre la métropole et le lieu de l'exécution de la peine, l'exécution aura lieu provisoirement en France (1)

3. L'article 3 de la loi du 4 mars 1831 est abrogé (2).

(1) La rectification de l'art. 17 consiste dans la détention possible dans une forteresse hors de France.
(2) Cette loi rectifiait le Code d'Instruction crim.

Ordonnance du roi concernant l'exécution des diverses dispositions de la loi du 9 septembre 1835, relatives à la publication des dessins, gravures, lithographies, estampes ou emblèmes.

Vu la loi du 9 septembre 1835, portant qu'aucun dessin, aucune gravure, lithographies, médailles et estampes, aucun emblème, de quelque nature et espèce qu'ils soient, ne pourront être publiés, exposés ou mis en vente sans l'autorisation préalable du ministre de l'intérieur à Paris, et du préfet dans les départemens ; voulant pourvoir à l'exécution de cet article de manière à assurer la répression de toute contravention ; sur le rapport de notre ministre secrétaire d'état au département de l'intérieur, nous avons ordonné et ordonnons ce qui suit : Art. 1er. L'autorisation préalable exigée par l'art. 10 de la loi du 9 septembre 1835 contiendra la désignation sommaire du dessin, de la gravure, lithographie, estampe ou de l'emblème qu'on voudra publier, et le titre qui lui aura été donné. L'auteur ou l'éditeur sera tenu de la représenter à toute réquisition. Lorsqu'il s'agira de gravure, lithographie, estampe ou emblème se multipliant par le tirage, l'auteur ou l'éditeur, en recevant l'autorisation, déposera, au ministère de l'intérieur ou au secrétariat de la préfecture, une épreuve destinée à servir de pièce de comparaison. Il certifiera la conformité de cette épreuve avec celles qu'il se proposera de publier.

2. L'autorisation dont tout dessinateur, graveur ou tout autre individu est obligé de se pourvoir, d'après l'arrêté du 26 mars 1804 et l'ordonnance du 24 mars 1832, pour faire frapper dans les ateliers du gouvernement les médailles de sa composition, tiendra lieu de celle qui lui est imposée par la loi du 9 septembre 1835, pour la publication, exposition ou mise en vente de ces mêmes médailles, dont un exemplaire devra préalablement être déposé au ministère de l'intérieur.

3. Les autorisations délivrées à Paris et dans les départemens seront insérées chaque semaine, par ordre alphabétique et des matières, dans le *Journal général de la Librairie*.

4. Notre ministre secrétaire d'état au département de l'intérieur est chargé de l'exécution de la présente ordonnance.

Loi du 15 mai 1836 réglant le mode du vote du jury au scrutin secret (voyez ci-dessus, page 242).

TABLE DES CHAPITRES.

HISTOIRE DU JURY.

CHAPITRE PREMIER.

CHAPITRE II.

CHAPITRE III.

CHAPITRE IV.

CHAPITRE V.

CHAPITRE VI.

CHAPITRE VII.

CHAPITRE VIII.

CHAPITRE IX.

CHAPITRE XVI.

§ I.

§ II.

§ III.

CHAPITRE XVII.

CHAPITRE XVIII.

§ I.

§ II.

§ III.

§ IV.

CHAPITRE XIX.

IMPRIMERIE DE FÉLIX MALTESTE ET Cⁱᵉ,
Rue des Deux-Portes-Saint-Sauveur, 18.

MANUEL

COMPLET

DE L'ÉLECTEUR,

CONTENANT :

1° L'histoire du système électoral en France, l'analyse de toutes les lois rendues depuis 1789 jusqu'en 1831 sur cette partie de notre droit public, leur esprit, leur tendance et leurs résultats politiques ;

2° Un commentaire complet et méthodique sur la loi de 1831, comprenant, avec les opinions de tous les auteurs, les décisions de la chambre des Députés, des cours souveraines, des Conseils de préfecture, même le plus récemment intervenues, les ordonnances du Conseil d'état, les instructions et circulaires ministérielles, la Charte de 1830 ;

3° Une table analytique de la matière, par titres, chapitres, sections et paragraphes.

PAR C.-B. MERGER,

Avocat, avoué à la Cour royale de Paris,

Auteur du Nouveau Manuel du Juré et du Code complet des Gardes nationales de France.

Code Complet

DES

GARDES NATIONALES
DE FRANCE,

CONTENANT :

Le Texte des Lois et Ordonnances, un Commentaire sur chaque article ; la Jurisprudence du Conseil-d'État, de la Cour de Cassation, des Cours Royales, des Tribunaux de Police correctionnelle, des Jurys de révision, des Conseils de recensement et de discipline ; les Instructions et Décisions ministérielles ;

LA NOUVELLE LOI DU 14 JUILLET 1837,

SPÉCIALE A LA GARDE NATIONALE DE PARIS, AVEC DES NOTES, EXPLICATIONS ET COMMENTAIRES ;

UN PRÉCIS SUR L'HISTOIRE ET LA LÉGISLATION DE LA GARDE NATIONALE,

DEPUIS SON ORIGINE JUSQU'A L'ÉPOQUE ACTUELLE.

PAR C.-B. MERGER,

Avoué à la Cour Royale, Capitaine dans la 7e Légion de la Garde Nationale de Paris.

PRIX : 2 FRANCS.